キリスト教で読み解く
世界の映画 作品解説/110

関西学院大学 キリスト教と文化研究センター［編］

キリスト新聞社

巻頭言
Introduction

　1997年4月、関西学院大学に「キリスト教と文化研究センター」(Research Center for Christianity and Culture：略称「RCC」)が発足してから、今年で25周年を迎えることができました。この四半世紀、当センターの運営にご尽力くださった歴代の研究員と研究協力者、また事務局の皆様、そして様々な形で当センターの歩みを支えてくださった学内外の多くの方々に、心からの感謝を申し上げます。

　RCCは、関西学院大学の建学の精神である「キリスト教主義教育」を、単なる言葉や建前ではなく、この大学を真に活かし、内なる深みから発展させていく力とするために、その内実をより豊かで有意義なものとしていくために、創設されました。それゆえ、発足当初からキリスト教を内向きに狭い視野でとらえるのではなく、現代の諸課題にキリスト教が向き合い、触れ合う、その接点で生じてくる様々なテーマを研究するセンターであることを理念として歩んできました。研究組織の運営においては、神学部教員と各学部宗教主事というキリスト教を研究テーマとするメンバーが核となりつつ、学内の様々な分野から研究員を広く募って学際的な共同研究活動を行なうことを大切にしてきました。

　最初の5年間の活動は、RCCが学内で広く認知されることの必要性のゆえに、学外の著名人・研究者を講師とした公開講演会の開催を主としたものになりましたが、2002年度から、プロジェクト単位での研究を進める体制が整えられ、ここからRCCは学内からその成果を発信する力をもつセンターとなり、その活動は大きく発展していきます。

　それ以降、平和、暴力、民族、自然環境、スピリチュアリティ、ことば、地域文化、市民社会、現代思想、現代文化などとキリスト教の接点を探る、多岐にわたる分野の、それぞれユニークな研究プロジェクトが立ち上げられ、活発な共同研究が続けられてきました。

　そのひとつの集大成が、2009年にRCC創立10周年記念事業として出版された『キリスト教平和学事典』です。これは、現代世界が直面する平和の諸問題をキリスト教の視点から分析し、平和構築に向けた総合理解を試みる画期的な事典として広く評価されました。この事典の出版を通して、RCCが現代社会において「平和の文化」(a culture of peace) の一端を担おうと志す研究機関であることが可視化

3

されたとも言えるでしょう。

　その後も、各研究プロジェクトの成果の多くは、出版物として発表されてきました。ここ10年では、『ミナト神戸の宗教とコミュニティー』(2013年)、『自然の問題と聖典－人間の自然とのよりよい関係を求めて』(2013年)、『現代文化とキリスト教』(2016年)、『東アジアの平和と和解－キリスト教・NGO・市民社会の役割』(2017年)が公刊されました。

　2019年に、RCC創立25周年記念事業として本書の作成・出版が計画され、加納和寛副センター長が監修の指揮をとり、橋本祐樹研究員と打樋が共に監修を担当して、その作業が進められてきました。本書作成の発端となったのは、「現代文化とキリスト教」(2013～2014年度)と「ポップカルチャーとキリスト教」(2017～2018年度)という二つの研究プロジェクトでした。これらのプロジェクトの研究会では、キリスト教と直接・間接に関わる多くの映画が取り上げられ、キリスト教の専門的視点からの解釈・分析が行われてきました。その成果をベースとしつつ、比較的新しい映画を幅広く取り上げ、それぞれについてのキリスト教の視点からの解説をまとめたテキストブックのようなものを作成できないかと検討が始まり、それをRCC25周年記念事業として進めることが決定されたのです。

　映画はその時代の社会的、政治的、倫理的、実存的関心を総合芸術として映し出すものであり、その表現のモチーフとしてしばしばキリスト教や聖書が用いられます。そこでキリスト教や聖書が「どのように」用いられているのかを解明することは、キリスト教と現代文化、現代社会との対話の手段として、有効なものであるに違いありません。その意味で、この『キリスト教で読み解く世界の映画──作品解説110』出版という試みも、『キリスト教平和学事典』とタイプは異なるものの、RCCの目的である「平和の文化」構築の一端に資するものであることを願ってやみません。なお、本書についての詳細は、橋本研究員の説明と加納副センター長の編集後記を参照していただければと思います。

　最後になりますが、本書出版にあたって、ご多忙の中原稿をお寄せくださった執筆者お一人お一人に、また煩雑な作業を丁寧に進めてくださった関西学院宗教センター事務室の皆様に、心から御礼申し上げます。

2022年　主の降誕日に

関西学院大学キリスト教と文化研究センター

センター長　打樋 啓史

本書について
About this book

　本書『キリスト教で読み解く世界の映画―作品解説 110』は、関西学院大学キリスト教と文化研究センター（以降 RCC）による研究プロジェクト「映画とキリスト教」の成果です。同プロジェクトは、発足した 2019 年度より、新型コロナウィルス感染症の世界的拡大とロシアによるウクライナ侵攻をめぐる状況をも挟みながら、本書の出版を目指して歩みを進めて参りました。RCC は 2022 年度 4 月に創設 25 周年を迎えましたが、本書の出版はその 25 周年事業の一つでもあります。この度、多くの執筆者のご協力のもと、本書を出版できることを心から喜んでいます。

　本書の直接的な背景の一つは、映画とキリスト教の関連を一部取り上げる RCC の研究プロジェクト「現代文化とキリスト教」（2013、2014 年度）、及び「ポップカルチャーとキリスト教」（2017、2018 年度）であり、それらは RCC の研究として映画とキリスト教の可能性を改めて確認する機会となりました。前者の成果は『現代文化とキリスト教』（キリスト新聞社、2016 年）として出版されています。そして、もう一つは、RCC において共有される、キリスト教に関連する主題を広く人々と分かち合おうとする際に文化が、本著との関連で言えば実にキリスト教に結びついた映画がその素材として有効であるとの経験的な所見です。研究以外の領域でも、例えばキリスト者ではない多くの人々を対象とするキリスト教の授業や講座において、キリスト教に関連する美術、文学、映画といった文化的素材が学びの上で有効に作用する経験を私たちは積み重ねてきました。

　詳論する余地はここにありませんが、カルトとの区別なくキリスト教含め諸宗教がひと括りにされ、宗教へのイメージが厳しさを帯びる昨今の日本の状況下でも、大衆文化、ポップカルチャーとして広く受け入れられている映画を用いてキリスト教に触れ、それに関連する主題を学び、楽しむ機会とし、それによってキリスト教や信仰について、人間やいのちについて深く思いを馳せることができるのではないでしょうか。本書がそのために益するならば、それは私たちの大きな喜びです。

　本書の主要な特徴として次の 4 点を挙げることができます。まず、ほぼすべての解説が、キリスト教を専門とする研究者、及びキリスト教の働きに従事する専門的な訓練を受けた人々によって記されている

点です。それらの解説を通して、単に視聴するだけでは気づかなかったキリスト教に関わる多くの新しい視点を映画に見出すことができるでしょう。

　次に、本書が取り上げる110本の作品については、キリスト教に関連する映画の古典的作品にこだわらず21世紀の多くの新しい映画が取り上げられている点が挙げられます。西欧諸国において既存のキリスト教の衰退の兆しは明らかですが、興味深いことにキリスト教に結びついた数多くの映画が今もなお各地で生み出されています。本書で取り上げる新しい映画とその解説をも通して、今日の世界におけるキリスト教の意味を捉え直し、それらを通じて人間と世界を新たに見つめる機会を得ることができるはずです。

　さらに、これに関連して、本書が取り上げる映画におけるキリスト教の取扱いの幅広さを指摘できます。本書が挙げる映画とその解説を通して、時代、国や地域、教派や神学的立場の違いを超えて、実に多彩なキリスト教のイメージに触れることが可能です。キリスト教の典型的な側面、ユニークで美しい側面のみならず、新しいキリスト教の動静や、現代のキリスト教に関わる論点や否定的な側面についても考える機会を与えられることでしょう。キリスト教や宗教の意味が改めて問われる現在、キリスト教を広い視野から捉え直すことが求められているように思えます。

　最後に、本書の形式面から見える特徴としては、110本もの映画を取り上げながらも各作品の解説を見開き2頁に収め、読み物としての、そして学びの素材としての用い易さを重視した点が挙げられます。個人やグループで、そして、もしかすると教育に関わる場面で本書を用いる際、この点は有効に作用するでしょう。尚、この形式上の特徴は読みやすさ、扱い易さに加え、RCCの本質的な役割と願いに関わっています。

　1997年の発足の際、RCCは自らを方向づける規約として、「キリスト教と人間・世界・文化・自然の諸問題に関する総合的な調査・研究を行うとともに、本学のキリスト教主義教育の内実化を図ることを目的とする」(第二条)ことを掲げました。キリスト教と「文化」を調査・研究を進める上での一つの重要な焦点とし、キリスト教主義教育の進展をも掲げるこの規約は、私見を添えて換言すれば、キリスト教の枠組みの内側にのみ留まらず、さらにその枠組みの外部でも広くキリスト教の使信や意義を分かち合おうとするものであると言えます。本書が、言葉の充分な意味で、多くの多彩な人々のいのちを豊かにする働きと楽しみのために用いられることを願います。　　　　　　［橋本祐樹］

目次　contents

1. アメイジング・グレイス　　　　　12

2. アメイジング・ジャーニー
　　神の小屋より　　　　　　　　14

3. ある少年の告白　　　　　　　　16

4. アレクサンドリア　　　　　　　18

5. イーダ　　　　　　　　　　　　20

6. 生きてこそ　　　　　　　　　　22

7. インフェルノ　　　　　　　　　24

8. イン・マイ・カントリー　　　　26

9. ウッドローン　　　　　　　　　28

10. エクソダス　神と王　　　　　　30

11. エバン・オールマイティ　　　　32

12. エリザベス
　　ゴールデン・エイジ　　　　　34

13. エルサレム　　　　　　　　　　36

14. 王妃マルゴ　　　　　　　　　　38

15. 大いなる沈黙へ　　　　　　　　40

16. 神々と男たち　　　　　　　　　42

17. 神さまの思し召し　　　　　　　44

18. 神さまメール　　　　　　　　　46

19. 神のゆらぎ　　　　　　　　　　48

20. 神は死んだのか　　　　　　　　50

21. 教誨師　　　　　　　　　　　　52

22. キングダム・オブ・ヘブン　　　54

23. グラン・トリノ　　　　　　　　56

24. グリーンマイル　　　　　　　　58

25. クリスマスのその夜に　　　　　60

26. グローリー　明日への行進　　　62

27. 幸福なラザロ　　　　　　　　　64

28. ゴスペル　　　　　　　　　　　66

29. コンスタンティン　　　　　　　68

30. コンタクト　　　　　　　　　　70

31. 最高の花婿　　　　　　　　　　72

目次　contents

32. サイモン・バーチ　74

33. ザ・ウォーカー　76

34. ザ・ライト
　　エクソシストの真実　78

35. サルベーション　80

36. サン・ジャックへの道　82

37. シークレット・サンシャイン　84

38. ジーザス・クライスト・
　　スーパースター　86

39. ジェイムズ聖地へ行く　88

40. 司祭　90

41. シスタースマイル
　　ドミニクの歌　92

42. シックス・センス　94

43. 祝福　オラとニコデムの家　96

44. ショーシャンクの空に　98

45. ショコラ　100

46. 白バラの祈り
　　ゾフィー・ショル、最期の日々　102

47. 神聖ローマ、運命の日
　　オスマン帝国の進撃　104

48. スティグマータ　聖痕　106

49. スポットライト
　　世紀のスクープ　108

50. ゼア・ウィル・ビー・ブラッド
　　110

51. 聖なる犯罪者　112

52. セブン　114

53. 戦場のアリア　116

54. セントアンナの奇跡　118

55. ソドムとゴモラ　120

56. 空と風と星の詩人
　　～尹東柱の生涯～　122

57. それでも夜は明ける　124

58. ターミネーター4　126

59. ダウト	128	
60. 堕天使のパスポート	130	
61. ダ・ヴィンチ・コード	132	
62. 魂の行方	134	
63. 沈黙－サイレンス－	136	
64. ツリー・オブ・ライフ	138	
65. ディープ・インパクト	140	
66. デッドマン・ウォーキング	142	
67. 天国からの奇跡	144	
68. 天使と悪魔	146	
69. 天使にショパンの歌声を	148	
70. 天使にラブソングを…	150	
71. 天使にラブソングを2	152	
72. 天使のくれた時間	154	
73. 天使の贈りもの	156	
74. 東京ゴッドファーザーズ	158	

75. ドグマ	160	
76. ドラキュラ	162	
77. 夏休みのレモネード	164	
78. ノア　約束の箱舟	166	
79. パウロ　愛と赦しの物語	168	
80. バチカンで逢いましょう	170	
81. パッション	172	
82. パラダイス　神	174	
83. 100歳の少年と12通の手紙	176	
84. 淵に立つ	178	
85. 復活	180	
86. ブック・オブ・ライフ	182	
87. プリンス・オブ・エジプト	184	
88. ペイ・フォワード	186	
89. ベン・イズ・バック	188	
90. ポー川のひかり	190	

9

目次　contents

91. 僕たちのアナ・バナナ　192

92. ぼくの神さま　194

93. 僕はイエス様が嫌い　196

94. ポネット　198

95. マイケル　200

96. ヤコブへの手紙　202

97. 夜明けの祈り　204

98. ヨセフ物語 〜夢の力〜　206

99. 歓びを歌にのせて　208

100. 楽園からの旅人　210

101. リトル・ボーイ
　　 小さなボクと戦争　212

102. リトル・ランナー　214

103. リバー・ランズ・スルー・イット
　　　　　　　　　　　　216

104. ルルドの泉で　218

105. ルワンダの涙　220

106. レディ・バード　222

107. レフト・ビハインド　224

108. レ・ミゼラブル　226

109. ローマ法王になる日まで　228

110. ローマ法王の休日　230

聖句索引　233

キーワード　239

執筆者一覧　243

アメイジング・グレイス

Amazing Grace

製作：2007 年
監督：マイケル・アプテッド

Story

　イギリス「奴隷貿易廃止法 200 周年」を記念して製作されたこの作品は、賛美歌『アメイジング・グレイス』誕生から奴隷制廃止までを、奴隷貿易廃止運動運動家ウィリアム・ウィルバーフォースの視点で描く。ウィリアムは、18 世紀のイギリスの奴隷貿易に心を痛めていたが、聖職者になるか、政治家になるかで迷っていた。ウィリアムは『アメイジング・グレイス』を作詞したジョン・ニュートンに励まされ、政治家への道を選び、奴隷貿易廃止運動に邁進する。

奴隷貿易

　17 世紀、アメリカやカリブ海地域にサトウキビやタバコ、綿花のプランテーションに適した土地が確保されると、そこでの労働力を補うためにアフリカからの奴隷が求められるようになった。そこで、ヨーロッパ（主にイギリス）・西アフリカ・北アメリカおよびカリブ海地域を三角形に結ぶ「三角貿易」が始まった。この三角貿易はヨーロッパとりわけイギリスに大きな富と生活の変化をもたらした。

　大西洋を渡らされた奴隷の数は、19 世紀までに 1 千万人を超える。西アフリカからカリブ海までの航海は 6 〜 10 週間かかった。奴隷たちは船荷としてデッキの下に詰め込まれた。奴隷貿易船の船長は「船荷」をゆるめに詰めるか、きつめに詰めるかを決めた。船長はたくさん健康な奴隷を運べば、その分多くの報酬を得られた。作品の中で出てくる有名な奴隷船の絵図は「きつめの船荷」である。「きつめの船荷」は大きな富を得られる。しかし、多くの奴隷を載せると、彼らは病気や精神的ストレ

スの自死で亡くなった。また航海中に反乱が起きるリスクも高まる。最近の調査では、12％のアフリカ人が航海中に命を失っていることが明らかになった。

　奴隷貿易や奴隷制そのものに対する反対運動を始まった時、イギリス国内では反対意見の方が圧倒的多数であった。イギリスの奴隷貿易は重商主義政策の柱の一つであった。またイギリス領西インド諸島のプランテーション経営者は富み、イギリス議会に議席を持つ者もいた。しかし運動家たちの努力により、奴隷貿易と奴隷制に対する批判の声は次第に強くなった。1807 年にイギリス議会は奴隷貿易禁止法を制定した。その後、イギリスでは奴隷制廃止の運動が進められたが、その道はさらに困難であった。

　1833 年に奴隷制廃止法が成立した。これは運動の成果でもあるが、閉鎖的な三角貿易よりも自由貿易を望む新興の産業資本家の声が議会で反映されたものである。

『アメイジング・グレイス』とジョン・ニュートン

　『アメイジング・グレイス』を作詞した

ジョン・ニュートンは奴隷貿易船の船乗りであり、船長まで務めた。彼が22歳の時、船が嵐にあい、あわや転覆という危機におちいった彼は神に祈った。すると流出していた貨物が船倉の穴をふさぎ、船は難を逃れた。それをきっかけにして彼は、聖書を読み、酒や賭け事をやめた。それでも彼は、その後も、奴隷貿易に携わった。

1755年、ニュートンは病気を機に船を降りた。その後、勉学を積み、イギリス国教会の司祭となり、奴隷廃止を唱えるようになった。彼が作詞した『アメイジング・グレイス』(1772年)は、奴隷貿易に手を染めたことについての悔い改めと、そのような大きな罪すらもゆるしてくださる神の恵みに対する感謝がこめられている。この詞に私たちが知っているメロディが誰によっていつつけられたかはわかっていない。

この賛美歌はイギリスでは当初それほど知られなかったし、聖歌集に含まれることもなかった。しかし19世紀のアメリカでリバイバル(第二次信仰覚醒)が起きると、メソジスト派やバプテスト派の伝道師たちによってこの歌が広められた。この時には私たちにもおなじみのメロディになっていた。

『アメイジング・グレイス』は、日本では賛美歌というよりも、ポピュラーソングである。さだまさしの『風に立つライオン』(1987年)の間奏と後奏にこの賛美歌のメロディが用いられた。また2003年に放映されたドラマ『白い巨塔』の中で、この賛美歌が用いられた。その2年後、本田美奈子さんが、病が小康だった時にこの歌をレコーディングし、それが亡くなられたという報道の後にくりかえしテレビで紹介された。この頃から、この賛美歌が脱宗教化され、商業化されて日本に定着した。

白人救世主の映画

映画批評のキーワードに "white savior film"(白人救世主)というのがある。「白人が黒人を救う映画」という意味である。すなわち、人種主義やアフリカ人の貧困を扱っている映画なのに、加害者の白人が鑑賞して心地よく劇場を去るという批判である。例として、『アミスタッド』(1997年)や『リンカーン』(2012年)などがある。

この作品は奴隷貿易の禁止と奴隷制の廃止に邁進するイギリス人を描いている。しかしイギリスが奴隷貿易で得た利益についてはあまり描かない。さらにこの作品のラストシーンは、ウエストミンスター寺院の前でイギリスの軍楽隊が『アメイジング・グレイス』を演奏する。このエンディングで白人は自分たちの加害性はすっかり忘れて、気持ちよく劇場を去るはずだ。

[大宮有博]

【キーワード】愛、罪、聖公会、賛美、自由、国家、抑圧、解放
【聖書箇所】II コリ 12:9

アメイジング・ジャーニー
神の小屋より　　The Shack

製作：2017年　アメリカ
監督：スチュアート・ヘイゼルダイン

②

Story

　家族とキャンプに行っている時に、主人公マックの次女ミシーが連続殺人犯に誘拐され森の中にある小屋で殺害される。数か月後、絶望するマックのもとに、小屋へと招待する差出人不明の手紙が届く。彼は殺害現場にもどるが、そこで彼を待っていたのは愛情に溢れた黒人女性、中東系の陽気な大工、そして自由気ままなアジア人女性の姿をした三位一体の神である。三人と時を過ごす中で、マックは徐々に子供の時に失った信仰を取り戻し、痛みと悲しみから解放される。最後には愛娘を奪った犯人をゆるす決断に至る。

ベストセラー小説と映画

　感動的なこの映画の原作はウィリアム・ポール・ヤングによって 2007 年に出されたキリスト教の小説『The Shack』である。本作は著者の自らの経験と深い関係がある。キリスト教の宣教師の子供として育ったヤングは、寄宿学校で性的虐待を受けた。そして大人になってから過去の辛い経験を克服したことと癒しに至った信仰の道のりを自分の子供に分かりやすく説明するためにこの小説を書いた。当初公開する予定はなかったが、友人らの後押しもあり、出版してベストセラーとなった。現代版ヨブともいえる悲劇的なこのストーリーの主人公マックが最後に見出す癒しとゆるしは、著者ヤング自身が経験したものであり、映画で描かれている三位一体の神との不思議な出会いはその過程を創造的に描いたフィクションである。つまり、罪で傷ついた人間が神への信仰を通して救われる神秘的なプロセスを、神と共に過ごす 3 日間の芸術的な比喩をもって表現しているのである。

　キリスト教徒を対象に製作されたこの映画は、聖書に出てくる場面や言葉を新鮮な形で再発見させてくれる。例えば、一人で湖に漕ぎ出したマックのボートが沈みかけた時、パニックに陥った彼を水の上を歩いて登場するイエスが手を取って救う場面は、新約聖書でイエスとともに水の上を歩こうとするペトロの話を思わせる（マタ14:22-33）。マックを飲み込もうとする油のような真っ黒い水は、娘を失った痛みに苦しむ彼の乱れた心を表している。靴を脱いで水面にそっと足をつける彼の行動は、神への信頼を失ったマックの中に新たに芽生えた信頼を象徴している。このように映画には、聖書の話と言葉を連想させる多くの出来事が登場するが、あくまでもクリスチャン・フィクションである。

悪の問題と神の犠牲

　娘を殺害されたマックは、全能の神がなぜ悪を防がないのか、またなぜ悪人を罰さないかが理解できない。そしてイエス・キリストが十字架上で発した叫び「わが神よ、なぜ私を見捨てたのか。」（マタ 27:46）を引用し、父なる神がイエスを十字架で死

なせたように娘をも災いから守らなかったと、神を責める。しかし、神への信頼を取り戻す転機となる場面が、女性の姿をした「神の知恵」の体現との会話である。女性は、マックを神の裁きの座につかせ、彼に人を裁けるのかと問うが、暴力的なマックの父親もまたその父親の虐待の被害者だったと知らされたマックは、他人を裁くことが難しく、人類が罪の連鎖から抜け出せないことに気が付く。長男と長女のどちらか一人を地獄に、もう一人を天国に送るとしたらどちらを選ぶかと迫られると、たとえ罪人であっても愛する二人の子供を救うためなら、代わりに地獄に堕ちてもいいと最終的に答える。その時に、これこそがイエスの十字架の本当の意味であり、悪の問題に対する神の答えであるとマックは悟るのである。人間に自由意志があるからこそ、世界に悪が存在する。しかし、神は罪人を裁かずに、人類を贖うために自己犠牲を払った。神は決して世の中の悪を望んでいるのではなく、いかなる悲劇からも最善を生み出すために人々に働きかけている（ロマ 8:28）のである。罪、裁き、そして犠牲についてのマックと三位一体の神のやり取りから浮上するのが、この映画の悪の問題に対する神義論である。どのような悲劇の中でも神は愛する人と共に苦しむ存在であるのだ。

三位一体：「神は愛なり」

　原作が出版された当初から、三位一体の神を白人ではない三人の人物を通して描いたことが興味深い議論を呼んだ。父なる神を黒人女性として描いていいのか。ヒンディー語からとった名前の若いアジア人女性が聖霊を演じるのは適切なのか。また、一神教であるキリスト教の三位一体の神をあたかも三人の神であるかのような印象が残る三人の人物として表現していいのか。異端であると批判するキリスト教徒もいれば、この三人の関係が映し出している喜び・平和・愛情こそが三位一体の神の真髄を捉えていると反論する人もいる。もちろん、この作品は芸術的なメタファーであり、神学的な精緻さを追求したものではない。原作の著者ヤングにとって重要なのは、私たちが勝手に描いている神のイメージを一度考えなおすことである。例えば、もし父なる神を黒人女性として描くのが不適切と感じるなら、サンタクロースのような白人のおじいさんのほうが父なる神の姿に近いのということなのか。キリスト教の神は男性としてイメージされがちであるが、「母がその子を慰めるようにわたしはあなたたちを慰める」（イザ 66:13）と旧約聖書では神を母親に例えている箇所もある。神について人間の言葉で語る時、私たちは「神は〜のようである」と同時に「神は〜のようではない」と曖昧な比喩表現を使わざるを得ない。しかし、神の性質について一義的に言える唯一の言葉はおそらく「神は愛なり」（Ⅰヨハ 4:8）である。そして三位一体の神を三人の意外な人物として描いているこの映画が視聴者に最も伝えたかったことは、まさに神は私たちが想像している以上に一人一人をこよなく愛しているということである。

［クリスティアン・トリーベル］

【キーワード】神義論、キリスト、愛、罪、ゆるし、自己犠牲、裁き
【聖書】マタ 27:46、ヨハ 3:16、ロマ 8:28、Ⅰヨハ 4:8

ある少年の告白

Boy Erased

製作：2018年　アメリカ
監督：ジョエル・エドガートン

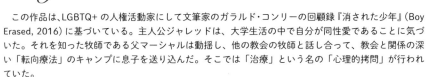

Story

　この作品は、LGBTQ+ の人権活動家にして文筆家のガラルド・コンリーの回顧録『消された少年』(Boy Erased, 2016) に基づいている。主人公ジャレッドは、大学生活の中で自分が同性愛であることに気づいた。それを知った牧師である父マーシャルは動揺し、他の教会の牧師と話し合って、教会と関係の深い「転向療法」のキャンプに息子を送り込んだ。そこでは「治療」という名の「心理的拷問」が行われていた。

「転向療法」(Conversion Therapy)、「脱ゲイ伝道」

　この映画で描かれている「転向療法」とは、同性愛を精神疾患とみなし、異性愛者にするための「治療」を行うものである。ちなみにアメリカ精神医学会 (the American Psychiatric Association) は、1973年に『精神疾患の診断と統計の手引き DSM-II』から同性愛を削除しているので、まっとうな資格を持つ医師や心理士はこの「転向療法」は行わない。この作品の中でも女性医師が、苦衷がにじみ出る表情で、医学的な見地から両親の誤りを正せなかったことをジャレッドに述べる。

　この転向療法を行う団体のほとんどは、同性愛を罪とするキリスト教福音派を名乗る。2003年の調査では、キリスト者の42% が「同性愛は変えられる」と信じていた。この傾向は福音派に多かった(65%)。ただし福音派イコール反同性愛ではないし、転向療法団体のスタッフが純粋に福音派であるとも言えない。この映画にも、キャンプのスタッフがこっそりとタバコを吸っ

ているシーンが出てくる（福音派は基本的に酒もタバコもしない）。これは宗教右派が素朴な福音を守る人々の間に、「同性愛はアメリカの道徳の危機である」と吹聴した結果である。

　この転向療法は危険で非科学的な「療法」である。この「療法」の被害者の多くは、うつ病や自尊感情の低下といった心の病に悩まされている。さらに深刻なのは、自死に追い込まれる者が多くいるということである。

　こういう「転向療法」を「伝道」として行うことを「脱ゲイ伝道」(ex-gay Christian ministry) と言う。この「脱ゲイ伝道」は、同性愛は罪深い行いであり、行いであるがゆえに転向療法で変えることができると主張する。転向療法によって同性愛だったが異性愛者になったと自認する人々が、この伝道の証人として講演をし、「ゲイは変えられる」という誤った見方を広めている。こういった「脱ゲイ伝道」のスポンサーは「フォーカス・オン・ザ・ファミリー」や「アメリカ家族協会」といった宗教右派グループであるから、かなり政治的であることが

わかる。

この映画に出てくる「ラブ・イン・アクション」というグループは、実在した「転向療法」のグループである。映画も暗に示しているが、キリスト教の背景を持つが、本当に一人一人が信仰を正しく理解していないように思える。「ラブ・イン・アクション」は、2019年には解散した。

現在、国連人権高等弁務官をはじめとした国際的人権団体や国際的な精神科医の団体がこの転向療法の禁止を各国に訴えている。アメリカでもオバマ大統領がこの転向療法の禁止を支持し、いくつかの州がこの療法を禁止している。しかし福音派を支持基盤とする共和党は、2016年の政策綱領で転向療法の推進を謳った。ちなみにマイク・ペンスは副大統領になる前から、この転向療法の推進者として有名だ。そのためトランプ大統領時代はこの問題が政策の中で放置された。

LGBTQ+についての「無知」は急速に克服されている。今も存在するLGBTQ+に対する差別や暴力の背景は、無知の他には宗教しかない、その無知も宗教によるものだという状況になりつつあるとしたら、宗教とりわけキリスト教の責任は重い。

バプテスト派の牧師

ジャレッドの父マーシャルは、自動車販売会社を経営しながら、教会で説教をする。これはバプテスト派の教会ではめずらしくない。バプテスト派は、イギリスで生まれ、アメリカで大きくなった。そして、アメリカの宗教に政教分離や信仰の自由という理念を作り出した。

バプテスト派は、独立前の大覚醒時代そして独立後のリバイバルの時代に、開拓地域で目覚ましい成長を遂げた。その推進力となったのが「農民説教者」(farmer-preachers)である。バプテスト派の伝道師はある町や村に入り伝道をして教会を組織すると、そのなかで指導的役割を果たせそうな者を説教者とし、次の伝道地に向かう。

今でもアメリカの田舎のバプテスト教会では、別のビジネスをフルタイムでしながら教会で説教をする者はめずらしくない。ビジネスに成功していることが神から恵みを受けている証の一つであるとする「繁栄の神学」が流行るアメリカでは、牧師がビジネスで成功した人であるというだけで一つのステータスになるはずだ。

ゆるしと和解

主人公ジャレッドは、転向療法という地獄を抜け出し、LGBTQ+の解放運動に身を投じた。映画は最後に父マーシャルとのかみ合わない会話で締めくくられる。「善良なキリスト者」マーシャルはジャレッドに「自分を変えてみないか」と言い続けてきた。しかし、マーシャル自身が変わらなければ、この親子の間に和解はない。自分は正しいと思いこんでいるキリスト者こそ、「悔い改めて神に立ち帰り、悔い改めにふさわしい行いをするように」(使26:20)と勧められている。映画が訴えたかったのは、このことではないだろうか。

［大宮有博］

【キーワード】罪、福音派、病、苦しみ、自由、差別、抑圧
【聖書箇所】使26:20

アレクサンドリア

Ágora

製作：2009年 スペイン
監督：アレハンドロ・アメナーバル

Story

　時代は4世紀末〜5世紀初頭、場所はエジプトのアレクサンドリア、その大図書館を舞台とする歴史作品。主人公のヒュパティアは、ギリシア哲学・天文学・数学の第一人者とされる女性。学問の中心地アレクサンドリアにおいてキリスト教徒の熱狂主義が古代の英知を破壊しようとする。その中でも学問研究を諦めないヒュパティア。その学識の高さと美貌から伝説となった、学問に殉じた人の物語。

信仰か学問か、よりも深い理由

　邦題は物語の舞台である古代都市アレクサンドリアとなっているが、原題はアゴラである。ギリシア都市に見られた広場であるアゴラは、政治・経済そして宗教と文化の活動の場であり、ローマのフォルムと共に環地中海世界の公共領域とされてきた。民主主義や優れた学問的対話も、このアゴラにおいて醸成されてきた。この映画はそのアゴラを舞台に、その様相が激変していく様を描きつつ、主人公ヒュパティアと周囲の人々の悲劇を伝える。

　主人公のヒュパティアの立場は学問探求の上に立ちつつ、寛容の姿勢を示している。その彼女から教えを受ける弟子たちは全てエリート層の若年男性である。映画ではほぼ同世代と思える設定となっている彼らも、基本的には彼女と同じスタンスからスタートしている。幾何学から天文、物理、さらには哲学を論じるその彼女に弟子たちは魅了されていくが、冒頭より聖書か学問かという問答がはさまれていく。聖書の記述と学問探求の成果の矛盾や違いがただよ

いながらも、学び続ける事に意義を見出している教室。他方アゴラではこの学問的雰囲気とはかけ離れた事件が発生する。

　「どちらが正しい神であるか」。後にアレクサンドリアの主教となるキュリロスが在地宗教とも言えるセラピス教徒たちに非難を浴びせる。そして彼は真の神の存在証明を試み、火の試練を挑む。キリスト教徒たちにとってはダニエル書3章にあるように、正しい者は火の被害を受けないということであるが、セラピス教徒には理解不能である。ヒュパティアはその試みを止めさせようとするが、この事を発端としてキリスト教徒たちによる他宗教への攻撃、侮辱や暴力が繰り広げられていく。彼女は「弟子たちを殺人者にはしない」として報復を阻止しようとするが、彼女の父であり当時随一の知識人とされたテオンも容認せざるを得なくなっていく。結果として大多数のキリスト教徒たちに包囲され、ヒュパティアたちの敗北によって物語の中盤は締められる。

　映画の中でも「少数派、迫害される側であったはずのキリスト教」が急速に多数派

と変転していく様が見てとれる。この大きな変化の背景にはテオドシウス帝のキリスト教国教化政策があり、また対異教運動よりも更に激しかったと思われる異端論争がある。ただこの作品はそのような宗教と科学、信仰と学問という二項対立を促進した根深い要因に、当時の社会構造と身分制を見ようとしている。

それらの背景を、映画はヒュパティアの奴隷ダオスを通じて伝えようとしている。彼は奴隷でありながら彼女のよき弟子であり、純粋に数学・天文学への関心を深めつつ、美しい主人への思慕の念を強めていく。図書館への籠城の夜、彼女を護る役目を果たす彼は、彼女の素足にそっと触れる事をもってゆるされない恋心を満たそうとしている。しかしそこには奴隷としての身分制約が強く横たわっている。宗教の違いや学問探求の是非ではなく、身分や階層、貧富の溝を見ることができる。

現代にも根深く残る『魔女狩り』

この映画の中盤以降は、宗教戦争が少数者排除と化した様相を描いていく。彼女のよき弟子たちの多くは強烈な同調圧力と時勢への適合から学問を捨てていく。彼女はただ研究を進めていくだけであるが、その存在をゆるせないキュリロスによって、ついに「魔女」宣告を受ける。この認定はおおよそ史実的ではなく、むしろその後の歴史、魔女狩りや魔女裁判を想起させるものである。これは現代的なテーマでもあり、インフルエンサーである女性に対する根深い差別感情や倒錯的な感覚もただよってい

る。しかもキュリロスはその「魔女」宣告に際して、巧みに聖書からテモテへの手紙一の一部のみを引用して人々を脅迫する。そしてヒュパティアはあまりにも残酷な結末を迎えることになるが、この時、かつての奴隷ダオスが彼女の要求に答えるように安らかな最後を与えようとする。伝説とは異なる部分にも見えるが、真の自由の前に平等を願った二人の答えを見ることもできる。

映画の中でキュリロスは聖書を用いて女性を排除しようとした。他方同じ聖書のガラテヤの信徒への手紙は神の前に奴隷も自由人も、「男も女もない」ことを示す。個人的見解とその意図を、神の言葉によって絶対化していくことの愚かさと恐ろしさがくり返されてきたことを語りつつ、登場人物のいずれがより真の自由に生きていたかを示す映画となっている。

付言として、映画に登場する天井の眼窓（オクロス）の効果的使用は、地動説と天動説、人の視点と神の視点を暗示させてくれている。またキリスト教は必ずしも彼女を排除したのではないこともさらに付け加えておきたい。ラファエロの著名な絵画「アテナイの学堂」に描かれているヒュパティアと思しき人物の姿が、真の自由に生きた女性像を現代へと紡いできたであろうこと。ルネサンス後期の人々は、キリスト教的調和のもとで彼女への思慕を保っていたのである。

［大島一利］

【キーワード】宗教間対話、自由、宣教、教会、差別、科学
【聖書箇所】ダニ 3 章、I テモ 2:8-12、ガラ 3:28

イーダ

Ida

製作：2013年　ポーランド／デンマーク
監督：パヴェフ・パヴリコフスキ

Story

　舞台は、1962年のポーランド。戦争孤児として修道院で育てられた少女アンナは、ある日院長から、修道女になる前に叔母に会いに行くように勧められる。その時、初めて出会った叔母から「あなたの名前はイーダ・レベンシュタイン、ユダヤ人よ」と告げられる。突然自分の出生を知らされ、衝撃を受けたイーダは、叔母と一緒に両親の足跡をたどって旅に出ることに。戦後ポーランドの光と影を、静かに淡々とモノクロ映像で描く技巧を通して、登場人物の心情をゆっくりと味わうことができる。

歴史の中のユダヤ系ポーランド人

　この作品は、ポーランドという国とユダヤ人が経験してきた屈辱的な歴史を背景にもっている。

　ポーランドは、1795年から1918年までの123年間、ロシア、プロイセン、オーストリアという大国に分割されていた。第二次世界大戦中も、ドイツとソ連に占領されていた。1918年以降の短い独立期に国家元首であったピウスツキは、国民のカリスマ的存在である。映画の中にこんなシーンがある。祖父から譲り受けたサーベルで、社会主義を讃えて植えたチューリップ畑を伐採した人が「ピウスツキの軍隊から与えられたサーベルを、反社会主義的行為に使ったのです」と、裁判で訴えられている。極端な保守に対する皮肉であろう。

　イーダの叔母のヴァンダクルーズも、以前は検察官として、大きな裁判で人民の敵（反共主義者）を死刑にしたことがあると、自慢している。50年代前半、ポーランド人民共和国が誕生したばかりの時期。自由と将来への希望を抱いていた頃だろうか。

社会の第一線で活躍していたヴァンダクルーズは、一方で個人的な痛みを抱え続けていた。第二次世界大戦中のナチス・ドイツによるユダヤ人迫害の苦しみ。姉夫婦を亡くした悲しみ。そして幼かった自分の息子を亡くした悲しみ。そしてイーダも、戦争孤児として自分のことを何も知らされずに成長した、ユダヤ人迫害の犠牲者である。自分はいったい何者なのか。それを探し求める。イーダとヴァンダクルーズは、過去を探し求める旅に向かい、そこで明らかになった事実に向き合おうとする。この時代、この場所に生きた個人に焦点を当てることによって、国や民族間の争いや対立がどれほど空しいものかを訴える効果をもっている。

マグダラのマリアと聖女

　叔母のヴァンダクルーズは、タバコを吸い、強い酒を飲み、男性を家に連れ込む。修道院で育ったイーダは、この叔母と一緒に両親の遺体を探しに行くのだが、二人は全くかみ合わない。

　旅の途中で車に乗せたサックス奏者の

若い男に、ダンスホールに誘われ、ドレスアップする叔母。その横で祈るイーダ。叔母が一緒にダンスホールに行くように誘うも、イーダは断って聖書を読む。男性の肩を借りながら酔っ払って部屋に戻ってきた叔母は、「セラヴィ」（これが人生）とつぶやく。そんな叔母をイーダは拒絶する。そこで叔母はこう主張するのだ。「私はアバズレ。あんたは聖女。あんたの神さまは私みたいな人間を好んだ。マグダラのマリアよ。聖書を読めばわかる。」叔母は、マグダラのマリアに自分自身を重ねているのだ。

聖書には、マグダラのマリアが奔放な生活をしていたとは書かれていない。イエスに「七つの悪霊を追い出していただいた」（ルカ 8:2）ことと、復活のイエスに「わたしにすがりつくのはよしなさい」（ヨハ 20:17）と言われたことから、そのように解釈されることがある。これは、言わば勝手な解釈なのだが、それを自分に重ね合わせ、自分のような者を神さまは好むと言い切るヴァンダクルーズは、なんだか憎めない。そして、「聖女」と呼ばれるイーダも、きっとそう思っていたのだろう。彼女はこの叔母の人生に影響を受けていく。

主体的な聖女への道

旅の途中、イーダはサックス奏者のリダに恋をした。彼との心の距離はどんどん近くなっていく。修道院に戻った後、イーダは以前とは違う自分に気づく。悩んだ末、修道女の誓いを立てるのを辞めた。修道院の庭に立っているキリスト像の前で、「ま

だ無理です。おゆるしを」と祈る。友人たちが貞節、清貧、服従の誓いを立てるのを、彼女は見守る。

叔母が突然死んでしまったと知らされた時、彼女は叔母のいない部屋へ行き、叔母の人生に自分の身を置いてみる。叔母のワンピースを着て、タバコを吸い、叔母の聴いていたレコードを聴きながら強い酒を飲む。

叔母の葬儀で、リダと再会する。イーダは叔母のワンピースを着て、リダのサックスを聴きにダンスホールへ行く。リダとの楽しい時間が流れる。そしてそのまま彼の家へ。しかし、ベッドの上でリダが語る、夢のような二人の将来像に、何かを直感的に感じたのだろうか。翌朝、リダが寝ている間に、イーダは再び修道服を着て部屋を立ち去り、修道院へと戻って行く。その足取りは、とても力強かった。彼女は、自ら選んだ道を進んでいく。聖なるものとは何か。キリストのもとへと戻っていくイーダの真っ直ぐな眼差しに、聖なるものの本質があるのではないだろうか。BGM に流れる『われ汝に呼ばわる、主イエス・キリストよ』（BWM 639）が、彼女の心境と重なり、映画の余韻と共に、静かに流れ続ける。

[家山華子]

【キーワード】修道院、聖なるもの、国家、戦争
【聖書箇所】申 7:6-8、ヨハ 4:14

生きてこそ
Alive

製作：1993年　アメリカ
監督：フランク・マーシャル

Story

ウルグアイのラグビーチームの若者たちを乗せた旅客機がアンデス山脈に墜落する。墜落の際に死亡者が出る中、幸運にも乗客の中には生き残った者もいた。墜落後数日間、生存者たちは空腹感や寒さに耐えながら救援を待つ。しかし、救援隊は現れず、ついにはラジオから捜索が打ち切られたことを知る。救助の望みが絶たれ、やがては食料も尽きてしまう。生存者たちは過酷な状況をただ耐え忍ぶ生活を強いられる。長きに渡る遭難生活に生存者たちは限界を迎えつつあった。しかしついに、ナンド、カネッサ、ティンティンの3人は救助を求めて徒歩で山を越える決断を下す。

ウルグアイ空軍機571便遭難事故

　この映画は、1972年10月13日にウルグアイ空軍機571便がアンデス山脈に墜落した実際の事故を題材にした小説『生存者——アンデス山中の70日』を基にしている。この事故で、乗員乗客45名のうち、16名が奇跡の生還を果たした。生存者たちがアンデス山脈の厳しい寒さを生き抜いた日数は72日間である。本作は、生存者たちの体験から、彼らがどのように生き延びたのかを描いている。ラグビーチームの学生たちが物語の中心人物である。彼らの学校はカトリック系の学校である。そのため、作中「主の祈り」や「ロザリオの祈り」といった祈るシーンも多く見られる。学生たちの中にはクリスチャンも多数いる。

　この事故は奇跡の生還物語として有名となった。そして、もう1点、あることで有名となった。その点は事故後に明らかとなり、多くの人に衝撃を与えた。

下した決断

　本作で、墜落時、飛行機は前後に真っ二つに壊れてしまい、荷物が入っていた尾翼部は別の場所に墜落した。そのため、墜落時に生き残った人々の食料は少量のチョコとスナック菓子、数本の酒だけである。ラグビーチームのアントニオがリーダーとなり、わずかな食料を管理し、生存者たちは食料を分け合って、救援を待つ生活を送る。生存者たちの希望は救援である。遭難生活5日目、探索中の飛行機を発見し、あと少しで救援が来るという確信から数名が残りわずかの食料を食べ尽くしてしまう。9日目、ラジオから生存者たちは驚きのニュースを耳にする。捜索の打ち切りである。

　飲み水は雪が至る所にあり、機体の鉄板と太陽光の反射を利用して雪を溶かせばよいため、ある程度安定して確保が望める。しかし、極寒の雪山で食料と呼べるものは自分たちの荷物や飛行機に積まれていたものしかない。食料が底を尽きるのは、誰の目から見ても明らかであった。そして、捜索打ち切りのニュースを知り、生存者たちはある決断を下す。それは、死亡した乗客の遺体の肉を食べることである。人肉を食べることは死体損壊などの罪に当たり、当

然、倫理的にもタブーとされる。

　実際の事故でも、生存者たちが、乗客の遺体を食べたことが事故後に明らかとなり、物議を醸した。カトリック教会は生存者たちのこの決断を擁護し、教義に基づいても死者の肉を食べることは罪に当たらないと発表した。むしろ、生きる可能性を捨て、自ら死を選ぶことの方が罪にあたると主張した。また、犠牲となった少年たちの両親の多くが、生存者たちの決断を受け入れた。一方で、死者の肉を食べたことへの厳しい批判もなされた。

神を感じた

　映画では、乗客の遺体を食べるかについての議論の中で、ラグビーチームの学生の一人が、人肉を食べることは「聖体拝領と同じ」だと語る。聖体拝領はミサ・聖餐のことである。ミサは、キリスト教徒がパンとぶどう酒の食事を通してキリストの死と復活を記念する象徴的な儀式である。ミサの儀式の中で、パンとぶどう酒の実体はキリストのからだと血になる。死者の肉を食べることは「聖体拝領と同じ」と語った学生は、儀式の中で、キリストのからだとなったパンを食べることは人肉を食べることと一緒ではないかと言っているのである。また、この学生は死者の肉を食べることをミサと同一視することで、自分たちの食事に特別な意味を見出そうとしているようにも思われる。

　ミサはこの世に生きている人だけでなく、亡くなった信者も参加する儀式である。学生は、死者の肉を食べることがミサと同

じように、亡くなった乗客を近くに感じ、つながりを感じたいと願っていたのかもしれない。議論の中には、「人間を食う」のではなく、ただ「肉を食う」から問題ないという意見が出ていた。割り切った意見もある中で、それでも学生は犠牲者たちとの絆、つながりを大切にしたかったのではないだろうか。

　また、何よりもミサは神を感じる儀式である。本作で、生存者たちは幾度となく祈り、神に救いを求めていた。生存者たちは絶望的な状況だからこそ、必死に神を感じようとしていた。遺体の肉を食べるという行為もミサと同じだと考えることで、その学生はそこに神を感じようとしていたのではないかと思う。生存者たちの決断は、その行為を通して、亡くなった者たち、神を感じるという特別な意味があったのではないだろうか。

　生存者の中には神を信じない者、人肉食はただの食事と割り切る者がおり、それぞれが自分に何らかの理由をつけて納得をして、死者の肉を食べた。そこにいた全員が死者の肉を食べることをミサと同一視したわけではない。

　しかし、生存者全員はこの奇跡の生還の中で超越的な力を感じたことだろう。映画終盤、カリトスという学生は遭難生活を振り返りこう言った。「ここには神がいる」と。

　あなたが生存者と同じ状況に置かれた時、どうするか。また、人肉食をした生存者を前にして、あなたなら何と声をかけるのかを考えながら観てほしい。

［山内慎平］

【キーワード】祈り、罪、死、信仰、聖なるもの、苦しみ
【聖書箇所】マコ 14:22、マタ 6:9-13

インフェルノ

Inferno

製作：2016年　アメリカ
監督：ロン・ハワード

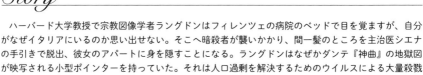

Story

　ハーバード大学教授で宗教図像学者ラングドンはフィレンツェの病院のベッドで目を覚ますが、自分がなぜイタリアにいるのか思い出せない。そこへ暗殺者が襲いかかり、間一髪のところを主治医シエナの手引きで脱出、彼女のアパートに身を隠すことになる。ラングドンはなぜかダンテ『神曲』の地獄図が映写される小型ポインターを持っていた。それは人口過剰を解決するためのウイルスによる大量殺戮計画のヒントであることをやがて思い出すことになる。

『神曲』とキリスト教

　本作はダン・ブラウン原作のラングドン教授シリーズの映画化第3作目であり、『ダ・ヴィンチ・コード』（2006年）、『天使と悪魔』（2009年）に続くものである。前2作品ほど直接的なキリスト教モチーフは色濃くないが、キリスト教の観点から見るべきところは多い。

　『神曲』とはフィレンツェ出身の詩人ダンテ・アリギエリ（1265-1321）が書いた壮大な叙事詩である。「地獄篇」「煉獄篇」「天国篇」からなり、過去および当時の実在の人物たちが多数登場し、悲喜こもごもの情景が各界を旅するダンテの前に繰り広げられる。映画「インフェルノ」ではこのうち「地獄篇」（『神曲』での「地獄編」のイタリア語原題は「インフェルノ（Inferno）」）が謎を解く鍵として用いられる。

　実は聖書には地獄の具体的な描写は少ない。イエスは「火の地獄」（マタ5:22）あるいは「地獄の消えない火」（マコ9:43）について語り、ヤコブの手紙（3:6）にも似たような記述が見られるのは事実である。と

ころが天国同様、地獄も肉体の生を終えた後に行くところである。ならば体感的な暑さの苦しみについて語るのはつじつまが合わない。従って現在の神学では、天国や地獄の喜びや苦しみも体感的というよりは象徴的に理解するのが一般的である。

　しかし我々は地獄と聞くとすぐに「火の池地獄」「鬼・悪魔による責め苦」などのイメージをありありと思いうかべる。日本の場合、仏教などの地獄絵図の影響が少なくないと思われるが、西洋絵画でも似たような地獄絵図が存在する。こうしたキリスト教文化における地獄の視覚的イメージの形成に貢献したのが、実は地獄の様子を詳細に歌い上げているダンテの『神曲』の「地獄篇」なのである。

第4回十字軍とコンスタンティノープル

　謎解きはダンテの故郷フィレンツェから始まるが、大量殺戮兵器の行方を追ってベネツィアのサン・マルコ大聖堂を飾る4頭の馬の石像のもとへ行くことになる。ところがラングドンは鍵となる13世紀のベネツィア統領（ドゥーチェ）エンリコ・ダ

ンドロの墓はこの石像がもともとあったイスタンブール、当時のコンスタンティノープルにあると言う。

　これには第4回十字軍（1202-1204）が関係している。絶大な教皇権を誇った時のローマ教皇インノケンティウス3世により、イスラーム勢力からの聖地エルサレム奪還を目的に組織された十字軍であったが、資金不足のため、海上輸送担当のベネツィア共和国への支払いにも事欠いてしまう。そこで東ローマ帝国の帝位争いに敗れて亡命してきた王子アレクシオスの帝位簒奪に協力し、矛先をコンスタンティノープルに変更した。アレクシオスは首尾良く東ローマ皇帝となったが、約束の金を払えなかったため、怒り狂った十字軍とベネツィアはコンスタンティノープルを侵略し、略奪・暴行の限りを尽くした。サン・マルコ大聖堂の馬の石像はこの際の略奪品なのである。もはや何の大義名分もないこの侵略に、インノケンティウス3世でさえも憤慨したという。本作品の中で第4回十字軍という一見「聖戦」の皮をかぶった全くの蛮行と、人類救済という美名のもとに大量殺戮ウイルスをばらまく計画とが重ねられているのは示唆に富む。

愛とは何か

　イスタンブールでウイルスは発見されるが、ウイルスをばらまこうとする一味は何としても計画を遂行しようとし、それを阻止しようとするラングドンたちと激しい攻防を繰り広げる。「これは地球と人類に対する愛だ！だからこれが地球を救うの

だ！」とうそぶく彼らにラングドンは「人間は『愛』の名で大罪を犯してきた。君の行動のどこが『愛』だ？」と問い詰める。

　「愛」とは言語・時代・文脈で意味が大幅に異なり、恣意的な解釈や理解が容易な単語である。体罰を「愛のムチ」と強弁して正当化してきた日本の学校教育はその好例、いや最悪の例である。

　イエス・キリストは愛を「最高の掟」として次のように簡潔に定義する。「人にしてもらいたいと思うことは何でも、あなたがたも人にしなさい」（マタ 7:12）。逆に言えば、それ以外の行為はどんな理由をつけても愛ではない。自分は暴力を振るわれたくないのに人に暴力を振るうなら、それは愛ではない。自分は今すぐ病気で死にたくはないのに大量殺戮ウイルスをばらまくのは、当然のことながら愛ではない。この簡潔にして自明な愛の定義を忘れてしまうからこそ、人間は愛の名をかたって大罪を犯してしまう。十字軍然り、現代の体罰、虐待、DV、ハラスメントを含め、あらゆる犯罪や紛争もまた然りである。映画「インフェルノ」は人類が直面する現代的な課題と、キリスト教が2000年にわたって考え続けてきた愛・地獄・救いなどのテーマを巧みに交差させ、その意味を改めて私たちに問うているように思われる。

[加納和寛]

【キーワード】地獄、愛、救い、裁き、暴力、正義
【聖書箇所】マタ 5:22、マコ 9:43、マタ 7:12

25

イン・マイ・カントリー

In My Country

製作：2004年　イギリス／アイルランド／南アフリカ
監督：ジョン・ブアマン

Story

　南アフリカ共和国のアパルトヘイト政策。当時、白人による非白人への暴行、虐殺が多発した。アパルトヘイト撤廃後、真実を明らかにし、国民同士が和解をするために真実和解委員会が行われる。アナ、ドゥミ、ラングストンの三者はその委員会を取材し、アパルトヘイト下で起こった事実の報道に成功する。最終的に虐殺の首謀者が有罪となり、白人の罪が裁かれ、非白人が正義を勝ち取ったという構図で終わるように見えたが、さらに複雑な人間の内面が描かれていく。

和解はありうるのだろうか

　神はキリストによって人と和解された。それを通して新しく生まれた人は敵意という隔ての壁を取り壊すのだと聖書、エフェソの信徒への手紙には記されている（2:14-16）。この映画の元となる史実においては、ノーベル平和賞受賞者であり、キリスト教の指導者でもあるデズモンド・ツツ大主教（聖公会）を中心に真実和解委員会が各地で行われ、映画の中でも委員会は教会で祈りをもって始められる。それに加え土地に伝わるウブントゥ（「あなたを苦しめる事柄は、同様に私をも苦しめる」という意味）という考えもあり、国民同士が痛みや苦しみを共有しながら生きてゆく道が探られる。しかし委員会で暴行、虐殺を告白する白人の中には、良心の呵責から心からゆるしを求める者もいれば、ただ恩赦欲しさに事務的に説明し、被害者を傷つける者もいる。中には黒人が埋めた地雷によって家族を殺害された白人の証言も出る。いずれにせよ被害者の家族は泣き叫び、怒り、簡単に和解など成立する様子は見られない。むしろ和解を提言することなど無意味にさえ思えてくるのである。では被害者が加害者に徹底的にやり返すことで、このような事柄が解決するのだろうかという問いも、一方にはある。たしかに、加害者が極刑に処されたとしても、被害者やその家族の心は晴れやかにはならなかったという話を聞くこともある。それならばどのようにすれば前に進める可能性があるのだろうか。改めて和解というキーワードに立ちかえり、観る側は問われるだろう。

人の多様なあり方

　アメリカ人男性で黒人の記者ラングストンは、母国アメリカでは黒人差別の対象となり、主流にはなれないのだと言う。しかし自分のルーツのアフリカに来れば同じ肌の色の人は多くいるが、地元の人からはアメリカ人だとよそ者扱いされ、自分自身もアフリカの文化には馴染めない。一方南アフリカ人女性で白人の詩人アナは、もしアメリカにいれば主流の白人ではあるが、彼女は生粋の南アフリカ人で、アフリカの生き方や文化にも深く馴染んでいる。肌の

白いアフリカ人は奇異なことなのだろうか。そうではなく、アメリカやヨーロッパの人はこのような肌の色と姿、アフリカの人の肌はこういう色で、またアジアの人はこうであるというようなステレオタイプな捉え方への問いがこの映画では示されている。ヨーロッパ生まれのアジア人は、アジア人らしい肌の色と顔立ちだが、ヨーロッパの人間として育つのだ。肌の白いアフリカ人が奇異なのではなく、人は様々なルーツ、歴史的、文化的背景の中で多様なあり方を持っているのである。大昔から人のあり方はかなり多様なのだが、自分の基準のみから自分とは異なる者を見て、からかいや差別の対象にする事例が、私たちの周りのみならず、世界中で後を絶たない。そのような実情を踏まえるならば、人が多様なあり方を持っていることを改めて確認するのは有意義なことであろう。

こちらは正義、
あちらは悪という区分けへの問い

暴行や虐殺を現場で主導したとされるデ・ヤーガー大佐の裁判が行われた。大佐は恩赦を求めたが、それは否決される。危害を加えた白人の罪が裁かれ、乱暴を受けた非白人が正義を勝ち取るという判決が下って映画は終わるかに見えたが、その後に続く。大佐が裁判所から連行される際、アナは自分の弟も暴行に加担していた事実を大佐から吐き捨てるように告げられたのである。アナが弟に問いただすと、弟も黒人拷問に加担しており、危害を加えた白人

の罪を明らかにしようと取材をしていたアナ自身が加害側とは無関係ではないことが明らかとなったのである。またラングストンとの不倫関係を母に知られ、それを夫に告げるように言われたアナ。彼女は夫に告白をし、夫を深く傷つけてしまうような人間としても描かれる。そしてアナと同じ立場で取材をしていたドゥミも、実はアパルトヘイト下で暴行に加担していたという事実が判明する。裁判では正義と悪が明確になったように見えたが、結末を迎えるにつれ、どの人間に正義があり、どの人間が悪なのかは不明確となり、むしろ誰の中にも悪が内包されているとさえ映る。このような描き方を見ると、神の前では人間はみな罪人であると記したパウロの言葉が思い起こされる。ファリサイ派として正しく生きていたパウロは、「罪深い」キリスト教徒を迫害した過去があった。しかしいくら正しさを主張できる人間でも、神の前では罪人に過ぎないという認識に至り、ついにはダマスコにおいて回心を経験していくのである。アパルトヘイト政策の悪を明確にする一方で、この映画は、簡単にこちらが正義であちらが悪という風には語り難い、いわば人間の本質を描き出そうとしているようにもみえる。

［美濃部信］

＊この映画は肌の色をめぐる人種差別を題材としているため、あえて肌の色を表す「黒人」「白人」という言葉を使用した。

【キーワード】ゆるし、罪、悔い改め、和解、差別、暴力
【聖書箇所】エフェ 2:14-16、ロマ 3:9-20

ウッドローン

Woodlawn

製作：2015年　アメリカ
監督：アンドリュー・アーウィン／ジョン・アーウィン

Story

　1973年、ウッドローン高校のアメフト部は、米国で最も人種差別が激しかった都市の一つであるバーミングハムにあり、白人選手と黒人選手との間に対立が生じていた。そんな時、突如現れたスポーツチャプレンのハンク。彼の言葉は、主人公のトニーや監督タンディ、同校の関係者のみならず、宿敵バンクス高校のアメフト部員たちにも影響を及ぼしていき、その勢いは、大勢の観客が押し寄せる決勝戦で頂点を迎えることに。

ジーザス・ムーブメント

　作中で「イエス革命」と訳されている「ジーザス・ムーブメント」とは、キリスト教福音派の中から起こった信仰覚醒運動のことである。1960年代から1970年代にかけてアメリカ西海岸を中心に広がっていき、1980年に沈静化するまでの間、北アメリカやヨーロッパ、中央アメリカにまで拡大していった。ジーザス・ムーブメントは、カリスマ運動に端を発する一種のリバイバル運動であり、形骸化した伝統的なキリスト教を批判し、原始キリスト教が理想とした霊的生活に立ち返ろうとしたものである。

　第二次世界大戦後のアメリカの20年間というのは、キリスト教が急成長した時代であり、大勢の人々が教会に足を運ぶようになった。1920年代初頭に、世界で初めて日曜礼拝がラジオ中継されて以降、ラジオというマスメディアは、50年代まで、チャールズ・E・フラー（1887-1969）のような大衆伝道者たちによって有効的に利用され、多くの人々がその影響を受けた。その後、テレビが登場すると、1950年代から「テレバンジェリスト」たちが現れるようになり、ビリー・グラハム（1918-2018）らによって、特に若い世代の人々がキリスト教に引き寄せられていった。同時に、1950〜60年代のアメリカ国民は、ベトナム戦争と反戦運動、公民権運動、女性やセクシュアル・マイノリティの権利問題など様々な社会問題に直面し、既存社会への不満を抱える人々が増えていった。そのようなあらゆる要因によって、ジーザス・ムーブメントは発展していくこととなったのである。

エクスプロ '72（Explo '72）

　ハンクが作中で言及している「エクスプロ '72」とは、プロテスタント系宣教団体「キャンパス・クルセード・フォー・クライスト」（現：Cru クルー）によって開催された大規模な伝道大会のことである。

　1972年6月12日から17日にかけて、テキサス州ダラスの各所を会場にして開催され、「コットン・ボウル」スタジアムにはおよそ10万人もの群衆が押し寄せ

た。ビリー・グラハムや、ビル・ブライト（1921-2003）らのようなメジャーな大衆伝道者による説教、クリスチャンアーティストたちによる賛美フェスティバルなどが行われた他、スポーツ界からも様々な著名人らが参加した。多くの若者に信仰教育を施し、伝道へと駆り立てた「エクスプロ'72」はまさに、「ジーザス・ムーブメント」の頂点とも言えるイベントであったと評価されている。

本作では、当時の観客たちの熱狂と一体感を、ウッドローン高校vsバンクス高校の決勝戦の場面の中で表現している。だが、実際のところ「エクスプロ'72」は、白人中心のイベントとなってしまっていたようである。主催者側が、アフリカ系アメリカ人の参加者を募るため5万ドルの奨学金を用意したにもかかわらず、実際に参加した黒人は3,000人にも満たなかったという。アメリカ南部のテキサス州を舞台に行われたという地理的事情、仕事を優先せざるを得ない社会格差など、様々な理由が考えられる。

黒人差別とキリスト教

本作では、ハンクの説教によってアメフト部員たちはあっという間に回心し、人種差別のないチームへと「ボーン・アゲイン」（新生）を遂げているが、当然のことながら、現実はそんなに甘いものではない。ハンクの存在に投影されているビリー・グラハムらのような大衆伝道者たちは、人種差別撤廃を訴えてきたとは言え、それは個人の回心のレベルに留まり、キング牧師らが行っ

たような社会運動を伴うものではなかった。また、キリスト教界全体が同じように人種差別に反対の意志を示してきたかというと、決してそうではなかった。黒人差別反対に力を注ぐ福音派は少数派で、たとえば北部の福音派の関心は、共産主義や自由主義神学との対立に向けられており、公民権運動などには積極的に関わってはいなかったという。南部の福音派の立場はより明確なもので、白人至上主義的な思想を持つキリスト教教師たちによる、奴隷貿易時代から受け継がれてきた「白い」聖書解釈によって、公民権運動を批判し、人種差別を事実上容認する人々が多かった。このように、福音派の無関心や反対を押し切って、アメリカ社会が（制度的な）黒人差別撤廃という勝利を手にしたことは大きな功績ではあったものの、同時にそれは、道徳や倫理に対してキリスト教信仰が敗北した瞬間であったとも言えるだろう。

本作の最も残念なところは、黒人差別という複雑な問題が、キリスト教（善）vs差別主義者（悪）という単純な二項対立的構図で描かれてしまっている点である。皮肉にも、キリスト教が率先して黒人差別を助長してきたという歴史的事実から目を背け続けていることを非常に分かりやすく表してくれている内容になっている。

［柳川真太朗］

【キーワード】回心、信仰、福音派、差別、解放
【聖書箇所】レビ 19:19、サム上 17、コヘ 3:1、マタ 5:44、ヨハ 14:6、ロマ 6:4、フィリ 3:14

エクソダス　神と王
Exodus Gods and Kings

製作：2014年　アメリカ
監督：リドリー・スコット

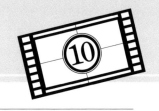

モーセはファラオのもとで王子と兄弟のように育てられた。任務の途中、酷使されるヘブライ人奴隷の指導者に「あなたはヘブライ人だ」と知らされたモーセは、その会話を告げ口され、王宮から追放される。砂漠の放浪を経てミディアン人の村にたどり着いたモーセは、そこで結婚し家庭をもつが、「神の山」で神（神の使い？）に出会う。神は、「エクソダス」（出エジプト）の指導者として、モーセを選んだのである。

出エジプトと十戒

　本作は、出エジプトまでのモーセの一代記である。ハリウッドが本気で、旧約聖書（旧約聖書という呼称はキリスト教の立場からのものである。ユダヤ教の立場からは単に聖書となる）、出エジプト記の物語をエンターテインメントに仕上げた映画である。旧約聖書の物語をモチーフにしたスペクタクル作品であって、聖書記述との違いや、時代考証的な問題、またエジプト、パレスチナが舞台であるのに主役級がみな白人俳優（いわゆるホワイトウォッシング）であることなど、公開後様々な批判を受けている。

　ネタバレにはなるが、出エジプト記が下敷きで、主人公がモーセということから、ヘブライ人がファラオのもとから逃れることも、海が割れてエジプト軍を飲み込むことも、モーセがシナイ山で十戒を授与されることも、予想される展開であるだろう。とはいえ、一般的な日本の観客がこの映画を見て、旧約聖書の物語をそのまま映像化したものだ、と思うとすると、少し問題がある。

旧約聖書と歴史

　本文の筆者は、ユダヤ教の専門家、旧約聖書の専門家ではない。現在日本語で入手できる聖書の記述によって判断しているが、本作における描写の多くは映画的描写である。モーセが王子（のちのファラオ）ラムセスと幼いころから兄弟のように育てられていること、モーセがエジプト軍の優秀な指揮官として活躍していること、王子が才能豊かなモーセに嫉妬し、焦りを感じているように見えることなど、モーセと王子の関係性はすべて映画的描写である。モーセ五書に続くヨシュア記の主人公、ヨシュアには非常に特徴的な設定がなされているが、これも映画的描写である。「わたしはある」と名乗る存在についての描き方についてもそうである。原題はGodsと複数形であることにも注目していただきたい。英語での一般的なキリスト教の文脈で、Godが複数形になることはないので、この複数形のGodsはファラオが奉ずるエジプトの神々を指すと考えられる。邦題ではそのあたりもあいまいである。どこまでが聖書通

りで、どこからが創作の映画的表現であるのか、という部分が色々とあるので、聖書を手許に鑑賞しながら確かめてみていただきたい。

奇跡について

よく知られるエジプトへの災い（出7:14〜12:36）については、当時として最新の映像技術を駆使し、比較的忠実に再現されている。「蛙の災い」では本当に無数の蛙が登場する。「疫病の災い」「はれ物の災い」での治療場面は大変痛々しい。そして、「初子の死」の場面でも本当にその通りのことが起こる。フィクションとはわかっているものの、実際に映像で見せられると何ともいえないつらい気持ちにさせられる。DVDパッケージの内容紹介には「10の奇跡」とあるが、これを「奇跡」と呼べるのはヘブライ人の側だけではないだろうか。

旧約聖書には、他にもノアの洪水など大災害が描かれている。そのなかで理不尽に命を奪われる者たちがいる。聖書の本文を文字として読んでいる限りでは、「これはそういう物語なのだ」と済ませることもできる。しかし、実際に映像になり、子どもを喪って悲嘆にくれる母親の姿を見せられると、そうはいかない気持ちになってくる。プロテスタント・キリスト教の立場では、信仰者各自に聖書を解釈する自由が与えられている。もちろん好き勝手に読めばいいということではなく、祈りをもって、聖霊に導かれて読むべし、ということなのであるが、本作品のように映像を見てしまうと、影響を受けやすいように思う。ビジュアルが人間に与える影響力は実に強い。聖書が「偶像」を禁じることもよくわかるのである。

海が割ける

本作品における「海が割ける」場面は、自然科学的な説明の可能性と、信仰の出来事とを折衷しようとした結果であるように筆者には見えた。この点についても聖書の通りではない、という批判が寄せられたそうである。

「ヘブライ人」

作中では「ユダヤ人」ではなく「ヘブライ人」と呼ばれている。これは、「出エジプト記」で実際にヘブライ人という呼称が用いられていることによるものと考えられる。「ヘブライ」ということばの原義ははっきりしないとのことであるが、「創世記」のなかでは、アブラハム（当時はまだアブラム）がヘブライ人と呼ばれている（創14:13）ほか、39章から43章にかけてのヨセフ物語のなかで、エジプト人に従属する立場の人々がヘブライ人と呼ばれている。出エジプト記において、神はモーセに、ファラオに対して「ヘブライ人の神、主はこう言われた」と言うように命じている。（出7:16、9:1 等）後年、ユダヤ教の伝統のなかでヘブライ人はユダヤ人を指すようになり、その言語はヘブライ語と呼ばれるようになった。

［岩野祐介］

＊旧約聖書のはじめの五書である創世記、出エジプト記、レビ記、民数記、申命記をモーセ五書と呼ぶ。これら五書はモーセの著作であると伝承されていた。

【キーワード】聖書、奇跡、希望、科学、抑圧、解放
【聖書箇所】出エジプト記全般、特に出 3:1-22、出 14:1-31、出 20:1-21

エバン・オールマイティ

Evan Almighty

製作：2007年　アメリカ
監督：トム・シャドヤック

Story

　ブルース・ノーランのライバルであったエバン・バクスターは下院議員に転身、郊外の新居に移り住む。ところが「世界を変える」と祈った翌朝から、次々と不思議なことが起こる。当惑するエバンの前に出現した神は、なんと箱舟を造るように命じた。しぶしぶ箱舟建造に取り掛かったエバンだが、家族崩壊の危機に直面する。ようやく箱舟を完成させたその日、予言通り洪水が起こるのか、そしてエバンたちの箱舟の運命は！

　本作はジム・キャリー主演『ブルース・オールマイティ』（2003年）のスピンオフ作品（映画などで設定を引き継ぎながら、副登場人物を主役に据えた作品）として製作されたコメディ映画である。ブルースの敵役エバン（スティーヴ・カレル、『40歳の童貞男』で知られる。これをあてこすって「上映中 40歳の乙女マリア」と掲げた映画館が本編にも一瞬登場する）を主人公にハチャメチャな物語が展開する。

もしも現代で箱舟作りを命じられたら

　前作でニュースショーのアンカーパーソンであったエバンは米国下院議員選挙に立候補し、「世界を変える」を公約に掲げて見事当選を果たす。一家は不動産業者イブ・アダムスが扱ったヴァージニア郊外の一戸建てに引っ越し新生活を始める。その夜、三人の息子の一人のライアン、妻のジョーンが祈ったことをきっかけにエバンもひそかに「世界が変えられる」よう神に祈った。すると翌朝から不思議な出来事が次々に起こる。

　ジェネ［ラル・エレクトリック社製］の目覚時計が鳴る。「6時14分」、……7時にセットしたはずなのに。今度は玄関に「アルファ・アンド・オメガ設備」から古めかしい木槌などの工具一式が届く。箱の届先に「オーウッド・ローン 614番地」（実際は416番地）。翌朝6時14分、今度は大量の木材が届く。送状に「1-800-GO-4-WOOD」（ゴー・フォア・ウッド）と。エバンが苦情の電話をかけようとすると、テレビに映ったのは「創［世記］6:14」の文字……、「聖書はどこだ！」（米国では一家に一冊、聖書がある！）。そこには「あなたはゴフェルの木（ゴーフォア・ウッド）の箱舟を作りなさい」とのノアに対する神の命令が記されていた。そして突然、エバンの前に神が現れる（『ブルース・オールマイティ』と同じくモーガン・フリーマンが演じる）。「お前は何者だ」と問うエバンに「私は神だ」と答え、改めて箱舟建造を命じる。観客は、この二人の会話に笑いを抑えることができないだろう。馬鹿馬鹿しい話だと自称（？）神の命令を無視するエバンだが、数字「614」の洪水（内線電話、車のナンバープレートも）、一つがいごとにエバンへと殺到する鳥や

獣、蛇、クモ……、執拗な神からの働きか
けにエバンは箱舟建造に取りかかる。

　神は言う、お前は「世界を変えたい」と
祈った、それを実現するための一歩が箱舟
造りなのだ、と。手渡されたのは『アホで
も造れる箱舟』（*Ark Building for Dummies*／英
語でそのような入門書シリーズがある）の一冊。
いつしかエバンの姿はノアさながらに変
わっていく。そのような夫の異変に取り乱
していくジョーン、そして家族の絆も風前
の灯火に。「ニューヨークのノア」と周囲
に揶揄されながらも、家族……と動物たち
の協力で箱舟もようやく完成をみる。

　洪水が起こると予言された9月22日、
実際に洪水は起こるのか。これ以上はネタ
バレになるので、実際に視聴してほしい。

聖書が前提の映画製作

　全米公開時、週末興行成績初登場一位（映
画・com）となった本作は日本でも上映が
予定されていたが、残念なことに急遽公開
は中止となった。幸いにも現在、DVD（映
像特典を含む）などで視聴が可能である

　オリーブをくわえた白鳩で始まりまた
終わる本作には、聖書とキリスト教伝統の
参照やあてこすりがテンコ盛である。それ
を探すだけでも楽しめるのだが、何も知ら
なければ面白味も半減する。邦画では、日
本昔話に登場する桃太郎などの説明が不要
なように、聖書やキリスト教の知識が観客
に前提とされている。言い換えれば、その
ような映画の製作がなされているというこ
とでもある。

　トム・シャドヤック監督は、撮影のため

に聖書の記述通り全長137メートルの箱
舟を実物大で（ほぼ）建設した。さらに当時、
史上最高の75種、200匹の動物を動員し
（特典映像による）、最新のCG技術を駆使し
た結果、製作費は1億7500万ドル（当時
の換算で約213億円）にのぼった。また本作
の主題は、すばらしい贈物、「神の創造」、
地球の保護であり、それは映画作りの過
程においても実践されたと監督らはインタ
ビューに答えている。

実はすぐれた「キリスト教映画」

　箱舟建造に没頭する夫の異変に当惑し
家を飛び出したジョーンの前にウェイター
の姿（名札に「AL MIGHTY」とある）で神が
現れる。神はジョーンに、新生活を始めた
時、君は「家族の絆を……」と祈ったでは
ないかと問い、さらに、そう祈ったからと
いって神はそのまま「（家族の）和やかな温
もり」を与えるだろうか、それとも家族が
愛し合う「機会」を与えるだろうかと諭す。

　映画の枠組として聖書物語を採るだけ
でなく、本当の「愛」、「祈り」とは何か、
世界のため、人のため私たちは、何がで
きるのか語ることにおいても本作は優れて
「キリスト教」的映画だと言える。

［平林孝裕］

【キーワード】聖書、祈り、創造、信仰、家族
【聖書箇所】創 6:14、創 6:19-20、箴 1:7、マタ 7:7

エリザベス：ゴールデン・エイジ

Elizabeth: The Golden Age

製作：2007年　イギリス
監督：シェカール・カプール

⑫

Story

　1585年、イングランド。メアリー1世の退位後、その異母妹のエリザベスが女王となる。孤独のなかで国を司るエリザベスを、彼女への暗殺未遂事件が恐怖に陥れる。さらに、イングランドに幽閉中のスコットランド女王がその首謀者として処刑されたことにより、強国スペイン軍がイングランドに攻撃を開始する。失意の底で、不利に見える戦いを強いられたエリザベスは、女王としてこの苦境をどのように乗り越えていくのか。

　このストーリーは、16世紀のイングランドの状況に基づいている。宗教改革の時代、イングランドでは、ヘンリー8世の「国王至上法」（1534年）を契機とし、その息子のエドワード6世による「第一祈祷書」の発布（1549年）、教理的立場を明示するためにエリザベス1世の名のもとに提示された「39箇条」（1563年）などのプロセスをとおして、イギリス国教会が形成された。映像で描かれている時代よりも後に、エリザベスは、イギリス国教会の土台をさらに揺るがぬものとして構築することになる。

　映画のなかでは、カトリック教会からイギリス国教会に改宗した仲間に対して、「裏切り者、ユダめ」という言葉が投げかけられていた。ユダとはイエスの12人の弟子の一人であったイスカリオテのユダのことであることから、改宗者に対して否定的な感情が持たれていたことがわかる。カトリック教会かイギリス国教会かという選択には、信仰だけでなく、外交や覇権争いなどに表れる為政者たちの政治的思惑が大きく絡んでいた。

　なお、映画冒頭はステンドグラスから始まるが、撮影には実際の教会堂が使われている。最初の、カトリック国としてのスペイン宮殿内部は、同じくカトリックのウェストミンスター大聖堂（ロンドン）、女王エリザベスが過ごしていたのはイギリス国教会のイーリー大聖堂（イーリー）、また、メアリーの処刑場は同じくイギリス国教会の聖バーソロミュー教会（ロンドン）であり、カトリック教会とイギリス国教会の聖堂が使い分けられている。これらの教会堂は、他の映画にもしばしば用いられている。

恐れと孤独

　自分こそがイングランドの王と名乗るメアリー・スチュアートの粛清を示唆する臣下たちに対して、エリザベスは「恐れはさらなる恐れを生む」と答え、それを斥ける。しかし、メアリーに王位を望む者らによって進められていたエリザベス暗殺計画は、失敗に終わったにせよ、エリザベスを深く傷つけた。真っ青になりながらもピストルの前に凛と歩くエリザベスは、大きな恐れを感じていた。さらに彼女は、自らの

死への恐怖と同時に、不本意ながらもメアリーの処刑を命じなければならない状況に追い込まれ、塞ぎ込むことになる。かつて母もまた父に処刑されたエリザベス。自分の意に反することを命じなければならない矛盾を抱える女王という立場に、真の自由、真の力のないことを痛感するのである。

エリザベスは、決断を下すという重い責任と重圧の下で、誰とも共有できない大きな孤独をつねに持っていた。そのようなエリザベスには、実際に、幾度かの恋愛の相手も明らかにされている。ウォルター・ローリーもその一人だったようである。映画の中では、船で大洋を渡り彼女の知らない世界について語る彼に、エリザベスは心を開いた。彼はエリザベスの心の内にある「恐れ」に気付く。エリザベスはローリーに、絶えず恐れがあったことを打ち明ける。そんな彼女に、ローリーは、人間が弱く、傷つき、死を迎えるが、「愛」を経験できる存在だと語る。しかしエリザベスは戸惑いの言葉を口にする。ローリーは、エリザベスが女王であるがゆえに、真の敬愛に飢えていることを知っていた。そして、自らの敬愛を示す。

希望を求めて

このストーリーのなかでは、「希望」という言葉とそれに伴う女王の変化もまた、見て取れる。

ローリーは、自分の未来を自由に描きそこに「希望」を語る。船で大洋を越えるとき、嵐や病や「果てしないものへの恐れ」に直面せざるを得ないこと、けれども海で働く者として実直に職務に服し、祈りながら、無垢でむき出しのか細い希望にすがるのだと話すローリーを、エリザベスは一心に見つめ、その言葉に聴き入る。エリザベスはこのようなローリーの率直さにひかれた。

しかし、国の危機のなか、ローリーと侍女の自分への不実、そして暗殺未遂と、不本意な処刑が続き、どこにも逃れられず、未来の見えない現実を前に憔悴したエリザベスは、占星術師のところを訪れ、「希望を与えて」と取り乱す。自分の願うように現実をコントロールしようとするエリザベスに対して、彼は言う——この世を司る力は人間を超えており、それは女王でも従わせることはできない。しかし、嵐に直面するなかで人間は様々な行動を取りうる。恐怖で凍り付く、逃げる、隠れる、あるいは、「わしのように翼を広げ、風に乗って舞い上がる」（イザ 40:31）のだ——。これを聞いて、エリザベスは笑みを浮かべる。

進攻するスペインとの闘いに臨むさい、彼女は力強く温かい微笑で人々に心からの親愛を示し、生死を共にするとはっきり宣言する。ここに、絶望的な状況でありながら、自らの道を見出したかのような迷いのなさが垣間見える。それは、愛に飢えた孤独を翻し、自らの愛を注いでいくことへの揺るがない選択であったように思える。そしてその姿が、人々にとって、またエリザベスにとっても、大きな希望となり得たのではないか。

[梶原直美]

【キーワード】教会、信仰、愛、希望、苦しみ、国家
【聖書箇所】イザ 40:31

エルサレム

Jerusalem

製作：1996年　スウェーデン／デンマーク／ノルウェー／アイスランド
監督：ピレ・アウグスト

⑬

Story

　スウェーデンの小さな村。父の農場を買い戻すため、イングマールは婚約者ゲートルードを残して出稼ぎに出る。その間、村にアメリカ人牧師ヘルガムが現われ、ゲートルードも含め多くの者がこの牧師を信奉することになる。ヘルガムはやがて、信奉者たちにエルサレムへの移住を提案する。イングマールはゲートルードの身を案じるが、彼女もまた共同体の一員としてエルサレムへ旅立つ。そこで待っていたのは予想外の生活であった。

エルサレム

　映像の最初に、「19世紀の終わり、世界中のクリスチャンが世の終わりとキリストの再臨を信じてエルサレムに移り住んだ。この映画は彼らに捧げる。」というテロップが流れる。この小さな村にアメリカ人牧師ヘルガムによって形成された共同体は、新天地を求めてエルサレムへと旅立った。なぜエルサレムなのか。エルサレムはユダヤ教、イスラーム教、そしてキリスト教の聖地とされるが、キリスト教にとってその地はイエスが十字架上で処刑された場所であり、イエスの墓の所在地である。

　ヘルガムたちはこのエルサレムを「魂が癒される場所」と語り、「聖なる町」と呼んでいる。そして彼は、一緒に移り住みたいという人々には、財産を手放し、自分を縛る足かせを断ち切るように勧めた。「この地を捨て、異国に住めと言うのですか？」という人々からの困惑した問いに対して、「異国ではない。イエスが生まれた地に我々は遣わされる」「イエスの道をたどり地上の楽園を築こう」と答えるヘルガムの言葉

によって、人々の心はエルサレムに向く。

　しかし、彼らが訪れたエルサレムは想像と異なっていた。家族は一緒に住めず、地域住民からは差別される。病人は治療を受けられずに亡くなり、異性を思う気持ちは否定される。それでも彼らはそこに留まり続けた。ゲートルードはある日、街でイエスと出会ったと思って喜ぶが、人違いだったことを知り、喜びは失望に変わる。理想の天国を探し続ける彼女は、この地で病の身となった。

自由教会運動

　この映画の原作者セルマ・ラーゲルレーヴはスウェーデンの作家であり、同国の教会の歴史を受けて、20世紀初頭にこれを著述している。遡って16世紀の宗教改革後、北欧の国々にはルター派教会が浸透したが、時代の流れのなかで啓蒙主義に影響を受けた。しかし、それへの批判から、敬虔主義的な動きが生じることとなった。信仰復興運動と呼ばれるのはそのひとつの側面である。19世紀に入ると、社会が様々な問題意識を共有し、労働運動や女性解放

運動などの市民運動が盛んになるのと並行して、自由教会運動が生じた。この映画の最初の場面で登場するのは従来の国教会の会堂であり、ルター派の牧師であろう。そののちに建てられた伝道所が自由教会である。そこでは誰もが説教者でいることができ、ヘルガムはその説教台に立った。

ヘルガムはシカゴからやってきた伝道師であった。北米でも19世紀には信仰復興運動が高まり、熱狂的な礼拝が行われていた。ヘルガムのモデルとなった人物は、スウェーデン福音教会という自由教会を形成した人物であると推測される。(中丸禎子「死・救済・天啓：セルマ・ラーゲルレーヴ『エルサレム』における宗教運動の描写」『詩・言語』71号、2009年、2頁)

ヘルガムの語る内容は村人同士の繋がりに亀裂を生じさせるものでもあったが、人々は徐々に彼の話す天国に踏み入りたいと思うようになる。彼らの様子は狂信的で非理性的に見えるかもしれない。けれどもこれは、理性によって神を捉えることは決してできないということに気付かされた時代を経て、人々がなおも神を求め、神に従おうとした姿でもあった。

罪と救い

この160分にわたる作品には、終始重圧感が漂っている。それは、北欧スウェーデンの厳しい冬景色と、そこに生きる人々の心のなかに見る罪の意識から来るのかもしれない。それはまた、素朴で、真摯に自己と向き合う人の姿であるように思える。彼らは、神こそが自分を罪から救ってくれるという信仰を持っていた。

ダンスをしていたイングマールたちを嵐が襲い、雷を避けて小屋で避難していたとき、ゲートルードは恐怖とともに「天にまします我らの父よ」と祈り、救いを求める。これは、マタイによる福音書6:9-13とルカによる福音書11:2-4に記される、イエスが教えた「主の祈り」に基づく祈りである。また、イングマールの姉コリンは嵐の夜、亡き夫が現れた後、歩けなくなり、これを、天罰なのかと問う。そして、子どもを助けるために突然歩くことができるようになった出来事について、ヘルガムを通して救いが与えられたのだと理解する。この体験は、彼女の以後の信仰を支え、やがて、エルサレムという天国のために、すべての財産を手放すことへと向かわせた。

一方、ヘルガムは、村人たちに対して悪魔の誘惑への注意を喚起し、それらを切り捨てるよう勧める。人々は悪魔を恐れ、自分が罪を犯すことを憂慮し、彼の教えに従う。ヘルガムは人々を欺くつもりも、私利のために支配しようという考えもない。共同生活を行った村を楽園と語る彼は、悪から天国に人々を導くことが、自らの使命だと認識しているのである。

さて、罪と向き合い、闘い、清らかに神のそばに居たいと願う彼らの行動は、視聴者の目にどのように写るであろうか。この共同体の理想とした、神から罪をゆるされ救われた者として互いにゆるしあって歩む生き方は、いま、どのようなかたちで実現できるであろうか。

[梶原直美]

【キーワード】再臨、信仰、罪、救い、神の国、天国
【聖書箇所】マタ 6:9-13（ルカ 11:2-4）

王妃マルゴ

La Reine Margot

製作：1994 年　フランス
監督：パトリス・シェロー

Story

　1572 年 8 月のパリ、カトリックのフランス王シャルルの妹マルゴとプロテスタントのナヴァール公アンリの結婚のお祝いに沸く市街でプロテスタント教徒に対する大虐殺が起こる。聖バルテルミの大虐殺である。フランス王権をめぐる政争と陰謀の中で翻弄される王妃マルゴの運命と愛憎に満ちた生涯を通して、教派間の対立が影を落とす 16 世紀末フランスの混乱、そして、未来にフランス王となるアンリのそれ以前の波乱の生涯が描かれていく。

キリスト教の統一性と多様性

　「キリスト教」という言葉は、これを主語として言い表されるあらゆる現象に統一性を与えている一方で、そこで語られる諸現象は多様であるだけでなく、時に対立する事態をも含んでいる。ヨーロッパの歴史を一瞥すると、キリスト教の名の下に、いかに多くの戦争が行われてきたことか。この映画は、16 世紀のフランスで繰り返されたキリスト教の二つの教派、カトリックとプロテスタントの宗教戦争、いわゆるユグノー戦争を舞台としている。ユグノーとはフランス領内の改革派のプロテスタントのことである。無視できない数の教養人や貴族たち、さらには王族の中にさえプロテスタントの信仰を受け入れる人々がでてきたため、内政の安定を図りたいフランス王は、休戦や融和を求めるが、カトリック勢力も黙っておらず、繰り返しプロテスタントを大量虐殺する事件が起きる。映画の中の聖バルテルミの虐殺はその凄惨な歴史の記憶を伝えている。「汝の敵を愛せよ」というイエスの戒めを守ることがいかに難し

いことか。

宗教と寛容

　1517 年のドイツでマルティン・ルターが「95 箇条の提題」を公表したことを発端に始まった宗教改革は、ヨーロッパ全体を巻き込み、その枠組みを大きく転換させることになった。それまでの西方ヨーロッパは、ローマ教皇を頂点としたカトリック教会とその信仰によって統一されていたが、そこに異なる教理と制度を持つプロテスタントの教会が成立し、独自の信仰と実践が法的に承認されることを求めた。後の信教の自由や政教分離に関わる問題の発端がここにある。まず、1555 年のアウクスブルク宗教和議でルター派の信仰が認められるが、改革派の容認は 1648 年の三十年戦争の終結に伴うウェストファリア条約を待たなければならなかった。教派間の対立は、多くの犠牲を出して最終的には平和共存する道を選び、近代世界を導くことになる。

　フランスでは、これは映画の物語のさらに先の話になるが、王妃マルゴの三人の兄

弟はすべて死に絶え、マルゴと政略結婚をしたナヴァール公アンリがアンリ4世としてフランス王に即位し、1598年にナントの勅令を発令することで、パリを除くすべての場所でプロテスタントの礼拝が認められ、安全が保障された。しかし、そのためにアンリ4世自身はというと、再びカトリックに改宗することでフランスの正統な王位継承者であることを証明しなければならなかった。「アンリのとんぼ返り」とも言われる度重なる改宗ではあるが、その政治的決断が宗教戦争を終わらせ、異なる信仰をもった国民の平和的共存を現実的に可能にしたという歴史的事実は否定できない。ちなみに、アンリのカトリックへの改宗の場面では、代々の教皇の教会に従い、マリアの名の下に執り成しが求められていたのに対して、プロテスタントへの改宗の場面では、心からの悔い改めと神の愛が強調されており、両教派の神学的違いが表現されている。

境界線を越える結婚

この映画は、王妃マルゴとナヴァール公アンリが大聖堂で結婚式を挙げる場面からはじまる。この時点で、王妃マルゴはカトリック、アンリはプロテスタントであるので、現代で言うところのエキュメニカルな、すなわち、異なる教派が互いを認めて一致する結婚式と言えよう。現代のルーテル教会式文によれば、結婚式はサクラメントではないという理由から、信徒以外の者に対しても行うことができるとされている。なぜなら、結婚は、神がすべての人間のため

に定めた創造の秩序として理解されているからである。それに対して、カトリック教会で結婚は7つのサクラメントの一つに数え挙げられている。にもかかわらず、近年のカトリック教会でも、一方がカトリック信者の場合でも結婚式を行えるし、さらには、信者でない同士の結婚式でも、ローマ聖座から特別な許可を得るならば、結婚式を教会で行うことができるとされている。とはいえ、これらのエキュメニカルな実践は第二バチカン公会議以降になって可能になったようである。

そうであるならば、王妃マルゴとナヴァール公アンリの結婚とその式は、つい最近まで一般的には実現の難しかった教派の境界線を越えた結婚の最も早い段階での試みの一つであり、そして、それが平和の象徴となり得ることを示している。それはお見合い結婚というよりは政略結婚であり、それぞれに互いに承認された愛人までいるといった当時の貴族社会の愛憎渦巻く結婚の体ではある。しかし、少なくとも映画の中ではそのような夫婦の運命を通して、絶望の経験の中でも希望をもって生きる人間、そして愛と平和を根源的には望み行動する人間の姿が、その罪と破れを隠すことなく描かれている。本作品は暴力場面や性的描写のため、ドイツでは16歳以上のみに視聴が許されるFSK16指定、日本では12歳未満の年少者には保護者の助言や指導が必要なPG12指定がつけられている。

[小田部進一]

【キーワード】カトリック、プロテスタント、国家、暴力、戦争
【聖書箇所】マタ 5:43-45

大いなる沈黙へ

Die große Stille

製作：2004年　ドイツ／スイス／フランス
監督：フィリップ・グレーニング

Story

　フランス・アルプスの山中にあるグランド・シャルトリューズ修道院での生活を記録したドキュメンタリー。グレーニング監督は1984年に撮影許可を申請したが、許可されたのは1999年のことであった。その際の条件は、照明を使わないこと、BGMを付けないこと、ナレーションをいれないこと、また、撮影に当たっては撮影班を入れないこと。グレーニングは、1人で、2002年から2003年にかけて通算6ヶ月、修道院の僧房に住み、撮影を行った。

カルトジオ会、
グランド・シャルトリューズ修道院

　グランド・シャルトリューズ修道院は、カルトジオ会の最初の修道院であり、その母体である。カルトジオ会は共住修道会であるが、修道者たちの生活には隠修士の要素もある。

　修道者は「セル」と呼ばれる部屋でほとんどの時間を過ごす。セルは質素であるが、その中で生活するのに必要なものが備えられている。食事はセルの小窓を通して届けられる。典礼を共同で行うのは、ミサと朝課・賛課、晩課のみで、小時課は自房で唱える。そのため、セルには、聖堂の一席を切り取ったような、祈りのための場所が設けられている。祈りや黙想、読書は自房で行われ、労働も自房で行うことがある。

　日曜日の昼食は食堂で共にする。また、月曜日には、散歩に出かけることが許されている。本編でも、2度、その様子が映し出される。雪の斜面を滑り降りて、子どものように楽しんでいる姿は印象的である。

はじめもなく、終わりもなく

　本編には、典礼によってリズムを与えられた生活が連綿と続いていく様子が描かれている。教会暦によって1年というリズムも加えられている（例えば、聖体の祝日の聖体行列）。そこには、変えずに守り続ける努力と、それによって作り出される安定感がある。この映画の最初と最後は同じシーンが繰り返されるが、1年が「元に戻った」ことを感じさせ、同時に、変わることなく繰り返されていくことを暗示している。

　ただ、変化もある。水道も電気もある。修道士たちはいわゆる丸刈りだが、そのためには、電気バリカンが使われている。会計担当の修道士の机にはコンピュータもある。盲目の老修道士のセルには、安全を気づかって、暖房のためのラジエーターがある。

　もう一つの変化は、典礼であろう。典礼全体はラテン語で行われているが、教父の著作はフランス語で朗読される。他にも、フランス語で祈りが唱えられる様子も映されている。聖堂でも電灯が使われていて、必要なときには点灯される。ただし、その

変化はゆっくりとしていて、変わったことを感じさせない。

沈黙（静寂）

この映画が現代に生きる私たちに問いかけていることを、２つに絞って考えてみたい。沈黙（静寂）と独居（孤独）である。

本編の最初と最後、そして途中にも、列王記上19:11-13の言葉が示される。それは、神が天変地異の「中」にはおらず、それらの現象の「後に」「静かなささやく声」で語ったというものである。別のテロップでは、沈黙の意味が次のように言われていた。

「ここに沈黙がある。主が私たちに、ご自身そのものであることばを語るように」

典礼における聖歌以外、音楽はない。テレビやラジオもスマートフォンもない。そこにあるのは、自然の音——風や雨、雪、動物の声など——、鐘の音、労働の音、そして、食事や起居の際の音だけである。

礼拝堂で「万物の頌」（続編アザ34-65、33）を歌う場面が映されている。「万物の頌」は、「造られたもの」すべて、動植物のみならず、自然現象に対しても、神を賛美するよう呼びかけるものである。それらの賛美は、この修道院で、沈黙のうちにこそ聴き取れるものとして描かれている。

本編の最後には、盲目の老修道士との対話が描かれているが、その言葉には、無限の善である神への信頼と、神の配慮の内に生きているという実感が語られている。このような信仰に至ることは、沈黙のうちに祈り続けることによって得られる「実」であるとされている（『会則』3.2）。

この老修道士は現代人が神を忘れていると言うが、それは、多くの音にさらされ、自らもさまざまな音を求め、本当に聴くべきものを見失っているからかもしれない。

独居（孤独）

カルトジオ会の修道生活では、独居は共住によって支えられている。そのことがよく分かるのは、食事である。毎回の食事は助修士によって運ばれてくる。独居を可能にするために、誰かが調え、運んでくれるのである。

自房の暖房のために薪を割る場面がある。蓄えられているもののなかから、必要な量を割って自分で準備するのだが、そこまでは用意されている。そのような労働を、修道者たちはそれぞれに分担している。菜園を耕す者、水道設備を補修する者、料理をつくり届ける者、修道服を縫う者、髪を刈る者、会計を担当する者……。こうして共同体と独居とが、みごとなバランスで互いに支え合っている。

私たちは誰も、共同体——家族、学校、職場、地域社会など——に所属しないでは生きていくことができない。同時に、それゆえに、生きづらさも抱えている。SNS上の「つながり」にも同じことが言えるだろう。

現代に生きる私たちに、この修道院における独居と共住のバランスはうらやましく映る。あのような生活のためには、何かを捨てなければならないのだが、それはとても難しいと感じられる。本編で何度か映し出されるイエスの言葉は、厳しく響く。「自分の財産をことごとく捨て去る者でなければ、あなたがたのうち誰一人として私の弟子ではありえない」（ルカ 14:33『聖書協会共同訳』）。

［水野隆一］

【キーワード】修道院、祈り、カトリック、聖職者、賛美
【聖書箇所】王上 19:11-13、ルカ 14:33、エレ 20:7、エゼ 36:26、1 コリ 4:7、エレ 29:13-14a、出 3:14

神々と男たち
Des hommes et des dieux

製作：2010 年　フランス
監督：グザヴィエ・ボーヴォワ

Story

　時は 1990 年代。アルジェリアの山岳地帯の小さな村で、フランス出身の 8 人のカトリック修道士たちが慎ましい修道院生活を送っていた。イスラーム教徒の村人たちとの間には宗教を超える信頼関係があり、村は平和で満ちていた。しかし、アルジェリア政府軍との衝突で過激化した武装集団の暴力の波が修道院にも迫り、修道士たちは国外退避か、殉教を覚悟で村に留まるかの選択を突き付けられる。信仰ゆえの深い葛藤の果てに、彼らは覚悟を決める。

実話に基づく物語

　本作は、1996 年に北アフリカのアルジェリアで実際に起こった誘拐・殺人事件で犠牲になったフランス人修道士たちの晩年を描く映画である。19 世紀前半から 1962 年に至るフランスによる植民地支配と独立前後の内戦は、アルジェリアの現代史に暗い影を落とした。特に 1980 年以降は政情が不安定になり、1990 年代になるとテロが頻発。2002 年に収束するまで、アルジェリア政府軍と複数のイスラーム過激派集団との間の激しい武力衝突が続き、おびただしい数の犠牲者が出た。こうした状況の中で修道士誘拐・殺人事件は起こったのである。折しも、1990 年代のフランスでは、公立学校に通うイスラーム教徒の女子生徒のスカーフ着用を認めるか否かという「スカーフ論争」を端緒としてイスラーム教に対する嫌悪やイスラーム文化排斥の動きが顕在化しつつあったため、修道士が惨殺されたこの事件はフランス社会に大きな衝撃を与えた。事件から 15 年ほど後に公開された本作は、未解明な点の多いこの事件そ

れ自体ではなく、危機のただ中で修道士たちが「どのように生きたか」を描いている。

修道院の暮らしとイスラーム教徒との共存

　前半は、労働と祈りの反復を中心とする修道士たちの日常と、周囲のイスラーム教徒たちとの友愛・信頼の関係が織りなす村の安らかさを印象づける展開である。修道士たちが実際に属していた「厳律シトー修道会」（通称「トラピスト会」）の厳格な戒律のある修道生活が再現されており、一般人には「非日常」である中世由来の修道院生活を垣間見ることができる貴重な機会である。物語の展開と修道士たちの心の動きに合わせて挿入される数々のラテン語聖歌は荘厳で美しい。

　修道院には閉鎖的なイメージがつきまとうが、彼らの修道生活はイスラーム教徒である村人たちに大きく開かれたものである。修道院にはあらゆる患者を分け隔てなく手当てする診療所があり、イスラーム教徒向けの礼拝室もある。修道士たちは村人の相談相手になり、イスラーム式で行われる通過儀礼にも参加する。異教徒の隣人と

の友愛と信頼の関係を重んじる暮らしは、彼らにとってイエス・キリストに従う生き方に他ならない。修道士たちは、イスラーム教と共通の、慈悲深い唯一神への信仰を「地でゆく」のである。

また、イスラーム教とキリスト教には信仰における共通点があり、少なくない数の信者どうしが平和的に共存してきた歴史があることを本作は教えてくれる。この点で、修道院長であるクリスチャンの役柄は重要である。彼の書斎の机には、聖書とともにイスラーム教の啓典クルアーンが開かれている。聖書とクルアーンの双方が示す神への信仰についてしばしば村人に語り、また、彼は折々に「インシャーラ」（「もしアッラーの御心ならば」を意味する）というクルアーンの句を用いる。クリスマスイブに修道院に押し入った武装集団のリーダーと初めて対峙した時、クリスチャンがクルアーンの一節を唱えて「私たちは隣人だ」と伝えて撤退を求めると相手は穏やかに応じる。しかも、その日が「平和の王子」、「シドナ・アイサ」（「主イエス」を意味する）の誕生を祝う日だと知らせると、武装集団のリーダーが「すまん。知らなかった」と突然の訪問を詫びてクリスチャンに握手の手を差し、二人は固い握手を交わす。前半のクライマックスに位置するこの対話は、イスラーム教で、イエス（キリスト）が預言者の一人として敬われていることを背景とするものである。

修道士たちの葛藤とキリストの受難

後半のみどころは、迫りくる危機を前に、感情をむき出しにして深く葛藤する、生身の人間としての修道士たちの姿、彼らの中心に次第に十字架を背負う受難のキリストが浮かび上がり、ついに彼らが覚悟を決めていく展開である。

ここで死ぬことに意味はあるのか。生きてこそ使命を果たせるのではないか。なぜキリストは十字架上の死を遂げたのか。なぜ神の子は受肉し人となったのか。キリストは自分たちをどこへ導こうとしているのか。苦悩する修道士たちの姿は、死を予感しつつオリーブ山（ゲツセマネ）で苦しみ悶え、「血の滴るように」汗を流して祈ったイエス・キリストの姿に重なる（ルカ 22:39-46）。また、クリスチャン修道院長が遺言の結びにアラビア語で記した「インシャーラ」は、まさにそのイエスの祈りの冒頭、「父よ、御心ならば」（ルカ 22:42）という言葉を想起させる。

修道士たちが「覚悟」を決めた後の夕食の場面は大変美しく、「現代の聖画」と呼べるものである。赤ワインを片手に食卓を囲み、「白鳥の湖」を BGM に、喜びと悲しみ、安堵と不安が交錯する表情や涙を見せながら無言で気持ちを分かち合う約 4 分半である。この場面には明らかにキリストの「最後の晩餐」のモチーフがあり、彼らとキリストとの一体感が暗示されている。

危機の中でも希望を失わず、対話と平和的共存のしるしとしてそこに留まり、暴力に対して最後まで信仰で立ち向かった彼らの生き方は、多元化する現代を生きる私たちに何を語りかけているのか。人間の弱さや愚かさと同時に、人間の強さと希望について深く考えさせられる作品である。

［村瀬義史］

【キーワード】宗教間対話、自己犠牲、カトリック、修道院、クリスマス、死、ゆるし、戦争、暴力
【聖書箇所】詩 82:6,7、マタ 26:26-30、ルカ 9:23、Ⅱペト 3:14

神さまの思し召し

Se Dio vuole

製作：2015年　イタリア
監督：エドアルド・ファルコーネ

Story

　イタリアのとある大病院に勤めるトンマーゾは、優秀だが傲慢な心臓外科医である。ところがある日、最愛の息子アンドレアが唐突に「神父になりたい」と告白する。急な報告を受け、無神論者であるトンマーゾは理解を示すものの、息子の決断を変えさせるため画策を始める。やがて、トンマーゾは息子が刑務所帰りのピエトロ神父の集会に通っていることを知り、ホームレスを装ってピエトロ神父に近づく。

ボンヘッファーの「成人した世界」

　現代社会において科学技術の発展は、人々の宗教に対する信頼を揺るがし、無神論者の増加を招いた。無神論者の増加は、日本やアジア圏だけではなく、ヨーロッパ諸国やアメリカなど、これまでキリスト教が支配的であった国々も例外ではない。

　無神論者は神の存在を肯定も否定もしない無宗教者とは異なり、積極的に神を否定する人を指す言葉であるが、この映画の主人公トンマーゾは典型的な無神論者である。映画冒頭のシーンで、トンマーゾの熟練した外科医の腕前を奇跡だと感謝し喜ぶ患者の家族に対し、トンマーゾはこう言い放つ。「奇跡などない、すべて私の力だ」。

　このように神の存在を否定し、自分の力ですべてのことを考え解決しようとする姿勢は、私たち現代人に多く見られる特徴の一つである。このことについて、ドイツの神学者 D. ボンヘッファー（1906-1945）は「成人した世界」という神学的概念を提唱した。

　「成人した世界」とは、子どもがやがて成人し、他人に頼らず自律的に生きていくように、私たち人間が後見人としての神から卒業し、自身の理性を基に生きる世界を指す。しかしながら、実際、私たちの住む世界には今なお、分断や戦争、格差の拡大など、多くの非理性的な問題が存在し、いまだ成人した世界とは言えない状況にある。

　実際、本作における外科医トンマーゾも仕事は有能だが、家庭内外に多くの問題を抱えており、とてもではないが現在、理想的な世界が到来しているとは言い難い。旧約聖書の箴言 16:9 に、「人間の心は自分の道を計画する。主が一歩一歩を備えてくださる」とあるように、人生は一見、自分が描くように物事が進んでいるように見えて、実は予期しない問題やトラブルに巻き込まれたりして、自分の無力さと人間の限界に気づかされる。やはり人間には、頼るべき神の存在が必要なのか。

神様の思し召しとは

　それでは、本作においてトンマーゾの抱える問題はどのような結果を迎えたのだろ

うか。トンマーゾはピエトロ神父と出会い、共に過ごすことで、自身の仕事仲間や家族に対しての態度を徐々に変化させている。やがて、仕事仲間を気遣う気持ちを見せるようになり、家族に対してもそれぞれの思いに寄り添う姿勢を示すようになる。このようなトンマーゾの変化は、ひとえにピエトロとの出会いによるものであり、その出会いこそ本作のタイトル「神様の思し召し」であると読み取ることができる。すなわち、本来、共通点など一つもなかった二人がこうして運命的な出会いを果たしたのは、まさしく神の計画であると考えられるのである。

エレミヤ書 29:11 において、「わたしは、あなたたちのために立てた計画をよく心に留めている……それは平和の計画であって、災いの計画ではない。将来と希望を与えるものである」と示されているように、神はトンマーゾのような無神論者にも、より良い未来の計画を準備されているということに気付かされる。

悔い改めと関係の修復

刑務所帰りのピエトロ神父との出会いによって、エリート外科医のトンマーゾは、これまでの自分中心の考えを改め、人間関係の修復を図る。このようなトンマーゾの変化は、神学的に言えば、神父ピエトロの言葉によってこれまでの行いを見直し、神に対して悔い改めの回心をした結果であると言えよう。

それではトンマーゾが悔い改めた罪とは、いったいどのような罪なのだろうか？

それはまさしく傲慢である。このようなトンマーゾに対して、ピエトロは「いくら人を救おうが、君は人間だ。神さま気取りをしていても違う」と諭している。

神や他者に頼らず自身の力だけに頼る人間の虚しさと限界を説くピエトロの説得により、トンマーゾは考えを改め、謙虚な心で他者とのつながりを修復し、人との関係を大切にする人へと変化する。

そして最終シーンでは、他者とのつながりの修復を果たしたトンマーゾが、ある出来事をきっかけに神との関係の修復を考えさせられる状況になっていく。このラストシーンは、本作の肝とも言える場面でもあり、様々な解釈が可能な場面であるので、ぜひ映画の結末は読者自身の目で確かめて頂きたい。本作は明るいイタリアン・コメディ調の中に、人生・友情・信仰というテーマについて考えさせられる作品である。

［朴　賢淑］

【キーワード】カトリック、聖職者、信仰、科学、家族
【聖書箇所】箴 16:9、エレ 29:11、詩 34:9、Ⅱコリ 4:18

神さまメール
Le Tout Nouveau Testament

製作：2015年 フランス／ベルギー／ルクセンブルク
監督：ジャコ・ヴァン・ドルマン

Story

　ベルギーのブリュッセルに住む神は、パソコンを使って世界を管理している。ある日、神の娘エアが、父親が面白半分で自然災害や事故を起こしていることを知る。それに憤慨した彼女は、家出をして、世の中に貢献することを決意。その際、父親のパソコンを使って人々に余命を知らせるメールを送る。社会に出たエアは、余命を知った人々の人生に直接関わり、それぞれの悩みを解決していく。最終的には、野球好きの女神である母親がユーモラスなパソコン操作で世界を救うことになる。

神への問い

　監督へのインタビューによると、この作品はアメリカの映画監督・俳優のウディ・アレンの「神がいるなら、言い訳を聞きたいものだ」という言葉がきっかけになっているそうだ。世の中に起こる小さな災いから様々な悲劇的な出来事についてなぜこんなことが起こるのかと神に向かって毒づきたくなる思いがある。この人間の怒りを娘エマが代弁し、神に仕返しをする。この映画がこの問いを解決するわけではないが、それをすべて神の仕業にしているところに小気味よいユーモアがある。しかもその神は、決して威厳を保った男ではなく、だらしなく無精ヒゲを伸ばし、パジャマ姿で、タバコを吸い、酒を飲みながら部屋にこもってコンピューターで仕事をするオヤジである。その父親の愚行を非難する娘エアに対しても、この神は怒りと暴力でしか応える術を知らない。

　そして、このていたらくな神＝男によって引き起こされた社会の問題をユーモアで解決するのが、女性である。この女性の登場にも、監督の一つの疑問がある。なぜ、聖書の神には家族がいないのか、そして、なぜ男ばかりが登場するのか。そこで、神には妻がいて、反抗期の子どもがいるという設定が生まれた。そして、オヤジ神はどの家族にもある家庭内のいざこざを経験する。

余命を生きる

　人間に余命が知らされたら、おそらくまるで永遠に続くかのように感じ、無駄に浪費している人生の時間を貴重に思うようになる。そこでどう生きるかということが問われる。幸福も愛も先延ばしにすることはできない。終末論的希望を思わせる展開である。

　この切迫感が、エアが出会った6人の人生を変え、奇跡を起こさせる。この6人とも人生の成功者とは言えない。みな深い傷を負い、人生に愛や幸福を諦めている。しかし、エアが死後に天国はなく、いまここが天国であることことを告げ、この6人の目を覚まさせることによって、自らがそれぞれの奇跡を起こす。その奇跡とは、

余命を延ばすことではない。余命の長さは、変更することができないが、その余命の質を変えることはできる。その奇跡とは、神の娘との出会いによって、自分の価値といのちに目覚めた人間自らが引き起こすものである。

ここで問題になっているのではなく、ネガティブ・ケイパビリティ（不可解な出来事を受け入れる力）ではないかと思う。人生の出来事はすべて平等で、その出来事の理由を理性的、合理的に説明できるわけではない。むしろ説明できないことの方が多い。しかし、その出来事を受け入れるところでその出来事の意味は変わってくるのではないだろうか。

もう一つは、いのちの質ということであろう。量的な変化、問題の消失に奇跡を見ようとするが、実はこのいのちの質の変化こそ奇跡であると言える。

新・新約聖書

この映画の原題 "Le tout nouveau testament" は、『新・新約聖書』と訳すべきであろう。エアは、兄イエスからの勧めによって、自分の伝記ではなく、6人の使徒が自分の人生を綴る新しい新約聖書の編纂に取り組む。先述のように、人生の成功者ではない6人が、自分を取り戻し、自分の言葉で自分の人生を語る。人から与えられた人生ではなく、自分の人生を生きるときに、そこに奇跡が生まれるという福音が綴られることになる。

最後に社会の混乱を解決するのが神の妻、女神である。彼女も決して聡明で、夫を上回る能力の持ち主であるというわけではない。野球カードと刺繍にしか興味がなく、オヤジ神から「無能だ、何も考えていない」と罵られる。この女神が、夫から解放され、明るく行動する。知恵や思想ではなく、この何ものにもとらわれない明るさが世界を救うことになる。

彼女は、人間の運命を操っていたコンピュータのコンセントを抜いてしまい、人間世界に混乱をもたらせてしまう。再びコンセントを入れ、コンピューターを再起動させるのだが、女神が自分のIDでログインすることで、オヤジ神のコンピューターから送られた余命メールがリセットされる。女神が気ままにコンピュータを扱い、プログラムすることで、死に支配されていた世界が色彩と愛、被造物の調和、個性ある生き方を取り戻す。女性に産みの苦しみが与えられていたが、男性が妊娠をするという新しい世界の秩序まで生まれ、世界が再創造される。人間に労働する苦しみを与えたオヤジ神は、自ら労働する苦しみを味わうことになる。

もちろんこれが聖書の正しい解釈というわけではないが、わたしたちの硬直化した考えを壊し、自由と解放を与え、新しい聖書の読みへと導いてくれる作品ではないだろうか。

［中道基夫］

【キーワード】創造、自由、神義論、解放、家族
【聖書箇所】創 1-3 章、黙 21:1

神のゆらぎ

Miraculum

製作：2014年　カナダ
監督：ダニエル・グルー

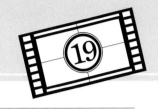

Story

　「エホバの証人」の信者であるジュリーの婚約者エティエンヌは白血病を患っていた。だが、彼女たちは組織の教えに従うため、白血病の治療に必要な「輸血」を拒否していた。そんなある日、大規模な飛行機事故が発生し、ジュリーが看護師として働いている病院に唯一の生存者が搬送されてきた。その人物と彼女が同じまれな血液型だったため、輸血を巡り、彼女は信仰と現実との狭間で苦悩することに。そして彼女は一つの答えを出す。

「エホバの証人」と輸血拒否

　「エホバの証人」は、アメリカのC.T. ラッセル（1852～1916）という人物が1870年に友人たちと始めた聖書研究会を起源とする宗教組織である。2019年の時点で、信者数は全世界で868万人以上、日本国内では約21万人とされている（『エホバの証人』公式サイトより）。「三位一体」などの伝統的なキリスト教の教義を否定し、「ものみの塔聖書冊子協会」が発行している『新世界訳聖書』を聖典として用いる。その他にも、家庭訪問による布教、十字架を偶像とみなすこと（イエスが架けられたのは十字架ではなく一本の杭であると理解している）、政治への不参加、異教由来の祭事（クリスマスなど伝統的なキリスト教の祝祭日も含む）や国・地域ごとの記念行事への参加拒否など、独自の戒律も定められている。

　本作で重要なテーマとなっている「輸血拒否」については、「エホバの証人」特有の戒律の中で最もよく知られているものの一つではないだろうか。作中でも言及されているが、「エホバの証人」では、創世記9:4やレビ記17:10以下などに記されている「血を食べるな」という言葉を根拠に、食べることと同様に体内に入れることになるという理由で「輸血」を断固拒否するよう教えている。それは、緊急性の高さや事件性の有無に左右されることのない絶対遵守の掟である。そういう事情があるので、医療現場においては、当事者や親権者の説得に努めつつ、「18歳以上、15歳以上18歳未満、15歳未満の場合に分けて、医療に関する判断能力と親権者の態度に応じた対応」（宗教的輸血拒否に関する合同委員会『宗教的輸血拒否に関するガイドライン』より）を行うよう、彼らの「信教の自由」を最大限尊重した、慎重な判断が求められるのである。

彼女の選択は"英断"か

　主人公のジュリーは、飛行機事故の生存者と同じ「Oマイナス」（O型のRhDマイナス）という珍しい血液型であったため、患者の容態が急変し一刻の猶予も許されない状況において、自分の血液を輸血するかどうか選択を迫られることになる（「エホバの証人」

では、献血も含め自分の血液を提供することも忌むべき行為とされている）。彼女は最終的に、組織から排斥されることを覚悟の上で、輸血を必要としている患者の命を救うべく自身の血液を提供することを決心する。その後、彼女は婚約者のエティエンヌに対して、自分が輸血治療に協力したことを告げ、病院に行って輸血を伴う白血病の治療をしてほしい、一緒に脱会してほしいと説得を試みるのであるが、エティエンヌは彼女の言葉には従わず治療を拒否。そうして、彼女は一人で排斥者としての人生を歩んでいくことになる。

　ジェリーの選択が必ずしも"英断"として描かれているわけではないことに注目したい。彼女は、バスの中で偶然出会った同じ会衆の信者で職場の同僚である女性看護師から「彼は昨日死んだ」と告げられるのだが、この「彼」がエティエンヌのことか飛行機事故の被害者のことかは明らかにはされない。"彼"の死の知らせを聞いたジェリーの最後の表情、ナレーションで流れるルイーズの夫のセリフ（「飛行機が落ちるのは、全能の神が存在しないからだ」）は、我々に後味の悪さを感じさせつつ、直ちに我々を、否応なしに「神義論」の思惟の世界へと引きずり込んでいくものとなる。

神義論と神の死

　本作は、神義論に対して一つの明確な態度を示している。すなわち、この世界に悪や不幸、不公平な出来事が存在するのは「全能の神」がいないからだというものである。本作の示す「全能の神の存在否定」は、「ニ

ヒリズム」によるものである。（「エホバの証人」やキリスト教の信者を含む）何かしら絶対的価値を頼りに生きるすべての人間は、ニーチェの示した「ニヒリズム」の標的となる。宗教の戒律に代表されるような、彼岸世界に由来するとされる至高の価値観に基づいて生きる者たちに対して、「ニヒリズム」は「神の死」を宣言し、虚像に惑わされず理性に従って現実世界をただ懸命に生きる未来へと人間を押し出していくのである。

　同僚の看護師によって知らされた「"彼"の死」は、信仰ではなく理性を選び取ったジュリーにとって、その人物との別れと、新しい人生の始まり（「神の死」）の二つをいみじくも示すものとなる。彼女は、他の多くの"脱会者"たちのように「神が死んだ世界」の中で喪失感と罪悪感に苛まれ続けることになるだろう。だが、彼女にとって、夕方へと向かう自己を祝福する「大いなる正午」は決して遠くはないはずである。

[柳川真太朗]

【キーワード】神義論、信仰、罪、聖書、裁き、正義
【聖書箇所】創 9:4-5、出 15:26、ゼファ 3:12、マタ 5:45、マコ 6:56、ヨハ 15:13、Ⅰヨハ 3:4

神は死んだのか
God's Not Dead

製作：2014年　アメリカ
監督：ハロルド・クロンク

Story

　大学生のジョシュは敬虔なキリスト教徒であるが、傲慢な無神論者であるラディソン教授の哲学の授業を履修することになった。講義の初日で、教授は単位取得の条件として「神は死んだ」と書かれた神の存在を否定する宣言書の提出を強要する。提出を拒否したジョシュは、代わりの課題として、クラスメートに対して神の存在を証明しなければならない。ジョシュと教授は数回にわたって討論し、その結果、クラスメートのほとんどは教授ではなくジョシュを支持する。その直後、教授は交通事故にあい、死ぬ間際にイエス・キリストを主として受け入れると信仰を告白する。

世俗化するアメリカの大学と
福音派キリスト教徒

　この映画は、現代のキリスト教徒が自身の信仰を公に告白するよう励ますことを目的としてアメリカのキリスト教徒向けに製作された。背景には、保守的な福音主義キリスト教徒とリベラルな世俗主義者の間の妊娠中絶や同性結婚をめぐる「文化戦争」("Culture War") がある。多くの福音派キリスト教徒は、同性愛や中絶に否定的な信者の信仰の自由が奪われ、彼らが迫害されていると感じている。しかし、アメリカにおいて今なお多大な影響力をもっている福音派のこのようなとらえ方は、「宗教的マイノリティーの迫害」ではなく「キリスト教被害妄想」("Christian Persecution Complex") であるとの見解もある。いずれにせよ、この映画では、敬虔なキリスト教徒が大学やメディアの反キリスト教的なエリートに抑圧されている「被害者」として描かれている。神の存在を信じる信仰は馬鹿げた迷信であって、教養ある人にとっては無神論以外の立場はありえないと主張す

るラディソン教授に対して、学問とキリスト教信仰は矛盾するものではなく、大学においても有神論はれっきとした主張として認められるべきであるとジョシュは信仰者を弁護している。ラディソン教授という脅威的な信仰の敵に立ち向かう勇敢な若者ジョシュは、まるで、ゴリアテと戦うダビデ（サム上17章）のような信仰のヒーローである。

神は存在するのか？

　神の存在を論理的に証明しようとする試みは、現代に始まったことではない。有名な例として、中世の神学者トマス・アクィナス（13世紀）の「五つの道」という論証がある。アクィナスによれば、世界の仕組みを観察することで、その世界を創造した者の存在にたどり着くことができる。アクィナスのこの哲学的枠組みに基づいている、現在もっとも有力な神の存在の証明方法の一つは、ビッグ・バンによって宇宙が無から誕生したとする現代科学の見解を取り入れた「宇宙論的証明」である。具体的には、次のような推論である。1．宇宙の

50

全存在は、存在するために、他の何かに依存している。２．宇宙の個々の要素について言えることは、宇宙全体にも当てはまる。３．宇宙全体は存在する限り、存在するためにほかの何かに依存している。４．宇宙はその存在を神に依存している。ゆえに、神が存在すると考えるのは妥当である。

　教授との討論の場面で、ジョシュは、厳密には神の存在の有無を証明できないとしながらも、宇宙論的証明を紹介し、キリスト教の立場を弁護している。ジョシュによれば、宇宙の存在自体が説明を必要としていて、有神論者も無神論者も「なぜ宇宙が存在するのか？」という問いに答える説明責任があるのだ。キリスト教徒にとって創造主である神がその説明であり、神が存在すると考える十分な根拠であるとジョシュは論じている。しかし、映画の中で描かれている、格上の相手との不利な議論から逃げなかったジョシュのストーリーは、無神論者や不可知論者を納得させるためというよりも、世俗化の進む社会の中で肩身の狭さを感じている信者を励ますためのものである。信仰は決して理性に反した立場ではなく、学問を追求する大学という場においてでも、キリスト教徒は信仰を恥じるべきではないことをこの映画は伝えようとしている。

回心と信仰告白

　映画の中で引用されているマタイによる福音書 10:32-33 節のイエスの弟子に対する言葉は、この映画のメッセージを解き明かす鍵である。「だれでも人々の前で自分をわたしの仲間であると言い表す者は、わたしも天の父の前で、その人をわたしの仲間であると言い表す。　しかし、人々の前でわたしを知らないと言う者は、わたしも天の父の前で、その人を知らないと言う。」信仰は単に個人的な事柄ではなく、世俗的あるいは無神論的な世の中に対して公に宣言すべき事柄であることと、そしてたとえ自分の立場が少数派であろうとも、神の存在を認め、信仰を告白し、また信仰を行動で表現することが求められていると映画はジョシュやほかの登場人物の模範を通して主張している。ラディソン教授の臨終の回心以外にも、映画の中のいくつもの回心と信仰の告白の場面がある。中でも特に印象的なのは、イスラーム教徒の父親の前でキリスト教への信仰を告白した女子学生が、家から追い出され、教会に駆け込むシーンである。イエスを主として受け入れる決断を公に告白することは、時に大きな犠牲を伴うものであるが、逆風の中でも、神は敬虔な信仰者を励まし、日々の生活の中で信仰を表明する勇気を与える善い存在として映画の中で描かれている。

　　　　　　　［クリスティアン・トリーベル］

【キーワード】回心、信仰、正義、裁き、科学
【聖書箇所】マタ 10:32-33

教誨師

製作：2018年　日本
監督：佐向大

Story

　半年前に牧師になったばかりの佐伯は教誨師として、拘置所の狭い密室で6人の死刑囚と面会し、対話を繰り広げる。無言を貫き、佐伯の問いにも一切応えようとしない鈴木。陽気な暴力団組長の吉田。年老いたホームレスの進藤。関西弁で饒舌をふるう女性の野口。面会に来ない我が子を思い続け自信喪失している小川。大量殺人を犯し社会を論理的に分析する青年の高宮。全編にわたって、死刑囚と教誨師の迫力ある凄まじい言葉がぶつかり合い、真実と偽りが入り乱れていく。その対話を通して登場人物それぞれの人間性が徐々に明らかにされ、生とは何か、そして死とは何かが問いかけられる。

教誨活動とは

　教誨師とは刑務所、拘置所、少年院等の矯正施設で、被収容者の要望に応じて、宗教教誨活動（宗教行事、礼拝、面接、講話等）を行う民間のボランティアの宗教者のことである。2022年5月現在の日本における教誨師の人数は1,770人で、仏教系が約66%、キリスト教系が約14%、神道系が約12%、諸教が約9%という内訳になっている。

　教誨室という狭い空間と限られた時間の中で、死刑囚が自他の命の尊厳を取り戻すための教誨活動とは何なのだろうか？──これは「牧会」（魂への配慮）とは何なのかの問いでもある。

言葉のもつ力とは

　28の対話シーンがオムニバス形式で展開される。一見、不規則に場面が織り交ぜられているようであるが、そのつながりを探ってみるのも興味深い。

　自身の命の期限が定められ、その命が突然絶たれると特別な状況下にある人間の心理状態において、教誨師は何を語り掛けることができるのか？　独房での孤独や不安から一時的に解放された教誨室で教誨師が語る言葉は受刑者たちの心に届くのだろうか？──それは「言葉」の宗教と言われるキリスト教のあり方への問いでもある。時には沈黙も含めた相手の言葉をしっかりと受け止め、時には祈りを込めた自分の言葉をはっきりと届ける丁寧なやりとりの大切さが描かれていく。

死刑制度とは

　1991年に国連総会で採択された「死刑廃止条約」が発効し、世界各国で死刑廃止の潮流が巻き起こる中で、日本ではその論議はなかなか進展していない。死刑制度は人間の生きる権利、命の尊厳にかかわる問題であると同時に犯罪被害者の家族や知人の心情が伴う問題を抱えている。また死刑判決には冤罪という誤判の可能性も含まれる。死刑制度は是か非か？──これは創造物としての人間の命の意味への問いでもある。

罪の悔い改めとは

　死刑囚たちは重罪を犯しているにもかかわらず、その凶悪犯罪を真摯に受けとめようとしていない姿が醸し出される。過去や今の「現実」に向きあうことができず、将来に希望を見いだせない心境が描かれる。死刑囚たちの話にはユーモアもあり、フィクションもあり、突然の叫びもある。いずれも現実逃避からくる言動なのだろうか。しかし、そのような表面的で瞬時に見せる姿と内面とは異なっているだろうことは想像するに難しいことではない。刑罰が科される対象としての「犯罪」(crime) とキリスト教における「罪」(sin) の相違を認識しながら、悔い改めを説く教誨は可能なのだろうか？──これは「罪」「悔い改め」「死」とは何なのかの問いでもある。

なぜ生きるのか

　この映画のみどころを４つ挙げてみたい。

　①教誨師の佐伯が自らの過去を想起し、亡き兄と対話する場面──これは忘れたい過去が現在の自分の生き方につながっているということへの確認であると共に、これからも教誨師として立ちたいと決意する佐伯のターニングポイントにもなっている。

　②ある死刑囚の洗礼式が感動的に描かれている場面──この映画では唯一ともいえる温かい光を感じるシーンでもある。

　③ある死刑囚に死刑執行の判決が下された告知から刑の執行に至る場面──「知らないことはとても怖い、死ぬのもそう、

生きるのもそう、知らないから怖い、怖いから余計知りたくない、でも今はあなたを知りたいと思う」と死刑囚に語る佐伯。聖書の「放蕩息子のたとえ」の記事を想起させる抱擁の瞬間がおとずれる。

　④ラストシーンで明らかになるが、進藤が手渡した雑誌のグラビアの切り抜きに記した聖書の言葉──佐伯が進藤に文字を教えた最初で最後の成果として刻まれたこの言葉はすべての主題を結び付ける役割を果たしていると言えるだろう。

　また、「ヒムプレーヤー」（賛美歌自動演奏機）や「卓上カレンダー」の小道具も重要な役割を果たしていることを付言しておきたい。

　なぜ生きるのか？──この映画は人間同士が織りなす魂と魂の対話の限界性と可能性とを絶望と希望を織り交ぜながら、提示している。教誨室という空間を離れて、私たちが日常的に誰かと対話をすることの中で、苦悩し、落ち込みながらも、相手の心に空いた「穴」に寄り添い、その「穴」を通して共に抱く希望があることを示される。自分の過失や失策で空いてしまった「穴」は自分の力ではどうすることもできないのかもしれない。しかし、その「穴」からでしか見つけることのできなかった風景もあるはずであり、その「穴」からでしか見出せなかった希望もあるに違いない。

　2018年2月に急逝した俳優・大杉漣の最後の主演映画で初めてで唯一のプロデュース作品でもある。

［福島旭］

【キーワード】プロテスタント、聖職者、罪、贖い、ゆるし、悔い改め、死、正義
【聖書箇所】マタ 4:4、ヨハ 8:46、ロマ 3:7、ロマ 5:8、Ⅱコリ 2:7、フィリ 2:16

キングダム・オブ・ヘブン

Kingdom of Heaven

製作：2005年　アメリカ
監督：リドリー・スコット

Story

　フランスの鍛冶屋バリアンは、司祭を殺してしまう。罪悪感に苦しむ彼は、神に見捨てられたと確信し、罪のゆるしを求めて聖地エルサレムへと向かう。エルサレム王国ではキリスト教徒とイスラム教徒は共存しているが、十字軍と聖地の奪還を狙うサラセン人の間の平和は一時的なものであった。サラセン軍に攻囲されたエルサレムを守ることを任されたバリアンは、最終的にキリスト教徒の助命と退路の安全を条件に町を明け渡す。

罪のゆるしを求める巡礼者

　エルサレムに向かうバリアンは一種の巡礼者である。「キングダム・オブ・ヘブン」、すなわちイエス・キリストがマタイによる福音書の中で到来すると宣言した「天の国」に行けば、バリアンは神のゆるしを得て、心の平和を見つけられると期待している。しかし、エルサレムでバリアンは十字軍の矛盾に直面する。教会指導者は聖地を占領する異教徒を殺してもよいと教えているが、キリストは果たして殺人を求めているのだろうか。エルサレムに到着したバリアンと国王バルドゥアン4世の間に短いが意味深い会話がある。王はバリアンに、神の前に立つ時「誰かに命令されたから」と言い訳をすることができないと警告している。神が信者に求めることは、宗教心よりも一人一人が自分の行為に責任を持って悪を退き善を選ぶことである。そこで天の国は「良心の王国」（A Kingdom of Conscience）でなければ無意味であるとバリアンは確信する。サラセン軍との戦争を求めるライバルを殺害し、エルサレムの平

和を守るという計画に反対したのはまさにその理由からである。殺人という罪の上に平和を築き、救いを獲得することはできないのである。悲劇的にもバリアンによる善の選択は、平和の崩壊とエルサレムの陥落を引き起こしてしまう。では、巡礼者バリアンは求めていた救いと心の平安を見つけることができたのだろうか。最後にバリアンに救いの言葉をかけたのはイスラム教徒のサラセン人である。エルサレムの人々の命を守ることができたのは、神がバリアンと共にいたからである。彼は決して神に見捨てられていたのではない。このようにして救いを求めるバリアンの巡礼の旅は完結する。

聖地エルサレム

　この映画のクライマックスは、サラセン軍によるエルサレムの攻囲の場面である。しかし、そもそもなぜエルサレムをめぐってこのような争いが何百年も続いているのか。映画の中でもバリアンは「エルサレムとは何か。」と問いかけている。エルサレム旧市街には今でもいくつかの宗教の

聖地がある。神の臨在を象徴するユダヤ教徒の神殿はローマ帝国によって破壊されたが、唯一祈りの場所である「嘆きの壁」が残っている。しかし神殿の跡地に現在あるのはイスラム教の三つの聖地のひとつである「岩のドーム」モスクである。そして、多くのキリスト教徒にとって特別な場所として「聖墳墓教会」がある。この教会があるゴルゴタの丘は、キリストの磔刑の場所で、教会内の奥にはキリストが葬られたとされる墓がある。エルサレムに到着したバリアンが真っ先に訪れた場所はこの教会である。

問題はこれらの聖地があるエルサレムは誰のものなのか。バリアンによれば、それは誰のものでもなく、同時にみんなのものでもある。興味深いことに、聖墳墓教会を訪れてもなおバリアンは神の恵みを感じず、信仰を失ったと言う。それを戦友に打ち明けた時、友は、神は信仰心よりも「弱き者のために勇気をもって正義を行うこと」を望んでいる、と助言する。皮肉にもバリアンにとって神が求める正義とはキリスト教徒が占領するエルサレムをイスラム教徒に明け渡すことである。聖地で祈りを捧げる人々の命と平和がなければ、それぞれの聖地を破壊から守る意味がないのである。

戦争と天の国

1187年のエルサレム攻囲戦を舞台にしたこの映画は「天の王国の平和は未だ遠い」という言葉で締めくくられている。監督リドリー・スコットが問題にしているのは、

かつての十字軍時代の宗教戦争だけではなく、現在の宗教同士の争いでもある。キリスト教徒は異なる宗教世界観を持つ隣人とどう接するべきなのだろうか。熱心な信仰心は必然的に他者への敵対心につながるのだろうか。映画の中では、神のために異教徒を殺すべきであると信じている人も登場すれば、キリスト教徒とイスラム教徒は争うことなく平和に共存することができると信じている人も登場する。山上の説教でキリストは「平和を実現する人々は、幸いである、その人たちは神の子と呼ばれる。義のために迫害される人々は、幸いである、天の国〔キングダム・オブ・ヘブン〕はその人たちのものである」(マタ 5:9, 10) と教えている。また捕らえられたイエスは、ピラトに「お前がユダヤ人の王なのか。」と尋問された時、「わたしの国は、この世には属していない。」(ヨハ 18:36) と答えた。映画の中では、戦争でエルサレム王国は滅びたが、バルドゥアン4世が目指していた平和の王国はまさにこのような心の王国で「決して滅びぬ王国」であると、バリアンは悲しむ王の姉妹シビラに励ましの言葉をかけている。天の国は、軍事力や政治力で勝ち取ったり失ったりすることができるような王国ではなく、共存を目指す平和を実現する人々の「心の王国」であることがこの映画のメッセージである。

[クリスティアン・トリーベル]

【キーワード】罪、神の国、平和、救い、宗教間対話、戦争
【聖書箇所】マタ 5:3-10、ヨハ 18:33-37

グラン・トリノ

Gran Torino

製作：2008年　アメリカ
監督：クリント・イーストウッド

㉓

Story

　フォードの元組立工である主人公ウォルトは、連れ合いドロシーを亡くし、一人で暮らす生活が始まる。ウォルトには離れて暮らす家族もいるが、彼らと良好な関係は築けていない。
　そんなウォルトの家の隣に、ベトナム戦争後に移民となったモン族（ラオス・ベトナムなどに住む民族）の少年タオとその家族が引っ越してくる。ウォルトは、隣に住むタオの家族を快く思わないが、ある出来事をきっかけにウォルトとタオとの交流が始まる。

現代版「善きサマリア人」

　この映画は現代版「善きサマリア人」のたとえと言えるだろう。「善きサマリア人」のたとえとは、聖書に記される「隣人愛」を巡るたとえ話だ。律法学者とやりとりする中で、律法で愛さなければならないとされている隣人とは誰を指しているのかを問われ、イエスは以下のたとえ話を通して応答する。ある旅人が道中、強盗に襲われて、半殺しにされる。その旅人の前を祭司、レビ人、サマリア人が通りかかる。前者二人は旅人を見ても素通りしたが、最後に通りかかったサマリア人だけが旅人を介抱した。イエスは話を終えると、「誰が襲われた人の隣人になったと思うか」と問いかけ、律法学者たちは、助けたサマリア人だと答える（ルカ 10:25-37）。

　この話の要点の一つは、ユダヤ人にとって同胞であるレビ人や祭司ではなく、むしろユダヤ人の憎しみ、差別の対象であったサマリア人が旅人を助け、隣人になったという点である。この話では、愛の対象に仲違いする民族も含まれていることが示されている。

二人の罪

　主人公ウォルトはかつて朝鮮戦争に従軍したが、そこで多くの命を奪ったことに罪悪感を抱きながら生活している。ウォルトの妻ドロシーは、教会の神父にウォルトの告解（「告解」はセリフ中の "confession" の直訳だが、日本語字幕には「懺悔」という訳が当てられている。尚、現在カトリック教会ではこの行為を「ゆるしの秘跡」と呼んでいるが、ここでは「告解」に統一する。）を執り行って欲しいと遺言を残し亡くなった。告解とは、司祭（神父）に自身が犯した罪を告白し、司祭から神のゆるしの言葉を受け、悔い改めるというカトリックのサクラメント（儀礼）の一つである。しかし、神父からの告解の勧めをウォルトは頑なに拒否する。

　そんなウォルトにとっての文字通りの「隣人」は、隣の家に引っ越してきたモン族のタオとその家族だ。しかし、物語の前半では、両者の間に断絶がある。ウォルトは、アジア系移民である彼らのことを差別的に呼び、彼らが庭に足を踏み入れること

をひどく嫌がる。庭に足を踏み入れる者たちには容赦無く銃口を向け脅す。

ウォルトが罪悪感を抱える一方で、タオも問題を抱えている。タオの周囲の移民の若者たちは、アメリカでの生活に順応できず、ギャングになっている。タオの従兄弟もその一人だ。タオは従兄弟の所属する不良集団に脅され、ウォルトの車を盗もうとする。タオにとっての問題は、暴力や窃盗を繰り返せざるを得ない環境にあることだ。

悔い改めて「隣人」となる

しかし、ウォルトはある出来事を通してタオや彼の家族と交流を深めていく。その中で、彼らがアメリカの始めたベトナム戦争によって住む場所を失い、移民となったことをウォルトは知る。ウォルトは、戦争によって移民となったタオが罪を重ねなければならない環境から解放されるよう、彼を教育する。それは、儀礼によらない悔い改めとも言えるだろう。そもそもキリスト教内で語られる悔い改めは、ギリシャ語のメタノイア（μετάνοια）の訳語だ。メタノイアは、心の方向を変えることと訳せる語である。このことから聖書で語られる悔い改めとは、人が罪の状態から離れ、方向転換し、心を神に向けることと理解できる。ウォルトは映画の後半で、アジア系移民から目を背ける姿勢から方向転換し、タオたちと真正面から向き合うようになっていく。その関係は、血のつながった家族以上のものとなる。

タオを教育していく中でウォルトは、どうしたらタオが不良たちの暴力に巻き込まれないようになるのか思い悩む。ウォルトは神父との会話の中で「タオとスー（タオの姉）はギャングたちが周りにいる限り、この世界で平和を得ることができない」と語る。映画のクライマックスでウォルトが、タオたちを平和な生活へと導くためにとった行為は、明らかに十字架にかかったイエス・キリストの姿と重ねられている。新約聖書において、イエス・キリストの十字架による死は、過ちを繰り返す人々と神の和解の象徴として理解されている（Ⅱコリ 5:18-20, コロ 1:20）。イエス・キリストの十字架が人々と神の間に平和をもたらしたように、ウォルトのある行為がタオを平和な環境へと導く。そのクライマックスで、ウォルトは "Hail Mary, full of grace"（恵みに満ちた、聖マリア）と呟く。これは、カトリック教会で祈られるアヴェ・マリアの祈りの冒頭の一節だ。この祈りは、「神の母聖マリア、わたしたち罪びとのために、今も、死を迎える時も、お祈りください」（新口語訳）という句で締められる祈りである。罪悪感で苦しんだウォルトは、行いと祈りを通して悔い改め（方向転換）を果たす。方向転換するのはウォルトだけではない。タオもまた、ウォルトを通して犯罪を重ねる必要がない環境に導かれる。

ウォルトは、かつて戦争で多くのアジア人を殺した。そのことに正面から向き合うことができず、アジア系移民に対し、差別的言葉を浴びせ、銃を構え、拒絶し、目を背け続ける人生を送ってきた。しかし、向きを変えさせられ（悔い改め）、彼らと正面から向き合うことで、ウォルトはタオの真の隣人となったのだ。　　　　　　［大野至］

【キーワード】愛、罪、苦しみ、贖い、自己犠牲、差別
【聖書箇所】ルカ 10:25-37, ヨハ 15.13, 使徒 3.19, Ⅱコリ 5:18-20, コロ 1:20

グリーンマイル

The Green Mile

製作：1999年　アメリカ
監督：フランク・ダラボン

Story

　1930年代、アメリカ南部の刑務所でポール・エッジコムは看守主任を務めていた。ある日、双子の少女を殺害した罪で死刑判決を受けた大男ジョン・コーフィが入所してくる。純粋で臆病な性格の大男は、人に触れることで相手の内面を感じ取ることができ、不思議な力で病気を癒し、踏み潰され死んでしまったネズミを生き返らせるという奇跡を行う。ポールはジョンに接する中で、彼の少女殺害の罪について疑問を持つようになっていく。

あなたはどう生きるのか

　「人間は皆、自分のグリーンマイルを、それぞれの歩調で歩いている」。年老いた主人公ポール・エッジコムが最後の場面で語る言葉である。「グリーンマイル」(The Green Mile)とは、死刑囚が最後に歩く通路（マイル）のことで、ポールが看守主任をしていた刑務所の通路が緑色であったことからそう呼ばれていた。人は必ず死を迎える。だからこそ、自分の「グリーンマイル」、死へと向かう自分の人生をあなたはどのように生きるのか。そのことをこの物語は私たちに問いかけている。

　この物語がイエス・キリストの物語を暗示していると感じる人も多いのではないだろうか。死刑囚の大男ジョン・コーフィは、イエスのように病を癒す力があり、人の傷みを敏感に感じ取り、自らを犠牲にして他者のために生きる存在として描かれている。ジョン・コーフィ(John Coffey)のイニシャルはJesus Christ(イエス・キリスト)のイニシャルと同じであることも、それを暗示している。

イエスは多くの奇跡を行い、病に苦しむ人々を癒した。ジョンもまたイエスのように奇跡を行う。看守長ポールや刑務所長の妻メリンダの病を癒し、またミスター・ジングルズと名付けられたネズミを不思議な力によって癒す。興味深いのは、ジョンが病を癒した後には必ず口から無数の羽虫を吐き出すということだ。病をもたらしていたのが無数の羽虫であり、ジョンがその羽虫を吸い取ることにより病が癒されということを表現したいのだろうか。イエスの時代、病は悪霊がその人に入ることによって引き起こされるとも信じられ、悪霊を追い出すイエスの姿が福音書には多く記されている。ジョンが羽虫を吸い取るのは、そのことを暗示していると思われる。

なぜ無実の罪を背負わされたのか

　この物語は、少女殺害の罪を背負わされたジョンが死刑になるということ、また彼の無実を知りながらポールたちは彼を死刑から救うことができなかったということが中心となっている。

　このことも新約聖書に記されたイエス・

キリストの十字架の物語を暗示している。イエスはジョンと同じように逮捕され、十字架刑への道を歩んでいく。イエスの弟子たちやイエスに従っていた人々は、無実の罪を背負わされたイエスを救いたかったはずだ。しかし、救うことはできず、むしろイエスを見捨てる結果になってしまう。

ポールも少女殺害事件の真実を知りながら、ジョンを救えない現実に思い悩む。そして、次のように彼にその思いを吐露するのである。

「最後の審判の日、神の前に立ったおれに、神はきっとこうお尋ねになる。『どうして奇跡を行う私の使いを殺したんだ』。おれは何と答えたらいい？　仕事だったからと？」ジョンは答える。「『俺は親切なことをしたんだ』。神にはそう言えばいい。あんたは苦しんでいる。おれにはそれが分かる。だからもう苦しまないでくれ。」

この言葉は、ジョンを救えず苦悩し無力感に苛まれていたポールへの励ましとゆるしの言葉である。この言葉にポールはどれほど慰められるだろうか。

イエスもまた人々に見捨てられ、無実の罪を背負って十字架への道を歩んでいった。しかし、自分を見捨てた弟子たちをはじめ、自分を十字架につけようとした人々をゆるそうとしたのだ。「父よ、彼らをおゆるしください。自分が何をしているのか知らないのです」（ルカ23:34）。苦しみの真っ只中に置かれながらも、ゆるしに生きるイエスの姿がジョンの生き方と重なる。

しかしジョンは続けて次のようにも語る。「もうこれ以上生きていたくないんだ。疲れた。一緒に旅をしてくれる友達もいな

いし。どこからどこへさまようのかも誰も教えてくれない。互いに醜いことをし合う人間たちにも疲れた。毎日、世の中の苦しみを感じたり、聞いたりすることにももう疲れた。これ以上耐えられない。いつも頭の中にガラスの破片が刺さっているようだ。分かってくれるか？」

彼の人生における孤独と人間たちの罪深さに絶望するジョンの姿がここにある。十字架への道を歩むイエスもまた、人間的な弱さをもった救い主であり、深い苦悩の中で多くの人々と共に歩む存在として描かれており、ここでも両者が重ねられていると感じ取ることができる。

いのち注がれた者として

高齢者施設で暮らすポールは108歳であった。ジョンに「いのちを注がれ」、長生きする。ネズミのミスター・ジングルズも同様であった。ネズミの寿命は3年、しかしジングルズはすでに60年も生き続けている。ポールもさらに歳を重ねて生きていかねばならない。

生きることは喜びであると同時に苦しみでもある。ポールは無実のジョンを処刑してしまった負い目を感じながら、愛する人を一人、また一人と見送り、孤独に生きていかねばならない苦しみを感じながら時を過ごす。自分を救ってくれたジョンを見殺しにしてしまった罪を償うために。

それぞれに重荷を背負いながら、歩んでいかなければならない人間。人それぞれのグリーンマイルがある。ジョンがあえて自分の意思で歩いたグリーンマイルがあるように。　　　　　　　　　　　　［福万広信］

【キーワード】罪、十字架、ゆるし、裁き、贖い、正義
【聖書箇所】創2:7、マコ15:33-41、ルカ23:24

クリスマスのその夜に

Hjem til jul

製作：2010年　ノルウェー
監督：ベント・ハーメル

㉕

Story

　ノルウェーの小さな町が舞台となるクリスマスの物語。クリスマスイヴに複数のストーリーが同時に進行する。実家に向かうホームレスの男性、出産を迎える難民のカップル、クリスマスイヴに働く医師、ムスリムの少女に恋する少年、サンタに変装する父親、浮気をしながらも妻と離れない中年男性、家で特別なお祝いを準備する年配の男性など。家族、結婚、恋愛、生命の尊さなどに気付かされるクリスマスイヴの心温まる作品。

理想的なクリスマス

　レヴィ・ヘンリクセンの短編小説を映画化したこの作品の原題の "Hjem til jul" を直訳すると「クリスマスに家へ」となるが、"hjem" はこの文脈では家族のことを指す。ノルウェーでは、クリスマス（Jul）は必ず家族と一緒に過ごす、一年の中の大イベントである。イエスの誕生を祝う季節でもあるが、一般的には実家に戻って大事な家族と時間を過ごす季節である。しかし、この映画に登場する人物は何らかの理由でクリスマスを家族と過ごせない状態にある。例えば、かつては優秀なサッカー選手であったが、今はホームレスとして生きている男性が実家へ帰ろうとするが、恥ずかしくて戻れない。妻と別れた男性は、子供と一緒にクリスマスを過ごしたいが、彼女は会わせてくれない。また、町の医師はクリスマスイヴを妻と過ごしたいが、突然呼び出されてしまう。このように「理想のクリスマス」からかけ離れたストーリーが展開していく。

　しかし、考えてみれば、聖書にある最初のクリスマスもある意味「理想的」ではなかった。イエスがベツレヘムで生まれたのは、父ヨセフが住民登録するために自分の故郷に戻った時である。このように実のところ、ヨセフとマリアのベツレヘムの旅は最初の "Hjem til jul" であった。神の子イエスは、綺麗な実家でたくさんの人に見守られて誕生すべき方であると言える。しかし、ベツレヘムに宿がなかったことから、結局は馬小屋で動物だけに囲まれて迎える誕生だった。この映画のストーリーも、一見「理想のクリスマス」には見えないが、実は、クリスマスの本当の意味、そして、イエスの誕生した最初のクリスマスイヴ思い出させてくれる。

イエスの誕生に倣って

　イエスの誕生を明らかに反映しているストーリーの一つは、出産を迎える難民のエピソードである。コソボの戦争から逃れてきた若い難民夫婦は、車でスウェーデンに向かっていたが、途中で車が故障してしまう。仕方なく、森の奥に見つけた小さなキャビンに潜り込む。水もないが雪を溶か

して出産を待つ。そして、クリスマスイヴにいよいよ陣痛が始まる。夫は医師を呼び、赤ちゃんはキャビンで何とか無事に生まれる。これこそ聖書に描かれている最初の素朴なクリスマスである。その時、難民夫婦の喜びをみた医師は、自分の車の鍵を難民に渡す。「スウェーデンに着いたら電話してくれ。取りに行くから」と。これがクリスマスに生まれた赤ちゃんへの最初のささげものとなる。難民の男性はこれに対して「何と言ったらいいかわからない」「ありがとう」としか答えられない。しかし、医師は彼に「いや、僕の方が感謝している」と答える。そして、医師は往診カバンを片手に持ちながら、長い雪道を徒歩で帰る。また、この出産に感動した医師は途中で妻に電話して、「愛しているよ」と話す。

ベツレヘムの星

聖書のクリスマスを思い出すもう一つのエピソードがある。ある少年がクリスマスイヴに町を歩いていると同じ学校の女子生徒に出会う。その生徒の家族はムスリムで、クリスマスはお祝いしていないと少年に話す。この少年の家では家族との盛大なクリスマスパーティーが準備されているが、自分の家ではクリスマスはお祝いしていないと嘘をつき、彼女の家に遊びに行く。後で二人は建物の屋上に登り、望遠鏡を使って夜空を見上げ、シリウスを眺める。「これはベツレヘムの星かな?」と男の子が尋ねると「そうだよ」と彼女は微笑みながら答える(マタ 2:2)。

教会に入れない男性

もう一つの興味深いストーリーは、自分の子供と必死に会おうとする父親の話である。妻と離れたこの男性はどうしてもクリスマスイヴに自分の子供に会いたいため、妻の新しくできた彼氏を家の庭で気絶させ、サンタに変装をして、彼氏の代わりに子供にプレゼントを渡す。その後、ノックアウトされた彼氏を車に積み、街の中心にあるクリスマスディスプレイまで連れていく。そして、ディスプレイのイエス様の人形を取って、その代わりに男性を飼いばおけに寝かせる。その後、この父親はクリスマスイヴの礼拝が行われている教会に入ろうとするが、なぜか扉はロックされ、入ることができない。仕方なく、男性は自分の車に戻って、盗んだイエス様の人形と一緒に車の中で静かに座る。

このシーンでは、この男性がいかに孤独であるか、居場所がないことが伝わる。そして、本来彼を受け入れるべき教会の扉が閉まっているにもかかわらず、イエス様の人形が教会の外で静かに彼と一緒に座ってくれているのがとても考え深い。

このように本作では、本来のクリスマスの意味を考えさせるようなシーンが多く見受けられる。そこには、平凡な日常や人々の様々な人間関係にクリスマスの奥深さが優しく映し出されているのである。

[ベネディクト・ティモシー]

【キーワード】家族、愛、自己犠牲、救い、宗教間対話
【聖書箇所】ルカ 2:1-21

グローリー　明日への行進

Selma

製作：2014年　アメリカ
監督：エヴァ・デュヴァネイ

Story

　原題は Selma である。この映画の冒頭は 1964 年のマーティン・ルーサー・キング Jr. のノーベル賞受賞と、1963 年のアラバマ州バーミングハムのアフリカンアメリカン教会の爆破事件から始まる。そして「セルマの闘い」（1965 年 3 月）を中心にキング牧師の悩む姿と南部のアフリカンアメリカンの闘いを描く。

マーティン・ルーサー・キング Jr.

　この作品の主役であるキング牧師は、ボストン大学で博士号を取得して、1954 年にアラバマ州モンゴメリーのバプテスト教会の牧師となった。この牧師に就任した年の 12 月にモンゴメリーで始まったのがバスボイコット運動である。キングは圧倒的な演説力でアフリカンアメリカンを力づけた。この作品にも出てくる「南部キリスト者指導者会議」（SCLC）は、この運動の成功をきっかけにして組織された。

　この作品は、これまでの伝記や映画で優れた指導者として描かれてきたキングを、常に悩む人として描く。キングと彼の家族は、毎日のように脅迫電話に脅かされた。キングも彼の妻コレッタも精神的にいつもギリギリだった。キングは説教の中で、脅迫電話の後に寝られずコーヒーカップの上に突っ伏して祈ると、「マーティン、正義のために立て、真理のために立て、私は世の終わりまであなたと共にいる」という声を聞いたという有名なエピソードを語っている。

　この映画は場面が変わる度に FBI 盗聴テープが登場する。FBI は電話やホテルを盗聴し、彼を脅した。この盗聴記録が後に公開され、キング研究の史料とされた。

セルマの闘い

　映画の原題ともなった「セルマの闘い」は、南部諸州での公民権運動の勝利を決定づけた重要な闘いである。1965 年 3 月 7 日の日曜日の朝、選挙権を求めるアフリカンアメリカン約 600 人がセルマからアラバマ州首都のバーミングハムに向けて行進しようとしたところ、アラバマ川にかかる橋を渡ったところで、警官隊や白人の暴徒に襲われた（血の日曜日事件）。この事件はテレビで報道されアメリカ国民全体に衝撃を与え、キング牧師は白人の宗教者たちに広く行進への参加を促した。3 月 21 日、大行進が再びセルマを出発した時、参加者の 3 割は白人で、先頭には正教会やカトリック、ユダヤ教の代表的な指導者が並んだ。この行進の 5 か月後、投票権法が連邦議会で可決された。

アフリカンアメリカン教会

　映画の中には何回も教会が出てくる。教会で、キングは演説し、リーダーたちは口角泡を飛ばして運動方針を議論する。人々はそこで安らぎ、力づけられる。この映画が描くセルマのみならず、南部のアフリカンアメリカン社会において、教会は中核的な役割を果たす。

　キリスト教は南北戦争直前のリバイバルの時代にバプテスト派やメソジスト派の背景を持つ伝道師によって、プランテーションのアフリカ人奴隷たちの間に広められた。南北戦争後も北部の教会からたくさんの伝道師や教師が、アフリカンアメリカンの伝道のために派遣された。彼らは、宗教的なメッセージを教会で語るだけでなく、識字教育や職業訓練を行い、さらにはアフリカンアメリカンのアイデンティティ形成にも貢献した。ペンテコステ運動が19世紀の終わりに始まると、これはアフリカンアメリカンの中にも広がった。

非暴力

　60年代の公民権運動において非暴力とは、アフリカンアメリカンのリーダーが、リンチや公共の場での人種隔離、選挙権からの疎外といった南部の仲間たちの過酷な状況を突破するために導入した戦術である。彼らは、ガンジーの提唱した「サティヤーグラハ」思想に影響を受けて、さらにそれを洗練させた。ガンジーのサティヤーグラハ思想の背景には、イエスの言葉「敵を愛し、自分を迫害する者のために祈りなさい」（マタ 5:44）を個人間の道徳に狭めたキリスト教の解釈を批判し、国家や民族の間の対立にまで及ぶ普遍的な社会倫理の公準としたトルストイの解釈がある。非暴力は、敵を憎むことによって相手を負かすのではなく、敵を愛することで相手を変えることである。

　映画のキング牧師は、「学生非暴力調整委員会」（SNCC）の学生たちに非暴力を、交渉 (negotiate)、デモ (demonstrate)、抵抗・不服従 (resist) の三点から簡潔に説明した。そして、アフリカンアメリカンが意識を高揚させ、白人の意識を変革させる。その白人の意識を広く変えるために、テレビなどのメディアを使う。

　ところがSNCCの学生たちは、セルマの翌年、キングが非暴力にこだわることを批判し、自衛や自決、誇りの回復を主張し、「ブラックパワー」をスローガンとするようになった。この映画の中でも、キングのSCLCとSNCCの間に確執があることがうかがえる。「ブラックパワー」は、人種の和解と統合を目指すキングの晩年の悩みの種であった。

［大宮有博］

【キーワード】希望、聖職者、自己犠牲、神の国、自由、差別、国家、正義、暴力、解放
【聖書箇所】マタ 5:44

幸福なラザロ
Lazzaro felice

製作：2018年　イタリア
監督：アリーチェ・ロルヴァケル

Story

　20世紀後半イタリア。社会から隔絶された村の村人たちは、小作農制が禁じられていることを知らず、侯爵夫人のタバコ農園で搾取されていた。純朴な青年ラザロは、村人たちにこき使われている。侯爵夫人が息子タンクレディらと村に滞在中、タンクレディとラザロは親しくなる。タンクレディが狂言誘拐騒ぎを起こすことで、搾取体制が露見する。崖から落ちたラザロが、起き上がって街にでると、数十年が経過し、アントニアら元村人たちは社会の最底辺で生きていた。

汚れなき場所

　監督アリーチェ・ロルヴァケルは、80年代にイタリアで実際に起こった大規模な搾取事件に着想を得て、寓喩的な本作を製作したという。「知識」をもたない村人たちが搾取される村の名前は、インヴィオラータ（汚れなき場所）であり、エデンの園の楽園と重ねられる。

　この村に村人をとどめておくために、キリスト教の宗教心が利用される。侯爵夫人の意をうけて外部から村にやってくる人物の一人は神父であり、村を出ようとする若者二人を止め、子供達に良い子でいるように教える。アントニアは、「侯爵夫人が教えてくれた」と言って宗教画に口付けする。侯爵夫人は村の子供たちに、愛の大切さを説き、神を畏れて働く勤勉と従順は、「知識」よりも尊いと説く。息子タンクレディに、村人が真実を知るのが怖くないかと問われると、侯爵夫人は「人間は獣と同じ。自由にすれば過酷な現実が待っているのを知ることになるだけ。結局は苦しむのよ」と述べる。この「予言」は映画の後半で実現することになる。

　映画後半、村人たちは都市で詐欺や窃盗を働いて生計を立てているが、村人たちはそのような暮らしの中でも宗教心を持ち続ける。不法に住みついている水道タンクの中には、聖母の切り抜きのコラージュが貼られ、花が飾られている。また、タンクレディの家からの帰り道、教会のオルガン音楽にラザロが惹かれると、アントニアと村人たちは教会に入り、十字を切る。シスターは「今日は関係者だけ」と言って彼らを教会から追い出すが、オルガン音楽は教会を離れて村人たちを追い、夜空の上から村人たちを祝福するかのように鳴り響く。音楽を聞いて笑顔になる村人たちは、あの村に戻って主人なしで住もうか、と語り合う。ラザロは村人たちから離れ、木の下でひとすじの涙を見せるが、この木は楽園の「知恵の木」「生命の木」（創 2:9, 24; 黙 22:2）と重ねられている。

ラザロとキリスト

　聖書の中で「ラザロ」という名前の登場人物が現れるのは、金持ちとラザロの譬え

（ルカ 16:19-31）とラザロの復活物語（ヨハ 11:1-12:11）である。本作は、死後の生と復活に関する双方のエピソードとの重なりを示すが、とりわけラザロの物語との重なりが興味深い。イエスはラザロの名前を呼んで、墓の中から蘇らせる（ヨハ 11:43-44）が、この映画は、村人がラザロの名前を連呼する場面から始まり、ラザロは数十年後の世界へと蘇る。ヨハネ福音書では、ラザロの死と復活は、イエス自身の死と復活と密接に結びつくが、この映画のラザロも、ラザロだけではなく、ラザロを復活させたキリスト自身とも重ねられている。

本作のラザロがキリスト自身と重ねられる「クライスト・フィギュア」であることは、様々な面から示される。第一に、ラザロは極度なまでの利他主義と他者への愛を体現し、他者のために自らの命を落とす。ラザロは、友愛関係を結んだ友タンクレディのために食事を運び、自らの命を落とす。終盤、ラザロはタンクレディの苦境を救うために銀行に行き、再び命を落とすことになる。第二に、ラザロの出生は不明で、両親はおらず、祖母しかいない。出生が不明であるが故に、タンクレディと同じ「父親」をもつ「半分だけの兄弟」と呼び合う。第三に、ラザロは、村を見下ろすことができる崖の上に隠れ家をもち、そこで羊を飼っている。ラザロは天上に位置する牧者である。第四に、タンクレディが「友情の証」、「すべての侯爵夫人と闘うための武器」としてラザロに与える木製の Y 字型のパチンコは、十字架を暗示しているようである。このパチンコが引き金となりラザ

ロは終盤、再び命を落とす。第五に、崖から墜落するラザロの死は、村人たちの搾取体制からの解放とも間接的に関係する。最後に、映画中盤、復活したラザロと再会したアントニアらは、ラザロに対して跪くが、この場面で、ラザロがキリスト自身と重ねられていることが確証される（マタ 28:9）。

仲裁者

中盤、ラザロの死の際に突然語り出す女性の語り手によって明らかにされるように、クライスト・フィギュアであるラザロの主要な役割は「仲裁者」であり、ラザロは、「搾取者」である侯爵夫人らと搾取される村人との間を仲裁する。この仲裁者は「善人の匂い」がするために、狼でさえラザロを食い物にすることはない。ラザロは、侯爵夫人の息子タンクレディをアントニアらの住処に連れて行き、彼らは束の間の和やかな交流の一時をもつ。ラザロがタンクレディとともに狼の鳴き声を真似し、狼と対話をする場面も、仲裁者としてのラザロの役割を示す。タンクレディの誠意のない応対を受けてラザロは、さらなる仲裁を試みて銀行へいくが、ポケットのパチンコが人々の恐れをかきたてる。ラストシーンは、仲裁者を攻撃する現代社会の人々の暴力性を衝撃的な形で描き出す。

[東よしみ]

【キーワード】キリスト、復活、愛、自己犠牲、抑圧、解放
【聖書箇所】創 2:4-3:24、ヨハ 11:1-12:11、15:13、ルカ 16:19-31、黙 22:2

ゴスペル
The Gospel

製作：2005年　アメリカ
監督：ロブ・ハーディ

㉘

Story

　デイビッドは、青年時代、父と同じように教会の牧師を目指していた。しかし母が亡くなった時に、神が祈りを聞いてくれなかったこと、父が母の死に立ち会わなかったことをきっかけに、故郷から離れ、世俗の音楽であるR&Bの歌手となった。父が病で倒れたという知らせを受け、デイビッドが故郷に帰ると、父テイラーは喜ぶが、旧友で今はテイラーの下で牧師となったチャールズは浮かない顔である。

ゴスペル

　20世紀以降のポピュラー音楽の源は、黒人音楽に始まる。その黒人音楽のルーツは、奴隷制時代にアメリカ南部で育まれた黒人霊歌にさかのぼる。アフリカから奴隷として連れてこられた人々は、徐々にキリスト教を受け入れた。白人の伝道者は奴隷たちに白人に従順であるように教えた。しかし、彼らは聖書の物語や言葉から、解放の希望や抑圧を乗り越える力を得た。とりわけ出エジプト物語やイエスの十字架と復活は、彼らの救いの物語となった。

　彼らは白人の所有者や監督の目を盗み、深夜、キャビンや森の中で秘密の集会——「見えない教会」(invisible church)——を行い、自分たちの信仰を温めた。その集会で説教者は、出エジプトやイエスの物語、預言者たちの言葉を独特の抑揚やリズムをつけて語った。そして会衆は、自分たちのリズムやメロディーで賛美した。太鼓やダンスは彼らの音楽に欠かせないものであった。こうして「霊歌」(Spirituals)が生まれた。

　霊歌は奴隷たちに、解放の希望や抑圧を乗り越える力を示した。それだけではなく、奴隷を北へ逃亡させるための秘密の符号にも用いられた。

　奴隷制が終わると、フィスク・ジュビリー・シンガーズといった黒人大学の聖歌隊が霊歌を収集し、今に伝えた。

　1930年代には「ゴスペル」という音楽ジャンルが生まれる。ゴスペルと言えば、アフリカンアメリカンの宗教音楽ではあるが、それはすべての人に開かれている。日本にもたくさんのゴスペル愛好者がいて、キリスト者でない人も多い。この映画の冒頭にも、シャーリー・シーザー、ウィリー・メイ・フォード・スミス、ジョー・リゴーンが出てくる。1969年に発表されたエドウィン・ホーキンス・シンガーズの『オー・ハッピー・デイ』は、映画『天使にラブソングを…』で有名である。

　ゴスペルは、その後進化を遂げた。この作品に楽曲を提供したカーク・フランクリンやマーヴィン・サップはヒップ・ホップやR&Bを取り入れたスタイルを確立した。この作品に出てくるヨランダ・アダムス、フレッド・ハモンド、ヘゼカイア・ウォー

カー、ドニー・マクラーキンといったゴスペルシンガーたちの曲を聞けば、宗教音楽のイメージが大きく変わるはずである。この作品を観れば、アーバン・コンテンポラリーなゴスペルをたっぷりと楽しめる。

メガチャーチ

映画に登場する教会はもともとのコミュニティを離れ、広大な土地を買って、メガチャーチになろうとしていた。

メガチャーチは、毎週の礼拝出席者が2000人を超える教会のことである。多くのメガチャーチは、ゆうに1000人以上は収容できる礼拝堂を中心に、体育館やジム、教室、カフェ、図書館などのある複合施設である。そこでは保育園や聖書研究会、スポーツ教室、音楽教室、カウンセリング、朝食会といった数多くのプログラムが用意されている。またメガチャーチは社会活動にも意欲的である。

メガチャーチは「ショッピングモール」に譬えられる。まず、そこに行けば何曜日であれ、丸一日過ごせる。次に出席者は遠くから車でやって来る。というわけでショッピングモールが近隣の小売店を潰してしまうのと同様に、メガチャーチも近隣の教会やキリスト教団体に打撃を与える。

「放蕩息子のたとえ」

この作品は「放蕩息子のたとえ話」（ルカ 15:11-32）が下敷きになってる。この譬えの「父親」は神を示す。またこの譬えの「弟」は、ユダヤ社会で「見失われた者たち」すなわち「罪人」と呼ばれた人々―文字通

り悪いことをした人たちではなく、「あいつは悪いことをしているやつに違いない」というレッテルを貼られて差別されている人々―を示す。また「兄」は、神の前で自分たちの正しさを誇示する者たち、すなわちファリサイ派や律法学者たちのことである。こういう人たちは自分のことを「義人」（正しい人）とし、律法を守れない弱い立場の人々に「罪人」というレッテルを貼るのである。ところが、神の前で自分の義を誇示する者たち―すなわちファリサイ派や律法学者―は見失われた人々が神に受け入れられていることを認めない。

この映画の主人公デイビッドは、世俗的な音楽であるR&Bの歌手として成功し、「放蕩した」生活を送っていた。父の病を機に故郷に帰ると、そこに幼なじみのチャールズが牧師となっていた。チャールズはデイビッドを明らかに歓迎していない。デイビッドの父はチャールズを後任に考えているが、デイビッドが教会に戻ってきたことを手放しで喜ぶ。この映画は、「放蕩息子のたとえ話」の肝が、弟と同じように兄にも――いや兄にこそ――回心が求められているということがよくわかる。というのも、デイビッドの帰還によって、デイビッドが変わっていくのと同じ様に、チャールズも変わっていく姿が描かれているからである。

［大宮有博］

【キーワード】福音派、回心、賛美、自由、差別、解放、家族
【聖書箇所】ルカ 15:11-32

コンスタンティン

Constantine

製作：2005年　アメリカ／ドイツ
監督：フランシス・ローレンス

Story

　ジョン・コンスタンティンは幼少期より悪しき霊が見えてしまう能力を持つ。教会に属さないエクソシスト（祓魔師）として活動し、末期の肺がんに犯されながらも1日30本のタバコを欠かさない。ある日の悪魔祓いでコンスタティンは今まで保たれてきた善と悪の均衡が破られようとしていることを感じる。協力者ヘネシー司祭や歴史学者ビーマンが怪死する中、霊能力を持つ妹の自殺に不審を抱く刑事イザベルとともに、コンスタンティンは謎の真相に迫る。

悪魔祓いについて

　悪魔・悪霊に取り憑かれた人からそれを追い出すのはイエスが繰り返し行ったこととして福音書に記録されており、現代の悪魔祓いもその継承であると理解される。かつてローマ・カトリック教会では司教・司祭・助祭の聖職三位階よりさらに下級の聖職位階として祓魔師が存在した。実際には洗礼を受ける前の人々を霊的に教導するのがおもな役割であったようだが、第二バチカン公会議（1963-65）後に廃止された。ただし悪魔祓い自体は現在でも行われており、おもに司祭が担当し、まれに司教やローマ教皇もすることがあるとされる。

　プロテスタントでは悪魔祓いに関する定まった見解はあまり見られず、否定も肯定もしない。一方で著名な悪魔祓いの事例が19世紀のドイツに見られる。ヨハン・クリストフ・ブルームハルト牧師は自身の教会に属する若い女性が原因不明の「精神的」病に陥った際、2年間訪問し続けて祈った結果、その病が奇跡的に治癒するのを目の当たりにした。一説にはこの女性は当初

本人とは思われない男性のような声で叫んだりしていたが、最後に「イエスは勝利者だ！」と叫び、その後奇怪な声は発さなくなったという。

自殺について

　映画ではコンスタンティンが自分は自殺未遂者として地獄に堕ちることが確定していると述べる。またイザベルは自殺した妹の葬儀をカトリックの司祭に拒まれる。

　ローマ・カトリック教会では、アウグスティヌスやトマス・アクィナスが生命を終わらせるのは神の権限であるがゆえに誰も自分の裁判官にはなれないとして「自殺は大罪」と主張したことに基づき、自殺者の葬儀ミサおよび追悼ミサの拒否や教会墓地への埋葬拒否を明文化していた。また自殺未遂者は聖職者になれないとした。しかしこれらの規定は1983年に改訂されたローマ・カトリック教会法において大幅に緩和されており、自殺未遂者の聖職不適格以外はほぼなくなったといってよい。これは教会が自殺を認めたという意味では決してないが、健康かつ正常な判断力を持つ人間が

考えに考えた上での自殺のみが罪であり、病気や環境等により心身が一時的または慢性的に耗弱し、判断能力が大なり小なり低下していたと推定される人の自殺を本人の罪に帰することは適当ではないということであると理解される。この理解に基づくならば、現代における自殺の大半は教会においては罪とは見なされないであろう。カトリックのような教会法を持たないプロテスタント教会では、自殺を公的に罪であるとする見方は現代ではほとんど見られず、牧師は自殺者の葬儀の司式を通して遺族の悲しみに誠実に向き合うのが一般的である。

天使と悪魔

映画では「ハーフ・ブリード」と称される天使でも悪魔でもない霊的被造物が登場する。ハーフ・ブリードとは通常、ネイティブ・アメリカンとヨーロッパ系の両方のルーツを持つ人のことであり、キリスト教用語ではない。一方でキリスト教の天使と悪魔は実は本質的な違いはなく、純粋な霊的被造物のことである。霊的被造物のうち神に従う者たちが天使、神に反逆する者たちが悪魔と呼ばれる。聖書に登場する固有名ではガブリエル、ミカエル、ラファエル（旧約続編）、ウリエル（旧約外典）が天使、サタン（代上 21:1）やルシファー（イザ 14:12「明けの明星」のウルガタ訳）が悪魔と理解されてきた。ただし悪魔のいずれも創造されて以来の悪魔というわけではなく、途中で神に背いたために堕天使≒悪魔となった（ルカ 10:18）と考えられる。その意味では天使も悪魔もすべて「ハーフ・ブリード」であり、実際に映画に登場するガブリエルもルシファーも、悪とも善とも判断しかねる言動を取るのは興味深い。

救済と天国・地獄

コンスタンティンは自殺未遂の罪を償い、天国に行く「点数稼ぎ」のために悪魔祓いをしていると繰り返す。他方でキリスト教には善行の積み重ね（点数稼ぎ）によって死後の行き先が決まるという教えはない。大原則としては、人間の本質的な罪深さはイエス・キリストの十字架における死によって償われた（贖罪）とされ、各人はこのことを我が事として信じ受容することが大切であるとする。ただし各人の判断の誤りによって犯してしまった道徳的罪については最後の審判で一人ずつ神から問われることになるが、これについてもキリストの贖罪を信じて悔い改めることが重要であるとされる。キリスト教徒が善行をするのは、信仰によって神から善行を識別しそれを行う知恵と力が与えられた結果とされ、決して天国行きの切符をもらう点数稼ぎのためにするのではない。

そもそも天国と地獄とは何であろうか。映画でコンスタンティンが「天国と地獄はすぐ近くにある。壁や窓のすぐ向こうに」と言っているが、これについてはキリスト教の考えもほぼ同じである。神と直接顔を合わせ、永遠に一緒にいるのが天国であり、神の愛が永遠にまったく感じられない状態が地獄である。つまり天国も地獄も場所ではなく状態であるとされる。この映画はそれを CG を駆使して現代的に表現しているといえるかもしれない。

［加納和寛］

【キーワード】罪、天使、悪魔、カトリック、救い、地獄
【聖書箇所】詩 118:23、イザ 45:15

コンタクト

Contact

製作：1997年　アメリカ
監督：ロバート・ゼメキス

Story

　地球外知的生命体探査プロジェクトで研究する天文学者エリーは、無理解な上司ドラムリンによって研究を中断させられるが、別財団の補助金を得て地球外からのメッセージをとらえる。それはヴェガ星へのシャトルの設計図だと判明。シャトル乗員の最終候補となったエリーは、信仰についての見解のゆえに候補から降ろされるが、テロリストによる発射基地爆破の後、もう一つ秘密裏に作られていたシャトルの乗員となり、宇宙へと旅立つ。

原作者カール・セーガン

　天文科学者カール・セーガンの小説を映画化したSFで、タイトルの通り、地球外知的生命体との「コンタクト」（接触）という壮大な物語の中で、科学と宗教の関係、人間の存在理由などのテーマが扱われる。セーガン博士は原作の映画化を喜び、アドバイザーとして製作に関わったが、公開前年の1996年に逝去した。宇宙の起源や進化の謎などについて自由な思索をめぐらした科学者で、ドキュメンタリー番組『コスモス』では、メディアを通じて地球外知的生命体の可能性を説き、その探求は地球人の存在の解明につながると論じた。セーガンにとって、宇宙に向かう知的探求の旅とは、ひいては人間とは何か、自分とは何かを知る旅であった。このセーガンの関心と信念は、この映画の中心テーマを形成している。特に、シャトルに乗る最終候補に残った時、危険だと止める恋人・宗教学者パーマーにエリーが語る言葉「私は何者か。なぜここにいるのか。その答えの一部を得られるなら命をかける価値がある」には、セーガン自身の究極的な関心が重ねられている。

神の存在の証拠

　エリーは宗教的懐疑論者である。彼女は神を信じない。その存在を証明できないから信じようもないという、あくまで科学者としての立場をとる。10歳で父が急逝した際、「神の何らかの意思でお父さんは天に召された」と慰める牧師に、「持病の薬を一階に置いておけばパパは死なずにすんだ」と答えるエリーは、事実を事実としてのみ理解する科学の立場を既に体現している。一夜を共にしたパーマーが「神の存在を信じる」と言うのを聞き、エリーはこの出来事を思い出す。それ以来神を信じず科学に打ち込んできた彼女の心は乱れ、神を信じるパーマーとの間に微妙な溝を感じるのだった。

　シャトル乗員選考会で「あなたは神を信じるか」と問うパーマーに、エリーは「科学者として実証できるものしか信じない」と答える。結果、「人類の95％が何らかの神を信じているのに、その代表として不適

格」との理由でエリーは乗員候補から降ろされ、言葉巧みに信仰の立場を謳うドラムリンが乗員となる。パーマーは、危険な任務で愛するエリーを失いたくなかったのであえてそう質問したのだ。選考会後、エリーはパーマーに「正直に答えたまでよ。口先だけのドラムリンとは違う」とこぼす。ドラムリンのご都合主義的信仰との対比で、エリーの信仰についての正直な態度が強調される。

ここには、原作者セーガンの宗教観が反映されている。彼はあくまで「科学の人」で、信仰を否定したが、「神の存在」には大いに関心があった。ただ、証拠がない限り、その存在を肯定するわけにいかないというのが彼の立場で、神の存在の証拠があるなら、それを探すのは自分の義務だと考えていた。セーガンは、信仰の問題を曖昧にせず、大真面目に神の存在の証拠を追い続けた稀代の科学者だった。地球外生命体についての彼の探求は、神の存在の証拠への関心と結びついていたのだ。

科学と宗教

この宇宙の物語は、宗教と科学が対立するのではなく、共存し、互いに補い合う可能性を示そうとする。「宗教」を代表するパーマーは、自分の「神体験」をこう語る。「寝そべって空を見ていた。突然独りではないと感じた。否定できない体験。」これを原点とするパーマーは、科学至上主義を問題にする。科学の進歩は素晴らしい。しかし人間は本当に幸せになったのか。この虚しさや孤独は一体何なのか。彼は神を信

じる立場で真理を探求する。

エリーは信仰をもつパーマーとの距離を感じ、(セーガンと同じく)「神の存在の証拠がほしい」と言うが、彼女を変化させるのが宇宙の旅だった。ポッド型シャトルに乗ったエリーはワームホールを通って宇宙を旅し、地球外生命との接触を果たすが、その体感時間18時間は地上ではわずか0.8秒のことで、ポッドが落下しただけだった。公聴会でエリーは自分の驚異的体験を証言するが、「幻覚じゃないのか」と信用されず、何を言っても「証拠は?」で終わってしまう。信仰に対してエリーがとってきた態度が今度は彼女を苦しめ、エリーは「証拠がなくても信じてほしい」という宗教の立場を理解する。

公聴会でエリーは訴える。「証拠はない。でも否定できない。確かに経験した。私の全存在が真実だと告げている。この体験を通して知った。我々がいかに小さいか。同時にいかに尊いかを。我々はより大きなものの一部であり、決して孤独ではない。畏敬の念と希望が湧いてくる。それを伝えたい」。この描写がパーマーの神体験と重なることに気づかされる。公聴会の後、記者団に「エリーの体験を信じますか」と聞かれ、パーマーは答える。「科学と宗教で立場は違うが目指すことは同じ。『真理の探求』だ。彼女を信じます」。エリーとパーマーは手を取り合う。科学と宗教との融和が象徴されているのだろう。

[打樋啓史]

【キーワード】創造、信仰、奇跡、科学
【聖書箇所】詩8編

最高の花婿

Qu'est-ce qu'on a fait au Bon Dieu ?

製作：2014年　フランス
監督：フィリップ・ドゥ・ショーヴロン

Story

　ヴェルヌイユ家四姉妹の年長3名は、それぞれアラブ系、ユダヤ系、中国系と結婚した。父母は伝統的なカトリック教徒で、父はド・ゴール派（保守）を自認している。多国籍のルーツを持つ夫たちと娘の実家との間は当初ぎくしゃくしたが、次第に認め合っていく。そこに四女の結婚話が浮上。婚約者はカトリック教徒だがアフリカ系で、父母は再び驚く。婚約者の父も息子に同国人女性との結婚を望み、両家の父同士に亀裂が入り、破談になりかかるが……。

諸宗教の中で生きる

　フランスの宗教といえばキリスト教、それもカトリックが歴史的に大きな役割を果たしてきた。しかしながらヴェルヌイユ家に見るように、伝統的な一家の中にもイスラーム教、ユダヤ教、またアジアを背景とした人たちが関係してくるという現状が描かれる。これは多くの移民を受け入れてきたフランスの社会情勢を象徴する出来事であり、フランスの宗教はキリスト教であるという定式が自明の理ではなくなっていることを意味している。フランスにイスラーム政権が誕生したらどのように社会が変わるのかということを描いた近未来小説、ミシェル・ウェルベック『服従』もそのような状況を表現している。逆に言えば、世界には大小多くの宗教があり、そのことと無関係に生きていくことはできないことを改めて思わされる。日本人は、自らの宗教（観）に無頓着、無関心で、それらを敬遠する傾向があるが、グローバル社会となり、世界における往来がこれだけ活発になる中、宗教を含めた多文化と向き合うことは避けられないことである。日本の食文化が世界で評価される昨今、例えばイスラーム文化圏に和食を輸出する試みもなされているようだ。しかし通常の和食にはイスラーム法で禁止されているアルコールが使われている。ハラール認証（イスラム法において合法という意味）を取れる和食の開発をする上では、イスラームの文化をより知らなければならないということも起こる。またコロナ禍が終われば、他国からの旅行者が以前のように増加することを考えると、宗教的なことを含め、他国の文化を知ることは不可欠となるだろう。

互いを尊重し合う　〜自らの正しさを問う〜

　ひとつのコミュニティ（ヴェルヌイユ家）に多様な宗教と価値観が交錯する。しかし、だから多様性を認めましょうという考えは、口当たりは良いが、とにかく簡単なことでは無い。具体的にはキリスト教徒の孫に、ユダヤ教の割礼を受けさせたり、また別の孫にはアラブ系の名前を付けるということが起こってくるのである。これらは些細な事ではなく大きな精神的負担となる。

ならばヴェルヌイユ家の父母は、多国籍の背景を持つ夫たちを認めず、娘の意思をないがしろにしてでも彼らを排除していくべきだったのだろうか。

他宗教に対するキリスト教の立場には、対象を偽りとして拒絶する排他主義、対象をキリスト教的に意味づける包括主義、そして諸宗教はひとつの神的実在の様々な表出であるとする多元主義などの類型が考えられる。旧約聖書にある十戒の第一戒には「あなたには、わたしをおいてほかに神があってはならない」（出 20:3）とあり、この文言からキリスト教は唯一神教と呼ばれるが、この聖書の言葉は、時に絶対者である神は唯一なのだから、他の神は認められないという排他主義の根拠となっている場合がある。しかし唯一神を標榜する時に、確かに神は絶対であるが、その存在を信仰する人間は相対的で、ゆえに不完全な者であることを忘れてはならない。唯一神の前に立つとは、自らの正しさは本当に正しいのかとつねに問い返されることに他ならない。問い返す力が弱ければ、人は独りよがりになってしまう。唯一神の原理から他の宗教は存在してはならないのだという正しさを振りかざし、相手を排除し、他の人が大切にしているものを傷つける信仰者を神は喜ばれるのだろうか。他宗教に対するキリスト教の立場のどれが合うかは各自の考えるところだが、少なくとも絶対者である神の前では、人間の正しさは不完全であることを肝に銘じておかなければならない。

そのように考えると、ヴェルヌイユ家の父母や多国籍の背景を持つ夫たちは、自らの大切な部分を主張しながらも、新しい家族関係を築く中で自らを問い、少しずつ変えられていった。お互いが大切にしていることを尊重し始めたのである。そのプロセスには多くの精神的負担は確かにあるが、他を認めることは、自分の信じるものを否定することではなく、お互いを尊重することに他ならない。

少数者も多数者になろうとする

多国籍の背景を持つ夫たちは、フランスにおいては少数者である。自分の常識は社会の常識ではなく、多数者と自分が違うことを絶えず意識させられながら生活することが少数者ということである。したがってヴェルヌイユ家に来た時も彼らは異質な存在として描かれる。しかしヴェルヌイユ家と夫たちも徐々に心が通じ合いひとつになる。その頃、四女がカトリック教徒の婚約者を連れてきた。しかしその人物はアフリカ系のコートジボワール人だったのである。父母は今までのように反対し、それに加え、この家にその婚約者は相応しくないと夫たちも一緒になって彼を排除し始めたのである。人は少数者であっても、場面が変われば多数者的立場を好み、自分より弱い立場を排除する。これを人間の弱さと呼ぶならば、どの人間にもそのような弱さがあると言えるのかもしれない。

［美濃部信］

【キーワード】カトリック、宗教間対話、宣教、差別、家族
【聖書箇所】出 20:3

サイモン・バーチ

Simon Birch

製作：1998年　アメリカ
監督：マーク・スティーヴン・ジョンソン

Story

　小さな体で生まれたサイモンは、医師から長く生きられないと言われるが、生き続けて12歳になっていた。身長96センチだが、「この体で生まれたのには必ず理由がある。自分は神様の計画を実行するための道具」だと信じ、「計画」が明らかになる日を待っていた。親友は私生児のジョー。サイモンの打った打球がジョーの母親の頭に当たって彼女は急死するが、それを乗り越えて二人の友情は続き、彼らはジョーの父親探しを始める。

「信仰の根拠」を追求する物語

　本作は、『ガープの世界』『ホテル・ニューハンプシャー』等で知られる現代アメリカ文学の旗手、ジョン・アーヴィングの小説『オウエンのために祈りを』の映画化である（原作では主人公の名はオウエン・ミーニーだが、映画ではサイモン・バーチに変わっている）。

　アーヴィングと言えば、『サイダー・ハウス・ルール』で中絶の問題を取り上げ、プロチョイス（中絶権利擁護派）の立場から社会的発言を続けることで有名だが、『オウエンのために祈りを』は、アーヴィングが「自分は宗教的な人間ではない」と断りつつ、あえて「信仰の根拠」を追求した作品として知られる。つまり、世俗化した現代社会でなお宗教的信仰を可能にするものがあるならそれは何なのか、それがこの小説および映画の主題である。

　それゆえ、サイモンの「神様から与えられた使命」を軸としつつ、教会（アメリカ聖公会）が重要な舞台となり、日曜学校、リトリート（黙想会）、ページェント（降誕劇）などアメリカ社会では一般的な宗教教育の場が物語の進行上一定の役割を果たしている。また、無責任な教会の司祭や俗物的な日曜学校教師と、純粋な信仰を求めるサイモンの対立構造によって、「制度としての宗教」を超える「信仰の根拠」というテーマが強調される。しかし、そのように真面目なテーマを扱いつつも、全体として重くも堅苦しくもならず、アーヴィング独特のユーモアあふれる魅力的な作品である。

現代の「福音書」として

　同じくアメリカを代表する作家スティーヴン・キングは、『ワシントン・ポスト』1989年3月5日号に掲載された『オウエンのために祈りを』の書評で、この小説を「ジョン・アーヴィングによる福音書」と評し、物語の主人公は「単にキリスト的人物像（クライスト・フィギュア）なのではなく、キリストの血縁のようだ」と述べた。またキングは、主人公オウエンとキリストの類似性が「容赦なく真っすぐなこと」にあると指摘した。これは映画版の主人公サイモンにもそのまま当てはまる。

この映画は、大人に成長したジョー（ジム・キャリーが扮する）が、サイモンの墓の前で独白するところから始まる。「あの奇妙な声の少年を私は生涯忘れない。それは彼の声でも、その小さな体のせいでもなく、彼が私の母の死を招いたからでもない。彼によって神を知ったからだ。サイモン・バーチが信仰を教えてくれた。私は信じる心を知った」。ここからジョーの回想としてサイモンの物語が始まっていく。すなわち語り手としてのジョー（原作ではジョン）は言わば「福音書記者」であり、その「福音書」を通して、1960年代アメリカの田舎町に生きた「キリスト」、神の証人としてのサイモンの生涯が伝えられる。

サイモンは、病気による小さな体という現実（十字架）をハンディやマイナスとは思わず、「神様の計画のための道具」と捉え、それを用いる道を探し続けた。彼のそのような意志は、映画終盤の「事件」―事故に遭遇した際に、小さな体と奇妙な声（サイモンは5歳児と同じような声だった）を活かして子どもたちを救い、自分は犠牲となって命を落とす―に結実する。サイモンの「容赦なく真っすぐな」生き方と死に方は、結果としてジョーに神の存在を伝え、信仰の可能性を教えることになった。

神の計画

物語の軸となるのは「神様の計画とサイモンの使命」である。この「神の計画」を予定調和的なものとして――人間の主体性や行動が意味をなさない、あらかじめ定められたシナリオとして――捉えるならば、本作の意図を理解したことにはならない。では本作が描く「神の計画」とはどのようなものか。重要なのは、サイモンが「神の計画」への揺るぎない信頼に基づいて、「自分の存在の意味・自分にしか果たせない役割」を模索し、それを実行していったことである。自己犠牲による子どもたちの救出という「神の計画の成就」と言うべき出来事も、サイモンの意志、決断、そして愛がなければ起こらなかったものとして描かれる。

「神の計画」をめぐるサイモンの問いは、「体が特別に小さい」という辛い現実を「なぜ」と嘆くのではなく、一貫して「これを通して神様は僕に何を求めているのか」と問うものだった。つまり、神の計画の中に苦しみの原因を探そうとする"why"ではなく（伝統的にこの問いへの答えは「神の罰」であることが多かった）、神は苦しみを抱く自分をどう生きるように招くのかを問う"how"であった。そのように生きる意味を探し求めるのがサイモンの「信仰」であり、それが彼の誠実な生き方を作ったのである。本作が描く「神の計画」とは、人間を生きる意味へと目覚めさせ、どんな状況の中でも一歩を踏み出させる根源的な力として理解できるのではないか。スティーヴン・キングは記す。「この物語のポイントは単純で真直なものだ。すなわち、奇跡が信仰を創り出すのではなく、信仰が奇跡を創り出す、ということである」。

[打樋啓史]

【キーワード】摂理、信仰、罪、苦しみ、奇跡、聖公会
【聖書箇所】ヨハ 9:1-3、ロマ 8:28

ザ・ウォーカー
The Book of Eli

製作：2010年　アメリカ
監督：アレン・ヒューズ／アルバート・ヒューズ

Story

　一冊の「本」を携えた旅人、イーライ。核の炎による文明崩壊後、彼の周りでは、わずかな水や食料を巡って略奪と暴虐が横行していた。旅の途中、彼はカーネギーという男が統治する街に立ち寄る。カーネギーは、その「本」に不思議な力が宿っていると信じていた。イーライは「本」を守るため、カーネギーの娘と共に街を立ち去ろうとするものの、彼らは追手に捕まり「本」を奪われてしまう。「本」を手に入れたカーネギーであったが、その中にはある驚くべき事実が隠されていた。

聖書と権力

　主人公イーライの持っている「本」が「聖書」であるという事実は（勘の良い人はすぐに気付くだろうが）、一応、彼だけが知っていることとして物語は進行していく。作品の中で「本」を巡って交わされるセリフは、聖書が、歴史上しばしば民衆の心を扇動する道具に使われてきたという現実を我々に突きつける。「宗教があるから戦争が起こる」というような言葉を耳にすることがある。だが、実際はそうではない。宗教の教義や聖典の言葉が人々を戦争へと駆り立てるのではなく、戦争を正義の戦いであると民衆に思わせたい者たちが、それらを利用するのである。例えば、第43代アメリカ合衆国大統領ジョージ・W・ブッシュは、2001年9月11日、同時多発テロが起こった直後の演説で、詩編23編を引用した。その後、アメリカはアフガニスタン侵攻へと突き進んでいくこととなるのであるが、牧歌的な詩である詩編23編がどうしてテロリストに関する内容の演説で読まれる必要があったろうか。このように、聖書の言葉は幾度となく、「悪」である敵国に対する攻撃を正義の業（わざ）として正当化するために、元々のテクストの文脈から大きく逸脱する形で用いられてきたのである。

点字聖書の存在

　イーライたちを襲撃し、聖書を彼の手から奪うことに成功したカーネギーであったが、彼の策略は思わぬ形で崩れ去るテキストとなる。イーライの所持していた聖書は「点字聖書」だったのである。点字を読めないカーネギーは、妻のクローディアの手を借りようとする。クローディアは " 視覚障がい者 " であり、点字を学んだ経験をもっていた。カーネギーは、点字聖書を彼女の前に差し出し、それを読むように命じる。聖書に手を触れた瞬間、指先に伝わる懐かしい感触に思わず笑みが漏れたクローディアであったが、彼女はすぐに表情を変え、「点字はもう忘れた」と言って彼の要求を拒否する。おそらくこの彼女の発言は嘘だろう。その言葉を境にして、散々自分のことを虐げてきた夫カーネギーに対し、全く異なる態度をとる彼女の姿がとても印

象的である。

　それにしても、なぜ文明崩壊後の世界に唯一の聖書として「点字聖書」が残されたのであろうか。この映画は、様々な形でキリスト教へのアンチテーゼを示す作品となっているが、「点字聖書」の存在は、その中でも最も注目すべきポイントであろう。核戦争後、人々は、戦争の原因であったとして世界中の聖書を焚書とした。だが、点字聖書だけは残された。あえて残したのではない。人々はそれが聖書だと"気付かなかった"のである。隣人愛を標榜しつつも実際には障がいのある人たちを周縁化し続けているキリスト教への皮肉が、ここには隠されている。戦争などによって秩序が失われた世界において真っ先に犠牲となるのは、障がい者を含む社会的弱者である。イーライや、クローディアのような一部の者たちだけが生き残り、他の障がい者は皆、殺されるか社会から排除されてしまったのであろう。障がいのある人々が平和に暮らすことができ、また「点字聖書」の存在が広く周知されているような世界であったならば、そもそも核戦争など起こるはずがない。今の我々の世界は果たしてどうだろうか。

本作は"キリスト教礼賛"映画か？

　聖書（の言葉）は無事、旅の目的地「アルカトラズ」へと届けられた。「天地は滅びるが、わたしの言葉は決して滅びない」（ルカ 21:33）というイエスの言葉を思い起こさせる結末である。そのような内容ゆえに、この作品を「キリスト教礼賛映画」と

酷評する声もある。しかし本当にそう言えるだろうか。イーライの記憶を頼りに復元された聖書は、アルカトラズの本棚に並んでいる「タナハ」（ユダヤ教の聖典／左）と「クルアーン」（イスラーム教の聖典／右）の間に収められる。これは、左から順に歴史的な時系列に沿って並べられたものであり、決してキリスト教中心主義の表象と捉えるべきではない。あくまで、聖書もまたこの世に存在する叡智の結晶の一つであるという位置づけである。

　また、聖書の思想はその読者がいる限り継承されていくかもしれないが、キリスト教という宗教そのものは、この時代にはもう滅んでしまったとみるのが無難であるように思う。信仰共同体が消滅してしまっているからである。聖書を聖典とする宗教がその先に誕生するかもしれない。しかし、それはもう「キリスト教」ではなく別の宗教と言わざるを得ないであろう。無論、そこまで想定されて製作されたかどうかは分からないが。

　この作品の中心テーマは、聖書やキリスト教の教えから得られる智慧、すなわち、普遍的な愛の実践、イーライのセリフを借りるならば「人のために尽くせ」なのである。そこに気づけるか否かによって、この映画に対する評価は大きく変わってくるだろう。

［柳川真太朗］

【キーワード】救い、信仰、聖書、終末、愛、戦争
【聖書箇所】創 1:3、創 3:17-19、詩 23 編、イザ 42:16、マタ 7:7 並行、II テモ 4:7

ザ・ライト エクソシストの真実

The Rite

製作：2011年　アメリカ
監督：ミカエル・ハフストローム

Story

舞台は現代のアメリカ、そしてローマ。主人公マイケルは父の願いを受け、カトリックの神学校へと進む。しかし彼の心の中には神への懐疑が渦巻いていた。そんな彼が悪魔祓い師（エクソシスト）養成を目的とする留学を命じられる。

著名な悪魔祓い師のルーカス司祭に同行したマイケルは、悪魔祓いの現場を次々と目撃していく。だが、その熟練エクソシストの身に異変が……。見習い神父が悪魔に立ち向かうことになってしまう。

全てのエクソシストものを理解するための手引書

多くの映画解説において、この作品はホラーと定義されているが、きちんと見れば過去のエクソシストものに対するオマージュを込めたパロディと見えなくもない。ここではそのような視点から、ホラー要素の解説は全て割愛する。

この種の作品の金字塔ともいえる『エクソシスト』（1973年）がこの作品の下敷きとなっている。『ザ・ライト』のマイケルも、『エクソシスト』のカラス司祭も、悪魔祓いそのものに懐疑的である。またルーカス司祭が悪魔祓いの直後、マイケルに語るセリフ、「回る首　緑のゲロが見たいか」は明らかに『エクソシスト』を意識させるものである。

その他多くの要素が関連しているが、次の点は等閑視されているかもしれない。

『エクソシスト』はその結末において、悪魔祓いの結果命を落とすカラス司祭に同僚が「ゆるしの秘跡」を行っている。カトリックに馴染みのない日本の観客には、1973年の公開当時、いったい何をしているのか不審に感じられたことであろう。この秘跡は臨終にあたって罪のゆるしと天国への招きを与える、重要なものである。

この『ザ・ライト』ではこの秘跡が重要なポイントとなっている。それはマイケルがバチカンに向かうきっかけになった、彼の目前で起きた交通事故の事である。車に跳ねられた被害者のカトリック信徒が、彼に祈りを求める。ローマンカラーを身に着けてはいるが彼はまだ「助祭」であり、秘跡を施せる「司祭」の一つ手前である。しかし被害者から見れば「神父様」でしかない。そこでマイケルはためらいつつも、横たわっている彼女に秘跡を施す。マイケルの躊躇は死にゆく者への祝福を行なう自らの適格性を問うことにあることが伝わってくる。

「悪魔祓いの資格」の有無をマイケルは問いつつ、ローマへと旅立つ。

暗闇を抜け光へ

「これが悪魔祓い」だと示すルーカス司祭の行動に、マイケルは疑念を抱きつつも、

その働きを認めざるを得ないようになっていく。司祭の悪魔祓いに手品的な手法や心理療法的なものを見つけながらも、マイケルのみが知りうる事柄が、悪魔に取り憑かれた人々から明らかにされていく。悪魔による秘密の暴露である。マイケルによる悪魔祓いを共にしたジャーナリストのアンジェリーナも、同様の経験をしていく。

この悪魔との対決の中で、ルーカス司祭は自らの苦悩を語る。「暗闇を抜け光へ」、いつもそのくり返しだと語る神父に悪魔が取り憑き、マイケルとアンジェリーナは立ち向かっていく。作品の中でくり返し表現されるマイケルと母との記憶がその中で生かされていく。母から贈られた天使のカードがマイケルに力を与えていく。そして彼は悪魔との戦いの中、その母を想起して悪魔に語る。「お前を信じる。ゆえに神を信じる」と。彼は暗闇を認める事によって光を取り戻し、悪魔と対決していく。

ここでのポイントは今更ながらではあるが、マイケルは天使長の名（ミカエル）であり、助けている女性も名はアンジェリーナとされている。その名はギリシャ語の天使に由来し、英語の天使（エンジェル）に派生している。すでに悪魔祓いの体勢が整っていたということでもある。

君の名は

名前がこの作品でも重要視されているのは『エクソシスト』へのオマージュとして押さえておきたい。バチカンでの悪魔祓い講義で、悪魔の名前を聞き出すことが勝利への鍵として教えられたマイケルは、ルーカス司祭に取り憑いた悪魔からそれを引き出すことによって勝利する。名を知る事は相手を支配する事につながる。この点は宗教学的にも古いものに属する。

神父の口から幾度となく叫ばれた悪魔の名、それはバアルであった。古代オリエント世界、とりわけ地中海周辺においてバアルは主神とされてきた。ローマ帝国の拡大、またキリスト教布教の進展によってこの神は悪魔とされるに至ったが、それでもなお歴史的に知られた名前にバアルは痕跡を留めている。例えばポエニ戦争のカルタゴ側主将の名ハンニバルは「バアルの恵み」を意味する。この名に関して『エクソシスト』よりも『羊たちの沈黙』へのオマージュを見てしまうのは私だけだろうか。

私の手元には17世紀と19世紀のそれぞれいわゆる「トリエント・ミサ」と呼ばれるラテン語典礼書がある。そこには"Exorcismus"（悪魔祓い）の項目もある。それらを参考資料としつつ、この映画の解説を行っているわけだが、その祈祷文の中には多数の使徒、聖人の名が列挙されている。暗闇を代表する悪魔の名に対抗するのは、マイケルたちのように悩みつつ光に生きた人間たちの名の記憶であることを付言しておく。

［大島一利］

【キーワード】悪魔、信仰、苦しみ、カトリック、聖職者、教会
【聖書箇所】IIコリ 4:6、創 32:23-31、出 3:14

サルベーション
Salvation Boulevard

製作：2011年　アメリカ
監督：ジョージ・ラトリフ

Story

　三千人教会の牧師であるダン・デイ。彼の教会は、多くの信者を抱えるメガ・チャーチである。グウェン、グウェンの夫のカール、グウェンの父親のジムも、この教会の信者だった。ある日、無神論者のポール・ブレイロック教授との討論会が終わった後、ダンとポール、そしてカールは、3人でお酒を飲みながら、宗教に関して議論していたが、白熱した勢いで、ダンが古い銃を握り、誤ってポールに向けて発砲してしまう。倒れたまま動かないポールを見て、慌てる二人だったが、ダンは自分にとって不利な状況になり兼ねないと、ポールが自殺したように偽装する。しかし、良心がとがめたカールは、ダンに黙って通報。後日、警察の捜査が始まり、ポールも一命を取り留めると、ダンはカールに罪をかぶせようとする。それを知ったカールは、妻のグウェンや義父のジムに事実を伝えるも、狂信的な信者である彼らは信じようとしない。さらに、カールは信徒であり友人のジェリーから命を狙われてしまう。

信仰と狂気

　ポールに発砲してしまった、牧師のダンは、夜中に信徒のジェリーの家へ行く。そして、カールが発砲したという嘘の話を信じ込ませる。翌日礼拝の後で、ジェリーは「お前を助けたいから」と言ってカールを連れ出す。ジェリーは、カールがポールに発砲し、自殺に見せかけてポールに銃を握らせたと、そしてダン牧師は、カールを守ろうとして警察を呼ばなかったのだと信じ込んでいる。驚いたカールは「ダンが撃ったんだ」と事実を話すも、ジェリーはポール教授の自殺に見せかけた上に、牧師のダンに罪をなすりつけるカールに怒り、カールを車から降ろして銃を向ける。ジェリーは、息子イサクを犠牲として献げるアブラハムの物語を持ち出し、「アブラハムは息子を心から愛していた。だがそれ以上に神を愛していた」と、息子イサクを殺そうとしたアブラハムに自分を重ねて、カールを

殺そうとする。そこへ、車のトランクで寝ていたカールの娘が出てくる。ジェリーが目を逸らした隙に、カールはジェリーを石で打ち倒す。意識を失ったジェリーを、カールは病院の前まで連れて行く。カールの妻グウェンも、ダン牧師の言葉を信じ、夫カールは闇に飲み込まれていると信じて疑わない。カールがカージャックされた時、一緒にいた女性を、闇の勢力と見て「私には神の言葉があるの。それが私の武器よ」と、戦いの姿勢で臨む。周りの冷めた目が、彼女の狂気を際立たせる。牧師を疑いもせず信じ込む信徒たち。聖書物語を使って、自らの行為を正当化してしまう恐ろしさ。信仰と狂気は紙一重なのだ。牧師や聖書が絶対的な権威をもつことの弊害を、アメリカ映画らしくコミカルに描いている。信仰の持つ危うさが身近に迫ってくる。

悪魔とは何か？

　ポールがダン牧師に撃たれる前、二人は

共著の企画について話をしていた。ポールは、宗教の起源について語る。「自然宗教の創始者たちを考えれば、恐怖心が原点だろう。超自然現象を容認して、未知なるものへの恐怖を抑える。……超自然現象は、やがて神となり、未知なるもの (unknown) はやがて、悪魔になる」。ダンが、ポールを撃ってしまった後、車の中でカールに言う。「丘の上の町の着工まであと数日もない。……すべてが無駄になる。これも神のお導きだ」。ポールの自殺に見せかけて出てきたことを神の導きと正当化する。ダンが家に帰ってテレビを見ていると、急に画面が変わり、悪魔のような男が女性に囁（ささや）く。「汝のまいた邪悪の種がやがて ── 汝の中で芽生えてくる」。まるでダンに語られているようなセリフ。そこへ、番号非通知 (unknown) の電話が鳴る。この電話の相手は、ダンの友達だと名乗る。友達とは、ダンの秘密を知っていても仲良くしたい人間だと。その後、番号非通知の電話が、繰り返しダンを苦しめる。ダンにとって、自分の過ちを隠していること自体が心の危機のはずである。しかし、ダンは自らの恐怖心に向き合う代わりに、カールに邪悪なものがとりついていると、周りの人間に思い込ませ、自分は悪と戦う正義の側に立つ。一方、ダンを苦しめる、番号非通知の電話の主は、カージャックして、カールを連れ込み、ダン牧師がポールを撃ったことの目撃証言を書かせる。彼は、ダン牧師が計画している、「丘の上の町」の事業の共同経営者になるために、この証言を使ってダン牧師を脅そうとしたのだ。敵対していた無神論者の大学教授に誤って発砲してから、善なる存在として見られていた牧師の悪が密かに進行していく。さらに、それを上回る悪も登場する。善悪二元論では説明しきれない世界が展開していく。しかし、すべての悪は、真の友によって明るみに出される。

ゆるし

カールは、監禁されていた場所から脱出し、妻のグウェンに電話する。すると、カールはダン牧師の傘下にある警察に連れて行かれ、ジェリーも合流して、再び命を狙われる。カールはそこからも脱出して、歩き続けた末、丘の上の町建設予定地に到着する。そこにある車のトランクを開けると、ナイフで腹を刺され、苦しんでいるダン牧師がいる。カールは、ダンを助けるために、電話で救急車を呼ぶ。ダンは瀕死の状態でカールに質問する。「私の名前は、命の書に？　私は天国へ？」。ここに来てダンは牧師の仮面を脱ぎ、過ちを犯した人間の実存的な問いを、信徒であるカールに向ける。カールは戸惑いながらも「ええ、行けますよ」と答える。大いなる皮肉である。教会関係者、特に牧師・聖職者・神学生には是非見てほしい。

[家山華子]

【キーワード】聖職者、教会、福音派、信仰、悪魔、救い、天国
【聖書箇所】創3章、創22章、エレ23:9-40、ルカ23:32-43

サン・ジャックへの道

Saint Jacques... La Mecque

製作：2005年　フランス
監督：コリーヌ・セロー

Story

　不仲の中年三きょうだいに亡き母が遺した財産相続の条件は、フランスのル・ピュイからスペインの西の果て、聖地サン・ジャックまで続くキリスト教の巡礼路を一緒に歩くことだった。3人は遺産を得るために嫌々ながら参加を決意するが、同行することになったのは、それぞれの事情を抱えた、様々な人種、思想、年代のメンバーだった。衝突をくり返す一行だが、苦楽を共にする中で互いに変化が生じ、ついには一つの家族のようになっていく。

サン・ジャックへの巡礼路

　邦題にあるサン・ジャック (Saint Jacques) とは「聖ヤコブ」を意味するフランス語で、スペイン北西部の街サンティアゴ・デ・コンポステラを指す通称である。キリストの十二使徒の一人である聖ヤコブの遺骸を埋葬したとされる地に立つ大聖堂がその中心にあり、11世紀頃にキリスト教 (カトリック) の巡礼地として隆盛をきわめた。1985年にサンティアゴ旧市街が、さらに1990年代には主要な巡礼路がユネスコ世界遺産に登録されており、現在でもエルサレムとローマに次ぐ三大巡礼地の一つとして、巡礼者はあとを絶たない。

　本作の魅力の一つは、観る者が、まるで登場人物と共に巡礼路を歩いているかのような気持ちで、南欧の豊かな風景を楽しみながら、伝統ある巡礼の文化と歴史を味わえることであろう。フランスからサン・ジャックへの主要な巡礼路は4コースあるが、とりわけ、フランスのル・ピュイから美しいピエール山脈を越えてスペインに入り、中世の面影を残す石畳の街並みを抜けて西の果てサンティアゴ大聖堂へと向かう巡礼路は人気が高く、本作はこのルートを舞台として現地で撮影されたものである。しかし壮大でゆったりとした風景とは裏腹に、徒歩で2、3ヵ月かかる約1500キロの道は、現代人には苦行さながらの険しさである。それでもなお、あえて日常生活を中断し、近代的テクノロジーから距離を置き、最小限の荷物だけを背負って無数の足跡の残る路を歩む巡礼は多くの人をひきつけてきた。「巡礼」は古今東西の様々な宗教において見出されるが、自らの限界や本性があらわにされる単純素朴な巡礼の日々を通してこそ獲得されるものがあるのだ。

巡礼路における人間模様

　元来、巡礼という行為は敬虔な宗教的求道心の表現である。そして確かに、本作の多くの場面がキリスト教的なシンボルに彩られている。しかしこの事実とは対照的に、登場人物の中に、敬虔なキリスト教徒は誰一人として登場しない。信仰心ある登場人物といえばイスラーム教徒の少年ら

けで、彼ら以外は特に信心を持たず、教会の聖職者やしきたりを笑いものにするような場面が何度も出てくるなど、キリスト教に対して一定の距離を保っており、ある種の風刺を効かせている点は本作の重要なアクセントになっている。人間の本音のぶつかり合いにおいては、信仰の有無はさほど問題ではない。本作では「神ぬき」の生々しい人間描写がかえって、登場人物がそれぞれに「求道者」であることを浮き彫りにするのである。

旅の進行にともなって、登場人物の抱えている悩みや問題——家族関係の崩壊、仕事のストレス、アルコールや薬物への依存、移民二世としての苦悩、病との闘い、子育てやローンや雇用の不安など——が明らかになる。これらは、多かれ少なかれ今日のフランス社会を映し出すものである。次々と移りゆく世界遺産の美しい風景を背景に、たっぷりのユーモアと軽快な音楽を交えて、人間の悲哀と内面的変化を繊細に描いていく本作には、コリーヌ・セロー監督の人間に対する温かい眼差しと優れた技量が示されていると言えよう。観る者はいつしか、現代社会の縮図のようなこの9人の誰かに自分を重ね合わせ、この巡礼に同行している自分に気づくであろう。登場人物がそれぞれ、何かを失いながら、また投げ捨てながら、しかし旅を通して人生にとって大切な何かを得、変化を遂げていく姿は大変美しい。

和解と共生に向かって

本作では、それぞれの傷や重荷を背負う9人が共に生きる道を見いだしていく。そこには、この互いに異なる9人の間の共生、そして、思い通りにならないことの多い自分の人生との和解というテーマが横たわっている。同時に見逃すことができないのは、ヨーロッパ諸国で、特にその中でもイスラーム教徒の移民・難民が最も多いとされるフランスで大きな課題となっている、イスラーム教徒とキリスト教徒との共生というテーマであろう。

本作の原題は "Saint Jacques...La Mecque"。直訳するなら「サン・ジャック……メッカ」である。メッカとはサウジアラビアにあるイスラーム教の聖地で、サン・ジャックと同様におびただしい数のイスラーム教徒が世界中から訪れる巡礼地である。この原題にはどんな意味が込められているのだろうか。サン・ジャックが、8世紀以降に興るイスラーム教勢力に対するレコンキスタ（再征服運動）において、キリスト教勢力の覇権を宗教的に支える聖地として繁栄した地であることを想起したい。

本作は、多様な人々が運命を共にするこの世界の旅路に関わる問いを投げかけているとも言えよう。亡き母の強い願いによって巡礼で顔を合わせることになったこの不仲な三兄姉弟の姿に、共通の唯一神を信仰するキリスト教、イスラーム教、ユダヤ教を連想することも的はずれではないかもしれない。神や家族との固い絆をもつイスラーム教徒の少年たち、また、アラブ系であるがゆえの様々な不都合を抱えながらも仕事を続けている巡礼ガイドが本作で果たしている役割にも、ぜひ注目していただきたい。　　　　　　　　　［村瀬義史］

【キーワード】宗教間対話、愛、救い、苦しみ、聖なるもの
【聖書箇所】マタ 4:21-22、マタ 11:28、ルカ 9:23、使 12:1-3

シークレット・サンシャイン
密陽

製作：2007年　韓国
監督：イ・チャンドン

③⑦

Story

　夫を交通事故で失った女性・シネは息子のジュンを連れて夫の故郷・慶尚南道の「密陽」で生活を始めた。ピアノ教室を開き、慣れない地に戸惑いながらも必死に生きようとする。そんな中、あるキリスト者が信仰生活を勧めてくるが関心がない。ある夜、ママ友たちと遊んで帰ると寝ているはずの息子ジュンの姿がない。ほどなく電話がなる。ジュンを誘拐した者からだ。身代金を要求され全財産を持っていくが息子は見つからない。警察の捜査が始まると、息子の死が知らされた。シネは夫と息子を亡くし絶望する。そんな折、教会の「傷ついた魂のための祈祷会」に出席し一時的な慰めを得るが、その後彼女の信仰生活は深い淵に追いやられる。

神の存在

　「神がいて、神が愛ならば、なぜ息子を奪ったのか」この問いこそ、シネがキリスト教に足を踏み入れることができない理由だった。この問いに対して、彼女を教会に誘った知人の女性が「すべてのことに主の御心がある」と答えたが、シネは納得がいかなかった。「目に見えないものを信じる」ことに対する抵抗を感じながら、誘われていた「傷ついた魂のための祈祷会」に出席し大きな声を出して泣き叫びながら苦しみを表現した。苦しみながらも少しずつ信仰共同体にも慣れ、一時は路傍伝道にも出かけるなど熱心な信仰生活を送っていた。教会に通う人々が「目にみえない神の存在」を疑わず、「神による平安を常に得ている」という彼らの言葉に、自分も生まれ変わることができると感じた。夫や息子を失ったことさえ、「神の御心」であったと理解しようと努めた。

　シネと息子のジュンが「密陽」に引っ越してきた際に車の修理を手伝ってくれた男性がいた。シネに心を寄せる自動車修理工

場で働くジョンチャンだ。彼は、シネが教会に通う姿をみて自分も同じ教会に通い始めるが、教会の人々は彼を信者とは思っていない。教会の礼拝や祈祷会に熱心に出席し、賛美し、祈る、そんな模範的な信者をよそに本当の信仰とは何か、彼の言動はそう問いかけてくる。教会に通い、神の存在を疑うことなく、神と隣人を愛し、祈祷会では賛美の歌を大声で歌い、手を挙げて祈る。この映画は、そのような「善良な」キリスト者の「振り」をする信仰の在り方を最終的に問うて終わる。

「ゆるし」と「救い」に基づく信仰

　息子のジュンが誘拐され殺害されたことも「神の御心」であったに違いないと自分に納得させようとするシネだったが、ある出来事がそのような信仰生活に決定的な打撃を与えることとなる。そこには、キリスト教信仰における「ゆるし」と「救い」の問題が絡んでいた。

　息子を殺害した犯人は、息子が通っていた塾の塾長で、シネの財産を妬んで息子を誘拐し殺害した。しかし、実際にシネの財

84

産は大した額ではなく、「密陽」に引っ越してきた時に裕福でもないのに不動産投資していることを自慢していた。その嘘が招いた誘拐殺害事件だった。シネは犯人を憎みながらも教会に通い、「敵を愛し、敵のために祈れ」という聖書の言葉に触れ、これを実行するよう教会の牧師や仲間から促される。そこで彼女は、刑務所に赴き犯人と面会し、「自分はあなたをゆるす、あなたも神の存在と神の愛を信じてほしい」と伝えに行く。それが悩んだ末に考えた「敵を愛し、敵のために祈る」ことであり、キリスト教が語る「ゆるし」であり、それによって与えられる「救い」だと信じた。

しかし、いざ犯人と面会すると、犯人から驚くような反応が返ってきた。犯人は、自分も刑務所の中でキリスト教信仰を持つようになり、シネが言うように神の存在と愛を知った、と。さらには悔い改めることにより神から「ゆるしを得た」と言うのだ。この言葉にシネは愕然とする。「ゆるし」は被害者である自分から加害者である犯人に与えられるものであるはずだ、それなのに神がなぜ犯人に「ゆるし」を与えるのか。では、息子の死はどうなるのか……シネはそもそも「ゆるし」とは、「救い」とは何なのか全くわからなくなってしまった。キリスト者としてのこのような葛藤と気づきこそより信仰を深めていく機会であることに周りの牧師や仲間、そしてシネ自身も気づいていない。むしろ、牧師や仲間たちは、息子を亡くしたことも「神の御心」であったことをシネが受け入れ、犯人をゆるすよう祈るばかりで、先輩信仰者として教え諭そうとする。このような状況が、キリスト教会の実態であることを映画は告発するように訴えかけてくる。

信仰共同体の役割

「人を殺しても謝ればゆるされるのか」「なぜ犯人に神のゆるしが与えられるのか」そんなことを考えながら、シネは一人で食事をし、涙を流す。「主の祈り」を必死に唱えようとする。果たしてこのシネの問いに答えられる人はいるだろうか。牧師も仲間の信徒たちも、結局シネに癒しを与えるどころか、さらなる苦しみを与えるだけだった。まだ心の整理がつかない状態であるにもかかわらず、教会で教えられた「ゆるし」は犯人を「ゆるすこと」であり、起こった出来事すべてが「神の御心」であると全面的に受け入れることだった。しかし、シネは自分の心に「嘘」をついていることに気づき抵抗し始めた。「嘘」に気づきながらも苦しむシネは、大きな信仰共同体に対してどう抵抗してよいのかわからず、自らを傷つける方法で抵抗した。自らを傷つける、その抵抗の意味を周囲は理解できない。

イエスの十字架による「ゆるし」と、息子の命を奪った殺人犯に対する「ゆるし」の間になぜ大きな差を生み、信仰共同体がこの間で揺れるシネを苦しめることになったのか。その先に期待する「救い」さえ、シネにとって意味を持たなくなってしまった。この映画は、「敵を愛し、敵のために祈れ」との言葉を実行することの大切さを訴えるものではなく、「ゆるし」と「救い」を独占しようとする人間の欲と驕りからなる信仰共同体へ警鐘を鳴らす作品と言える。　　　　　　　　　　[神山美奈子]

【キーワード】罪、ゆるし、救い、教会、宣教、苦しみ、暴力
【聖書箇所】マタ 7:1-6

85

ジーザス・クライスト・スーパースター

Jesus Christ Superstar

製作：2000年　アメリカ
監督：ゲイル・エドワーズ

㊳

Story

　ストーリーは、イエスが十字架にかけられる7日間を描いている。一人の人間として神や民衆の狭間で苦悩するイエス・キリストとそのイエスを愛しながら、期待が強すぎるあまりいらだちを覚えるユダ、そしてイエスを愛し、イエスの苦悩に共感するマグダラのマリアを中心とする人々の人間模様である。ロックミュージカル "Jesus Christ Superstar" が、1973年に映画化。本書において紹介する映画は、そのリメイク版である。

人間イエス

　これまで、いくつものイエス・キリストの生涯を描いた映画（『キング・オブ・キングス』[1927年]、『奇跡の丘』[1964年]、『偉大な生涯の物語』[1965年]、『ジーザス』[1979年]他）が作成されている。どれも解釈や脚色を加えつつも聖書の記述に忠実なイエス、人間として神と民衆の間で苦悩するイエスを描いている。これらの作品には、世界宣教によって広まった、ギリシャの美意識に基づき聖書の物語を忠実に描こうとした19世紀初頭の芸術運動「ナザレ派」による聖画を動画化したような雰囲気がある。いずれの映画においても、イエス・キリストの風貌も登場人物の衣装もだいたい似かよっている。聖書に忠実というよりも、ヨーロッパ・キリスト教中心主義によって広まったイエス像を裏切らないものであるといえる。

　しかし、『ジーザス・クライスト・スーパースター』は、その期待をまったく裏切ってしまう。登場する人物は多様な肌の色を持ち、現代的な衣装をまとい、髪型も風貌も、小道具も現代のものである。歌われている歌詞の中には、現代的な考え方や感覚、現代への皮肉、政治批判もこめられている。かといってまったく現代の日常生活の中にイエスが生まれたというような設定ではなく、あくまでも物語は2000年前の聖書の時代設定の中にある。それゆえ、コメディーやSF映画ではなく、イエスの生涯の新しい解釈という意味合いが強く、その斬新さから多くの上演・上映反対運動も起こった。一方で、旧来の価値観に反発を覚える世代や既成の社会、教会に魅力を感じない人々には訴えるものがあった。それゆえ、今日までも数多くの舞台やテレビでも再演され、日本でも劇団四季による公演が知られている。評者自身、所属教会で上演したこともある。

　このような演出と受容の時代背景には、1968年の学生運動、そしてアメリカの若者に広まったヒッピー文化があるように思われる。この時代は、既成社会の伝統や制度、保守的な男性中心的な価値観に否定的であった。それゆえ、宣教用の聖画に象徴されるような強く、正しく、権威を持つ

神の子イエスという従来のイエス・キリスト像ではなく、若者文化の中で人間味があり、人間としての弱さを持ち、苦悩するけれども魅力を持つイエス・キリストがスーパースターとして描かれている。宗教的崇拝の対象としてのイエスではなく、もっと身近な存在としてのイエスが登場する。それゆえ、復活は強調されておらず、物語のクライマックスはあくまでも十字架の死である。そのようなアプローチが、既成宗教に失望を覚えている世代や社会層に受け入れられた。

音楽として、従来の賛美歌や教会音楽を思わせるものではなく、大人や主流文化への反発を象徴するロックが用いられているのも理解できる。しかし、この後、教会離れした人々を教会に取り戻すために、ロックミュージックを礼拝音楽に取り入れ、伝統的な厳粛な礼拝ではない、音楽によって導かれる、カジュアルスタイルの礼拝がアメリカで流行することになる。

「あなたがたはわたしを何者だと言うのか。」

イエスは、弟子たちに「人々は、わたしのことを何者だと言っているか」と聞き、様々な評判を聞いた後、弟子たちに「それでは、あなたがたはわたしを何者だと言うのか」と尋ねた。この問いに対して、ペトロが「あなたはメシア、生ける神の子です」と答えた。この信仰告白に対して、イエスはペトロに天国の鍵を授ける（マタ16:13-20）。

ただこのペトロの答えは、開かれたままである。確かに正解だと言えるが、この後ペトロはイエスに対する無理解から叱責され「サタン、引き下がれ」と言われている。この正解と叱責との展開は、この問いと答えが時代を超えてわたしたちにも課せられていることを示している。

1960年代の大人や既成の文化への反発は、現在においてはすでに大人の文化となっている。今日の青年たちは、『ジーザス・クライスト・スーパースター』が持っている上の世代や既成概念へのチャレンジをどのように受け止めるのであろうか。自分たちの中にある反発をどのように表現し、「それでは、あなたがたはわたしを何者だと言うのか」というイエスの問いに答えていくのであろうか。もちろん、これは何も若い世代に限ったことではなく、昨日の自分のイエス理解に対するチャレンジであると言える。「わたしを何者だと言うのか」という問いは、「あなたは何者か」というわたしたちのアイデンティティーを問う言葉でもある。

この映画は、安定した生活に安住するのではなく、今日の状況の中で、イエスをどう新しく理解し、それをどう表現するのか、ひいては自分を、そして現代の世界をどう理解するのかを問うてくる作品である。

[中道基夫]

【キーワード】キリスト、十字架、聖書、贖い、苦しみ
【聖書箇所】マタ 16:13-20 、21-28

ジェイムズ聖地へ行く
エルサレム

James' Journey to Jerusalem

製作：2003年　イスラエル
監督：ラアナン・アレクサンドロヴィッチ

Story

　純真無垢な牧師候補者ジェイムズ。彼は、アフリカのとある村の代表として聖地巡礼を果たすためイスラエルへとやってきた。しかし、入国直後からシミという男に雇われ外国人労働者として働かされることに。魅力的な物で溢れかえるイスラエルの都会ぶりに、彼は徐々に心を奪われていく。更に、シミの父親サラーとの出会いにより、彼の信仰は揺さぶられていく。拝金主義の世界の中で試みられる彼の信仰と聖地巡礼の旅の行方はいかに。

キリスト教と「富」

　「金持ちが神の国に入るよりも、らくだが針の穴を通る方がまだ易しい」（マコ10:25並行）という聖句は、本作のキーフレーズの一つであるといえる。福音書記者たちは、この言葉の直前に、金持ちの男とイエスの会話を置いている（マコ10:17以下並行）。一人の男が、イエスのもとにやってきて、「永遠の命」を得るために何をすれば良いかと尋ねるのであるが、イエスはその男に対して、「持ち物を売り払い、貧しい人々に施しなさい」と告げる。すると、その言葉を聞いた金持ちの男は、気を落とし、悲しみながらその場を立ち去ってしまう。

　ジェイムズは、作中でこの聖句を引用し、同じ労働者たちに教えを説く。彼はアフリカにいた頃から、この有名な聖句をもとにした説教を幾度となく聞いてきたことだろう。だが、彼が本当の意味でこの聖句と向き合ったのは、イスラエルの都会で生活し始めてからであった。働いて得たお金で好きなものを買える。福音書に登場する

「金持ちの男」がどんな心境でイエスのもとから去っていったのか、ジェイムズはイスラエルに来て初めて実感することになった。そうして、彼は次第に、弱肉強食の資本主義社会の荒波に呑み込まれ、自分自身が「フライヤ」（搾取される側）にならないために、他の労働者たちをフライヤとして扱うようになっていく。

繁栄の神学

　純粋無垢で信仰心の篤かったジェイムズが、どうしてそのような変貌を遂げてしまったのか。その原因の一つとして、彼がイスラエルで訪れた教会の存在が挙げられる。同じアフリカ系の信者たちが集う教会の教えが、皮肉にも、葛藤と戦う彼に物質的な恵みを求めさせるようになったのである。

　本作は、近年、キリスト教界に大きな影響を及ぼしている「繁栄の神学」（Prosperity Theology）を主なテーマの一つとして扱っている。繁栄の神学とは、「健康と富の福音」（Health and Wealth Gospel）とも呼ばれているように、経済力と健康は神からの恵みで

あると考える神学のことを指す。アメリカで始まった教派「ペンテコステ派」から生まれたこの思想は、現在、海を越えてアフリカを中心に世界中に広がりつつあり、その影響力に関しては、全世界の福音派諸教会によって構成される「ローザンヌ世界宣教委員会」も警鐘を鳴らしている。繁栄の神学を説く牧師たちは、その中でも特に、この世的な物質的豊かさを強調している。すなわち、信仰的な生活を送り、教会の働きに積極的に関わる者には、神が繁栄をもたらしてくださるというのである。実際、聖書の中には、たとえば申命記28章に代表されるように、神の教えに従う者は富と平安を与えられ、神に逆らう者には病と不幸がもたらされるというような記述が所々に見受けられる。繁栄の神学を土台とする教会の説教者たちは、それらの聖句をもって信徒たちを指導する。そのような教会において最も顕著なのは、しばしば多額の献金を教会に捧げることが信徒に要求されるという点である。ジェイムズも、聖歌隊の衣装の購入や教会の家賃の支払いのために牧師から多額の献金を求められ、それに応じることで、牧師からも信徒たちからも篤い信頼を受けるようになっていく。そして遂には、この世の富への欲求に対する信仰的な葛藤を失っていってしまったのである。

試練と誘惑

　ジェイムズが賭け事の度に繰り出すサイコロの目「6・6」は、二つのサイコロで出し得る最大の数字であると同時に、黙示録13:18の記述に由来する「666」を暗示しているように思われる。この数字は、悪魔的な数字として多くの文学作品において使われている。6のゾロ目を出し続けるジェイムズに対し、サラーは「悪魔め」と揶揄するのであるが、まさしくその時から、彼の身に悪魔の誘惑が襲いかかるようになるのである。作中で一瞬だけ映り込むミケランジェロの『アダムの創造』の絵は、純粋だったジェイムズが禁断の果実を手にして堕落していく様を表しているといえる。

　世俗的な価値観に染まっていく彼の心を引き戻し、イスラエルに来た真の目的へと立ち返らせたのは、亡き妻との思い出や家族との繋がりという不可視な宝を大切にするサラーの姿、そして、以前身柄を拘束された留置所への訪問であった。サラーとの別れの時、ジェイムズは最後に一度だけサイコロを振る。彼が出した目は「1・2」であり、合計すると「3」という聖数になる（「三位一体」や「三日目に復活したキリスト」など）。役目を終えた悪魔は、ジェイムズのもとから去っていったのであろう。最終的に、彼はモーセの如く、約束の地であるエルサレムに入ることができなかったのであるが、エルサレムの街を背景に記念撮影をする彼の顔には、イスラエルに到着したばかりの時のように曇りのない笑顔が戻っていた。

［柳川真太朗］

【キーワード】悪魔、信仰、教会、恵み、宣教、経済
【聖書箇所】出 20:15、レビ 19:11、申 34:4、マタ 4:1-11 並行、マタ 5:39、マタ 6:24 並行、マコ 10:25 並行、黙 13:18

司祭
Priest

製作：1994年　イギリス
監督：アントニア・バード

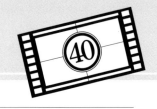

Story

　リバプール、労働者地域の教会に若い新任司祭グレッグが着任する。主任司祭マシューはリベラル派で、搾取を批判する彼の過激な説教に保守的なグレッグは違和感を抱く。理想に燃えるグレッグだったが、様々な厳しい現実を前に自信を失い、夜のゲイバーに足を向ける。彼は同性愛者だった。ある日、父親に犯されているという少女リサの告解を聞いたグレッグは、彼女を救いたいと願うが、告解の秘密厳守ゆえに他言できず、激しく苦悩する。

キリスト教と同性愛

　自らのセクシュアリティと信仰の間で苦悩する若きカトリック司祭を描いた本作は、「キリスト教と同性愛」という欧米諸国で政治的争点となっている問題を取り上げ、司祭の独身性や告解の秘密厳守というカトリック教会の伝統的制度をも俎上に乗せたことで注目された。公開当時、各国で激しい議論が起こり、特に全米カトリック連盟は公開中止を求めてボイコット運動を展開し、ローマ教皇庁から抗議声明が発表されるに至った。一方で、宗教と人間の本質を深く洞察した作品として、キリスト教の内外で高い評価を得た。

　キリスト教は長い間、同性愛を自然の秩序に反するもの、神の意志に背く罪と見なしてきた。しかし近年、欧米諸国では、同性愛は生来の性的指向であり、不当に扱われるべきではないとの認識が広まっている。キリスト教内でも、プロテスタントのリベラル派などで同性愛を積極的に容認する動きが強まってきたが、それを非難する動き、その中間など、様々な立場が見られ

る。カトリック教会の場合、同性愛関係には「前向きな要素」があるとし、同性愛者の人権保護を重視するが、「同性愛行為は罪である」との公式見解を示す。

　本作でグレッグ神父の苦悩の背景にあるのは、同性愛についてのキリスト教の否定的見解である。グレッグはゲイバーで出会ったグレアムと一夜を共にし、彼を愛し始めるが、保守的な信仰ゆえにその自分を受け入れられず、罪の意識に苛まれる。ミサに現れたグレアムに聖体を与えないという仕打ちをすることにも、マシュー神父との会話でグレアムを「サタンの化身」呼ばわりすることにも、グレアムを愛する自分とそれを断罪しようとする自分との間で板挟みになったグレッグの心理が表される。

「イエス」と「教会」

　この映画は「タブー」とされてきたカトリック教会の諸制度に関わる問題を取り上げているが、その意図は決して「カトリック教会への攻撃」ではない。むしろ、カトリックのみならず、そもそも宗教が本当に人間の救いになっているのかを問い、今日

の教会の課題を示そうとする作品である。その問題提起の枠組みとなるのが、「『イエス』と『教会』のギャップ」であり、これは特にマシュー神父を通して示される。マシューの考えるイエスは、誰をも差別せずに迎え入れる愛の人、弱者を差別し搾取する社会の悪をゆるさない正義の人である。教会は本来イエスに従う群れであるが、建前ばかり重んじ、人を裁き、正義をないがしろにしている。こう主張するマシューは、イエスとは無関係の宗規から距離を取り、白人と闘ったアメリカ先住民のブル酋長（しゅうちょう）をイエスに重ねて尊敬し、イエスの道を追及する。

マシューと対照をなすのが司教である。冷酷かつ権威的で、組織維持のためには人を人とも思わない。グレッグの同性愛が露呈した後、「私の教区から消えろ」と彼を見捨て、僻地の教会に移動させる。この司教の人物像は、イエスの愛やゆるしに対する教会の裁きと権威主義を象徴する。またグレッグが同性愛者であると知った後、信者たちが彼を白い目で見るようになる様子にも、教会の不寛容が如実に示される。

弱さの共感

教会に関する様々な問題を扱いつつ、この映画が伝えようとする根源的テーマとは、「愛の課題」——弱さをもった人間同士がどのように受容し合い、支え合っていけるか——であろう。僻地の教会に閉じ込められたグレッグをマシューが訪ねてくる。「同性愛の何が悪い？ それを裁き、そこにある愛を否定するとはどんな宗教な

んだ？ それがイエスの道か？ 君にしかできないことがあるはずだ」とマシューはグレッグを励ます。傷ついたグレッグはそれを素直に聞けないが、マシューはもう一度一緒にミサをしようと誘う。マシューのリベラリズムを嫌悪していたグレッグだが、その飾りけのない誠意に心が動き、彼と一緒に祭壇に立つことを決意する。

日曜日のミサ、一部の信者はグレッグが司式することに怒って席を立つが、ある程度の人が残る。しかし誰も聖体をグレッグから拝領しようとせず、皆マシューの列に並ぶ。そのときリサが黙ってグレッグの前に歩み出て、彼の差し出す聖体を受ける。二人は抱き合い、涙を流し、この映画は終わる。背負いきれない傷を負った二人の弱さが共感し合っている。父親の暴力の餌食となってきたリサ。自分の性的指向を罪として悩み抜いてきたグレッグ。そんな辛さ・弱さが響き合って、二人の心はつながっている。周りにいるマシュー神父も信徒たちも思わず言葉を失い、抱き合う二人をじっと見つめる。バックで『You'll never walk alone』が流れるのも印象的だ。どうすれば教会は、建前を越えて、弱さや傷をもった人々を受け入れていけるのか。弱さを裁き合うのではなく、弱さの共感によって励まし合っていけるのか。この映画が根本的に投げかける問いはそれに尽きるのではないか。

［打樋啓史］

【キーワード】カトリック、聖職者、罪、ゆるし、苦しみ、差別
【聖書箇所】ヨハ 13:34

シスタースマイル　ドミニクの歌
Soeur Sourire

製作：2009年　フランス／ベルギー
監督：ステイン・コニンクス

㊶

Story

　1963年に全米ビルボード1位になった『ドミニク』を歌った、スール・スーリールの実話に基づく物語。孤独を抱えたまま修道院生活を送っていたジャニーヌは、『ドミニク』の大ヒットを機に修道院を出るが、修道女でなくなった彼女に世間は興味を示さなかった。やっとの思いで得たツアーで披露した新曲はカトリック教会の怒りを買い、彼女はすべてを失った。行く当てもなくなったジャニーヌは、旧知の友のもとで穏やかな時間を過ごすが……。

第二バチカン公会議とシスタースマイル

　「ドミニクニクニク〜♪」軽快なテンポで、思わず口ずさみたくなる『ドミニク』は、1963年、なぞの修道女「シスタースマイル」によって突如世に表れ、世界中のミュージックシーンを駆け巡った。欧米ではザ・ビートルズやエルビス・プレスリーを凌ぐほどの人気を博し、日本でもザ・ピーナッツ、ペギー葉山らがカバー、また東京放送児童合唱団が歌うそれは、NHKの『みんなのうた』でもお茶の間に流れ、子どもから大人まで、幅広い世代に親しまれた。

　この曲が発売されたのは1963年。3年前の1960年はケネディが米大統領選挙で勝利し、またアフリカ大陸で17か国が植民地からの独立を達成し「アフリカの年」と呼ばれるなど、新たな時代の到来を感じさせる時勢であった。文化面でも1960年代、欧米でカウンター・カルチャーが花開き、女性の権利やセクシュアリティなどにもつながっていった時代である。

　カトリック教会も同様に時代の大きな変化の中にあった。映画開始から5分のあたりでテレビから流れるニュースでは、ローマ教皇ヨハネ23世が第二バチカン公会議招集を世界に向けて行ったことが報じられ、ジャニーヌはまばたきもせずにこのニュースを見つめている。

　第二バチカン公会議は1962年から1965年にかけて行われ、カトリック教会を現代世界との対話へと開いた画期的な公会議である。前回の第一バチカン公会議（1870年）から約90年間、教会の中には大きな問題もなく「政治にも役立たない公会議は不要」と考えていた者も少なくなかった。そのような空気が漂う中、教皇になってまだ90日しか経っていないヨハネ23世による公会議開催の発表は、多くのカトリック信者たちにとって、大きな衝撃と驚きを与えたことは想像に難くない。ジャニーヌの修道院生活はこのような時代の風が吹いていた頃である。

　たとえば、ジャニーヌが表舞台に立てなくなった原因となった『黄金のピル』。この曲は映画の中で、第二バチカン公会議から2年後の1967年、モントリオールのステージのアンコール曲として登場する。第

二バチカン公会議では、招集に当たって「開かれた教会」の必要性が語られ、また会議中に教皇はしばしば「現代化」というキーワードを語っている。この言葉は数々の批評や誤解があった言葉であるが、先述の通り、時代は女性の権利についても眼差しを向け始めていた頃である。このことと、第二バチカン公会議で「開かれた教会」「現代化」が語られたことは、ジャニーヌが「ピルよ万歳」と歌い上げたことに、いくらかの影響を与えたのではないか。そして、ジャニーヌは時代の流れの中で、カトリック教会の意図しない「開かれた教会」と「現代化」を表現した。そのことによって、やっと得たと思われた場所も歌も教会の圧力によって失っていくのである。

ジャニーヌが求めたもの

ところで、ジャニーヌはずっと孤独を抱えていた。もちろん、彼女の存在を求める者はあった。従姉妹のフランソワーズ、男友だちのピエール、同性の友だちアニー、時に厳しくも、いつも彼女を見守ってくれている修道女たち、マネージャーのブリュッソン……。しかし彼女の心は満たされなかった。彼女は一体、何を求めていたのだろうか?

すべてを失い、路上で小さく座り込むジャニーヌの背景に、「みじめな私、愛することもできない」と彼女の寂しげな歌声が流れる。その後、告解に訪れた際にも礼拝堂で「なぜ愛されないの! なぜ誰も愛せないの?」と声を荒げるシーンがある。そう、彼女が求めたのは名声や自由ではなく、愛され、愛することであり、愛を感じ

ることができない他者とのかかわりの中で、孤独を感じ苦しみ続けていたのだろう。

友のために自分の命を捨てること、これ以上に大きな愛はない

全てを失ったジャニーヌが行きついたのは、女友だちでありレズビアンのアニーである。アニーがジャニーヌへの好意を最初に示したのは学生時代であったが、ジャニーヌはそれを拒む。それ以降もアニーからの愛を、差し伸べられた手を、ジャニーヌは利用することはあっても、最終的に拒絶することを繰り返すのである。しかしどれだけ拒まれようとも、利用されようとも、また醜態を晒されようとも、アニーは決してジャニーヌを愛することをやめなかった。このアニーを通して示された愛に、ジャニーヌは無償の愛(アガペー)を見たのではないだろうか。

正直なところ、本作を最初に見た時には希望がない物語だと感じた。しかし繰り返し観ていると、他者とのかかわりの中で愛を感じることが出来なかったジャニーヌの周りに、実はたくさんの愛が溢れていたことに気づかされた。「いつも喜んでいなさい。絶えず祈りなさい。どんなことにも感謝しなさい。これこそ、キリスト・イエスにおいて、神があなたがたに望んでおられることです」(Ⅰテサ5:16-18)。ジャニーヌの孤独を通して、私たちの周りの日常に溢れている愛に、目をむけることを教えられる作品である。

＊公会議開催の発表は1959年1月25日になされた。

[前田美和子]

【キーワード】修道院、カトリック、愛、苦しみ、解放
【聖書箇所】ヨハ15:9-17、Ⅰテサ5:16-18

シックス・センス

The Sixth Sense

製作：1999年　アメリカ
監督：M.ナイト・シャマラン

Story

　コールは人間の五感を超え、死人が見える「第六感」（Sixth sense）の力を持っている。小児精神科医のマルコムは昔同じような力を持った患者の治療に取り組んだが、治療に失敗した。この過去の失敗をもとに、マルコムはコールを助けようとするが、同時にマルコムと妻アンナとの結婚生活も崩れていく。コールは本当に死んだ人が見えるのか？　マルコムはコールを助けることができるのか？　死後の謎と霊界を取り巻くスリラー作品。

死者と話せる力

　この作品では小児精神科医のマルコムとコールという不思議な少年の関係性がストーリーの中心となっている。コールは誰にも話せない深い秘密があるからだ。「僕は死んだ人が見える」とコールがマルコムに初めて秘密を明かす時、マルコムはコールが統合失調症の精神病を抱えていると考える。マルコムは昔同じような力を持ったヴィンセントと言う患者の治療に取り組んだことがある。しかし、治療に失敗した末、ヴィンセントはマルコムの家に忍び込み、マルコムを銃で殺そうとした後、自らも命を絶った。

　しかし、コールのことを知ることによって徐々にマルコムはコールを信じるようになる。そして、マルコムはコールに、死んだ人から逃げないで、話しかけてみてはどうかと提案する。なぜなら、寄ってくる死者の多くはコールに助けを求めているからだと気が付くのである。この作戦によってコールは死者と話をするようになり、死者の遺族などへの伝言ができるようになる。

このように少しずつ、コールは自分を訪れる死者に協力的になっていく。やがて、コールは自分は死者が見えることについて母親にも明かすことができる。また、母親には祖母からの大切なメッセージも伝えることができ、母親との関係がよくなる。これ以上は、作品の核心部分に触れることになるので、詳しくは書けないが、最終的にはコールのおかげで、マルコムは自分と妻アンナとの結婚生活の実態について衝撃的な秘密に気が付くのである。

聖書における霊界

　この映画で登場する「死者の霊」は実は聖書にも出てくる。旧約聖書でサウル王は敵に敗北する寸前に口寄せの出来る女に伺い、死んでいた預言者サムエルを呼び起こしたケースが記されている（サム上 28:8-15）。この呼び起こされたサムエルの霊が実際どういうものであったかは定かではないが、聖書の他の箇所では口寄せ等を利用することは固く禁じられている（申 18:11-12）。禁じられていても、このようなケースはたびたびあったようだ。例えばイザヤ書

では預言者イザヤは、口寄せや霊媒に伺いを立てるのではなく、「自分の神に伺いを立てるべきではないか」（イザ8:19）と注意している。このように旧約聖書では、口寄などを利用して死者の霊を呼び起こす例も記されているが、これは決して良いことではなかった。

また、新約聖書にも死者の霊が現れるシーンがある。例えば、イエスが弟子と山を登り、そこに預言者モーセとエリヤが突然弟子たちの前に現れてイエスと会話する場面もある（マタ17:1-9）。しかし、聖書に出てくる死者とこの映画に登場する死者は少し違う。聖書では「眠っている」死者の霊を呼び起こすケースが多いが、この映画では死者が一方的にコールに寄ってくるように見える。例えば、コールが学校の廊下を歩いていると突然首から吊るされている二人の死者が見える。また、クラスメートの誕生日会でコールはいじめにあい、小さな戸棚に閉じ込められるが、その戸棚にも死者が現れる。このような死者は呼び起こされたわけではなく、勝手にコールに近づいてくるところが特徴的と言える。

神様に助けを求める

8歳の少年であるコールは、死んだ人を見るたびにもちろん深い恐怖を感じる。視聴者もドキドキする。なぜなら、現れる死者の大半は殺害された人だからである。いわゆる怨霊のようなものである。

ところが、コールが死者から唯一守られると信じている場所がある。それはカトリック教会の礼拝堂だ。死者に会いたく

ないコールは、放課後にはその礼拝堂の中で遊ぶことが多い。マルコムが初めてコールに話しかける時もコールは礼拝堂の中でラテン語で祈りを唱えていた。"De profundis clamo ad te domine"「深い淵の底から、主よ、あなたを呼びます」（詩130:1）。また、コールは家で自分の部屋に小さなテントを作り、その中にイエスや聖母マリアの小立像をたくさん飾っている。家に死者が現れたら、懐中電灯を手に握り締め、コールはそのテントの中へ隠れようとする。しかし、それでも死んだ人はコールに寄ってきて、時には彼に危害を加えることもある。このように死者に脅かされているコールは精神的にかなり追い込まれていく。そして、唯一彼を死者の霊から守ってくれると信じているのは、キリスト教の「神聖な空間」"sacred space"である。つまり、この映画ではキリスト教の空間は人を霊界から一時的に守る力があると描いているが、実際はそうでもない。

最終的に、この作品が紹介する霊感は聖書のものと異なるが、聖書には別の「第六感」があると言えるかもしれない。それは聖霊による世界の見方（ヨハ16:13）、もしくは、目に見えないものに目を注ぐ信仰かもしれない（IIコリ4:18）。

[ベネディクト・ティモシー]

【キーワード】死、聖なるもの、祈り、信仰
【聖書箇所】サム上 28:8-15

祝福　オラとニコデムの家

Komunia

製作：2016 年　ポーランド
監督：アンナ・ザメツカ

Story

　　様々な困難を抱える家族の姿を、少女の願いと現実に寄り添いながら映したドキュメンタリー映画。ポーランド、ワルシャワ郊外の街の小さなアパートで、14 歳の少女オラは、アルコール依存の父親と自閉症の 13 歳の弟ニコデムと暮らしている。母が家を出て行ってから、家事をこなし、弟の面倒を見るのはもっぱらオラの役目。厳しい現実の中で、オラは、弟の初聖体が成功すればもう一度家族がひとつになれると夢見て行動するのだが……。

ポーランドとカトリック信仰

　　ニコデムの初聖体拝領（次項参照。以下「初聖体」と記す）をめぐる家族の動きをカメラで追った本作では、家族という普遍的テーマが軸となる一方で、ポーランド現代社会におけるカトリック信仰の存在がその背景となっている。

　　ポーランドでは、国土分割やナチス支配など苦難の歴史の中で、カトリック教会が国家にかわって民族の統一と解放のシンボルとして機能してきた。第二次大戦後、社会主義体制下で教会は弾圧されるが、1978 年のポーランド人教皇ヨハネ・パウロ 2 世の就任を契機に、1980 年代初頭からの民主化・自由化運動にとってカトリック教会が大きな支えとなる。かつて禁制の対象であったカトリック教会は共産圏崩壊後に息を吹き返し、社会主義に対抗的な立場をとる現政府とは同盟関係のようになっている。

　　現在、ポーランドでは国民の 90％以上がカトリック信者で、これは世界一の割合を示し、カトリック信仰が民衆の生活に深く根づいている。冠婚葬祭にもカトリック教会が密接に関わり、クリスマス、復活祭、洗礼、初聖体など、国民は子どもの頃から宗教的な行事に参加する。また、本作で何度か出てくるように、公立小学校でも宗教の授業があり、生徒たちはキリスト教的道徳を学ぶ。オラとニコデムの部屋にヨハネ・パウロ 2 世の写真が置かれているのが映し出されるが、これもポーランドの家庭の一般的な景色である。

初聖体の意義

　　カトリックの家庭では、多くの場合、子どもが生まれると出生後に幼児洗礼が授けられ、7、8 歳で初聖体、11、12 歳で堅信が行われる。入信儀礼の完結である堅信に先立つ初聖体は、幼児洗礼を受けた子どもが、聖体とは何かある程度理解できるようになってから初めての聖体を食べる儀式で、神の恵みを初めて「味わう」特別な日とされる。初聖体には、準備教育、試験（面接）、初めての罪の告白が先立つ。当日、子どもは特別な服を着る。女の子は白く長いドレスを着て花輪を被り、男の子は白の

スーツやローブなどを身に着ける。式の後、レストランなどで家族がお祝いの食事をするのも一般的である。

このように初聖体は、子どもが一つの段階から別の段階へ移る時期に行われる通過儀礼であり、日本の神道の七五三など他宗教にもこれと似たものが見られる。ポーランドのようなカトリック圏の国々で、初聖体は宗教的儀式という以上に、子どもが社会の一員として認められる機会、その際に家族や親戚がひとつに集まるお祝いであり（子どもはたくさんプレゼントをもらう）、それが本作を理解する鍵となる。

13歳のニコデムが初聖体を受けることになる。前述の通り、初聖体はもっと幼い年齢で受けるものだが、自閉症のニコデムの場合、小教区の司祭は「宗教心が未熟」という理由でその際に彼の初聖体を認めなかった。ザメツカ監督がニコデムの宗教的センスに気づき、もう一度初聖体の試験を受けさせてはどうかと提案したところ、家族はこれを歓迎した。

オラと父親マレクはニコデムが他の子たちと同じように社会に受け入れられることを願い、ニコデムも自分が周りから阻害されていると意識し、初聖体によって社会に認められたいと感じていた。そして何よりも、オラにとってニコデムの初聖体は家族の再会のチャンスだった。それが成功すれば、母親が戻ってまた家族が一緒に暮らせるかもしれない。オラはそう期待したのだ。それゆえ、オラはニコデムを相手に忍耐強く面接の予行演習を行い、聖体を落とさず口に入れられるようバナナの輪切りを使って練習するのだった。

祝福／Komunia

オラの説得によって母親はニコデムの初聖体に参加するものの、それを機に家族が再び一緒に暮らすという夢は叶わなかった。過酷な現実の中で、初聖体という宗教儀礼は分裂した家族が集まるきっかけにはなったが、家族を回復させるには無力であった。しかし、ラストシーンで日常に戻ったオラがニコデムに通学の身支度をさせる様子が映される際、オープニングと同じ構図でありつつも、そこにある静けさ・穏やかさに気づかされる。家族の絆を取り戻すという試みは失敗したものの、ひとつのことをやり通したという達成感がオラに（またおそらくニコデムにも）落ち着きを与えたのではと推測できる。

『祝福』の原題、ポーランド語 "Komunia"（英語 "Communion"）は「聖体拝領」を意味するが、本来の意味は「交わり」である。オラは弟に祝福を願い、家族の交わりの回復に憧れる。そんな望みを抱きつつ、頼るべき大人の不在の中で、14歳の少女は自分が家族を支えるしかないことを受諾して日々を生きる。ザメツカ監督は、オラを間近で映しながら、彼女の心の叫びを世界中に伝えている。想像を絶する重荷を肩に負い、家族のためにそれを引き受ける少女の姿に心動かされるとき、視聴者はそこに祝福と交わりの源泉を見出すのかもしれない。

［打樋啓史］

【キーワード】救い、希望、恵み、カトリック、教会、家族
【聖書箇所】Iコリ10:17

ショーシャンクの空に
The Shawshank Redemption

製作：1994年　アメリカ
監督：フランク・ダラボン

Story

　銀行員アンディ・デュフレーンは、無実の罪で終身刑の判決を受け、ショーシャンク刑務所に収監される。腐敗した刑務所で酷い目にあわされつつも、アンディはレッドら何人かの囚人と心を通わせ、看守らにもよい印象を与え、不思議な魅力で皆の心を掴んでいく。また、彼は刑務所の経理担当として所長ノートンの不正な裏金作りの管理を任される。やがて20年の歳月が流れた時、アンディは冤罪を晴らす重要な証拠をつかむのだが……。

ショーシャンクの内と外

　スティーヴン・キングの小説『刑務所のリタ・ヘイワース』の映画化。全体にキリスト教色が濃い作品で、所長ノートンとアンディが暗唱聖句でやり取りするシーンは有名だ。物語の基本的な枠組みは、ショーシャンク刑務所の「内の世界」と「外の世界」の対比である。刑務所は、所長ノートンの支配下にある。厳しい規律で囚人を管理し、収賄で私腹を肥やし、利己のためには囚人を殺すことも厭わない残酷な人物。ノートンの支配するショーシャンク刑務所は、人間の尊厳や慰めが奪われた世界、ノートンに従わなければあらゆる希望が絶たれる「灰色の世界」で、そこに飼いならされていく人々が描かれる。

　この刑務所の「内の世界」で、アンディは静かにその闇の力に抗い、囚人たちが忘れかけている「外の世界」の喜びや刺激を思い出させようとする。遺産相続問題の解決策提案の引き換えとして、看守に屋上で作業する仲間たちにビールを振舞わせたのも、図書室への寄贈物に「フィガロの結婚」のレコードを見つけ、勝手に所内放送で流したのも、その意図によるものだった。これらのひととき囚人たちは心を和ませ、レッドのセリフの通り、「正気に戻る」(feel normal again)。アンディは、危険を冒してでも、自分と仲間たちが刑務所内の異常な日々によって麻痺させられずに、「人間の心」を保ち続けられようにしたのだ。同時に彼は、「外の世界」への回帰、すなわち脱獄を企て、ノートンの裏金を利用して「外の世界」で新しく生きる準備を着々と進めていた。

ショーシャンクの「贖い」

　原題 "The Shawshank Redemption" の "Redemption"（贖い）は、キリストの十字架による救いを示す神学用語で、アンディが「贖い主キリスト」に重ねられたキリスト的人物像（クライスト・フィギュア）であることはいくつかの点から確かめられる。仲間の囚人たちは、キリストの弟子たちのイメージである。屋上でビールを飲む仲間は12人で、アンディはよく食事の席で仲間たちに語り掛ける（最後の晩餐のイメー

ジ）。特にレッドは一番弟子のペトロに重なる。脱走後、刑務所の外に出たアンディは十字架のポーズ（勝利のポーズ）を取り、翌日スーツを着て、「ランドール・スティーブンス」という名のまったくの別人として銀行に現れる（死と復活）。脱走の際に「川を渡る」のも、しばしば映画がキリスト的人物像を示す時に用いるイメージである。

では、アンディによる「ショーシャンクの贖い」とは何か。アンディが脱獄し、ノートンの悪を暴き、刑務所をその支配から解放した「贖い」は明らかだが、それに重ねて、彼が他の囚人たちの心を刑務所の「内」から「外」へと解放したことが重要である。映画のラストはこの「贖い」を象徴的に描く。アンディの脱獄後、仮釈放の日を迎えたレッドは、アンディから聞いていた場所で現金と手紙を手に入れ、そこに記されたメキシコのジワタネホへ向かう。美しい海岸で再会し、笑顔で抱き合う二人。このメキシコの海岸のイメージ（太陽、砂浜、青い海と空）は、二人が前の北米の生活に戻るのではなく、まったく新しい現実に生き始めたことを表す。人々を灰色の世界から輝く光の世界へと招く「贖い」が、印象的に描写される。また同時に、これはアンディ自身の「贖い」の物語である。堅物で、妻に対しても心を閉ざしていた彼は、刑務所でレッドらとの友情に心を開き、解放されていくのだ。

誰にも奪えない「希望」

中心テーマは「希望」である。6年間刑務所図書館のために毎日手紙を書き続けた

ことも、脱獄のために約20年間10センチ大の小型つるはしで壁を掘り続けたことも、「希望の人」であるアンディにこそなせる技だった。刑務所の外の生活を夢見ることによって、彼は過酷な生活に耐え、闇の力に麻痺させられず、自らの尊厳を見失わずにいられた。先述の屋上のビールも、空から降ってくるモーツァルトの音楽も、アンディがこの希望を仲間たちにも伝えていくために仕組んだことだった。

レコードの一件で懲罰房に入れられ、そこから出てきたアンディは、食事の席で仲間たちに訴える。「人の心は石でできているんじゃない。そこにはどんな力によっても奪えない何かがある。それは希望だ」。また、仮釈放されたレッドが見つけたアンディの手紙にはこう書かれていた。「レッド、思い出してほしい。希望は善いものだ。きっとそれは一番善いもので、善いものは決して消えることがない」。パウロが「信仰、希望、愛」（1コリ13:13）で「愛」に与えた位置が、ここでは「希望」に与えられているのが分かる。そして映画は、"I hope"を4回繰り返すレッドのセリフで結ばれる。「国境を無事越えられるように。友に会って握手できるように。太平洋が夢に見た通り青いように。そう望んでいる」。

[打樋啓史]

【キーワード】キリスト、贖い、希望、正義、解放
【聖書箇所】エゼ 36:26、1 コリ 13:13

ショコラ

Chocolat

製作：2000年　アメリカ／イギリス
監督：ラッセ・ハルストレム

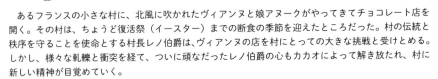

Story

　あるフランスの小さな村に、北風に吹かれたヴィアンヌと娘アヌークがやってきてチョコレート店を開く。その村は、ちょうど復活祭（イースター）までの断食の季節を迎えたところだった。村の伝統と秩序を守ることを使命とする村長レノ伯爵は、ヴィアンヌの店を村にとっての大きな挑戦と受けとめる。しかし、様々な軋轢と衝突を経て、ついに頑なだったレノ伯爵の心もカカオによって解き放たれ、村に新しい精神が目覚めていく。

枠組みとしての四旬節

　本作品は、カトリック的伝統を遵守するフランスの村を舞台とし、キリスト教にとって重要な暦の一つである四旬節を時間的な枠組みとして展開されている。四旬節とは、復活祭までの日曜日を除いた40日間のことで、キリストの受難を想起する「受難節」とも呼ばれる。時は1959年、来たる60年代という新しい時代への転換を予感させる。この年の復活祭に「村人は新しい感動を覚え」、「精神の目覚め」と「古い因習からの解放」を経験したという。このようなナレーションが入るのは、映画の終章で四旬節を終えた村人たちが教会に集い復活祭の礼拝を行う場面である。では、この目覚めはいかなるプロセスを通して生じ、そこにどのようなキリスト教的主題を見出させるのであろうか。

断食とチョコレート

　物語は、若いアンリ神父が教会に集まった村人に四旬節のはじまりを告げ、断食と悔い改めを勧める場面からはじまる。第二バチカン公会議以降、断食とは一般に肉類を食べないことであるが、映画では人間に自然な欲求の抑制をも求めるこの村の伝統を象徴しており、チョコレートもその対象とされている。流れ者で未婚の母である主人公ヴィアンヌは、四旬節にチョコレート店を開店する。来たる60年代の自律的な女性を象徴するかのような彼女の素性と振る舞いは、規律を重んじるこの村のカトリック的伝統に対する挑戦として受けとめられ、伝統を脅かす異教的勢力とさえ見なされる。彼女に対抗する村長レノ伯爵は、聖戦を戦う十字軍の戦士にたとえられている。つまり、異教の祭儀で用いられたカカオが人間性を豊かに引き出す一方で、キリスト教の伝統が人間性を抑圧している姿が皮肉を込めて描かれている。悔い改めのサクラメントを教会で受ける村人たちが、チョコレートに誘惑されたことを懺悔する場面は特に滑稽である。映画の中で引用されることはないが、「安息日は、人のために定められた。人が安息日のためにあるのではない」（マコ2:27）というイエスの言葉が思い起こされる。

「よそ者」の居場所

　さらに、断食の伝統をめぐる問題は、よそ者に対する寛容と不寛容の問題としても展開されている。この村に新しくやってきた者は、村の伝統に順応するならば受け容れられる。アンリ神父もまた村に新しくやってきた一人であった。レノ伯爵による説教の検閲を受け、村の伝統に適応しようとするが、どこか無理がある。ヴィアンヌは村の伝統に適応することを拒むよそ者の典型だった。村を流れるタンヌ川にやってきた船上で暮らす流れ者たちの一団は不道徳者とみなされる。しかし、外からやってきた人々だけでなく、村人たちの中にも自分が「よそ者」であること、疎外されていることを感じている人々がいる。夫から虐待を受けながらも離婚が許されない社会で苦しんでいるジョセフィーヌ。娘が望む老人ホームに入ることを拒み、間近に迫る死を自宅で一人待つアルマンド。自律的に生きることを望む女性たちが目立つ。教会ではなく、ヴィアンヌのチョコレート店がこのような生きづらさを抱える人々の憩いの居場所となっていった。まるで、罪人や病人を受け入れ癒すイエスのように。チョコレートの原料となるカカオが「心の鍵を開ける」手助けをする。ヴィアンヌを非難する村長のレノ伯爵はというと、堅物な夫に愛想をつかした妻に出て行かれ、その悲しみを誰にも打ち明けられず一人抱えている。彼の心も居場所を失い彷徨っているが、厳格な伝統に拠り所を求めて心を閉ざし続けていた。

神の神性よりも人間性？

　行き詰ったレノ伯爵は、四旬節の最終日に一人教会の中で悩み悶えながら、「道がみえない。私はどうすれば、教えてください」と神に祈っている。この祈りに一つの転換（悔い改め）が暗示されている。神の掟と裁きを代弁してきた者がいまや神のみ心を尋ね聞く者に変えられているからである。直後にチョコレート店の飾り窓を壊す彼の自暴自棄な行動は、ある意味で抑圧されていた感情の表れと言えよう。偶然、口に入ったチョコレートの甘美さに触れ、彼の頑なな心も解放されていく。そんなレノ伯爵をヴィアンヌは優しく受け容れる。神への信仰とカカオは対立するものではなく、ゆるされて存在する喜び、そして他者と共に生きる喜びへとレノ伯爵を導くものとなる。

　四旬節のはじめに規律遵守を求めるメッセージが教会の説教壇から発せられたように、伝統の縛りからの解放について語られるのも同じ教会の中であった。レノ伯爵に起こったことを一部始終見ていたアンリ神父は、復活祭の礼拝で今度は自分の言葉で神の神性よりも人間性に、つまり、他者を受け容れるやさしさと寛容という人間の価値が示されている地上のイエスの歩みに目を向けることを勧める。そこに、キリストの模範を強調するキリスト教的ヒューマニズムの伝統と人間性、特に女性の解放を訴える 60 年代の精神との接点を見いだすことが試みられているのかもしれない。

[小田部進一]

【キーワード】 悔い改め、カトリック、信仰、教会、差別、解放
【聖書箇所】 詩 51:7-8、マコ 2:27

白バラの祈り ゾフィー・ショル、最期の日々

Sophie Scholl – Die letzten Tage

製作：2005 年　ドイツ
監督：マルク・ローテムント

㊻

Story

　ヒトラー政権末期、ミュンヘン大学の学生によって「白バラ」という反ナチ抵抗グループが結成され、ナチスの戦争政策を批判し、国民の覚醒を促すビラを作成、送付するなど抵抗運動を展開していた。彼らの活動は次第に大胆かつ直接的となり、1943 年 2 月 18 日、ハンスとゾフィーの兄妹は意を決して白昼にミュンヘン大学を訪れ、玄関ホールでビラをまき散らした。彼らは即座に捕まり、ゲシュタポ（国家秘密警察）に引き渡され、その後は連日尋問が続けられていく。そして逮捕から 4 日後の 2 月 22 日、兄妹にプロープストを加えた三人は民族裁判所で国家反逆罪の罪で死刑を宣告され、即座に処刑された。

作品成立の背景

　2005 年に公開されたこの作品は、同年のベルリン国際映画祭で最優秀監督賞並びに最優秀女優賞を獲得し、翌 2006 年に日本でも公開された。白バラ抵抗運動を題材にした映画は、すでに 1980 年代に「白バラは死なず」（Die Weisse Rose:1982［1985年に日本で公開］）と「最後の五日間」（Fünf letzte Tage:1982［日本未公開］）の二作品が製作されており、これが三作目となる。21 世紀に入って、この運動が新たに映画化されるに至った背景には、1989 年のドイツ民主共和国（旧東ドイツ）の崩壊に伴い、それまで旧東ドイツの秘密警察（シュタージ）の文書保管所で封印されていた白バラのメンバーたちの尋問調書の存在が明らかになったという事情がある。これにより、それまでは闇に包まれていたショル兄妹とゲシュタポの事務官とのやりとりを含め、彼らの逮捕から処刑に至るまでの過程が明らかとなり、幾つかの新事実が確認されることになった。

　この映画はそれらの新事実を踏まえ、逮捕から処刑に至るゾフィー・ショルの最後の 5 日間に焦点を当て、史実に忠実に描き出そうとしており、何よりその点に本作品の特徴と意義が認められる。

明らかになった新事実

　この映画で描かれている新事実とは以下の二点である。第一に、当初ゾフィーは兄と同様、政治への無関心を装い、事件との関わりを全面的に否認していたが、自宅等を家宅捜索したゲシュタポから動かぬ証拠をつきつけられ、また兄の自供を知らされた後は一転して容疑を認め、それ以降は一貫して自分たち兄妹だけでビラ配り等の活動を行ったと供述して自分たちだけで責任を背負おうとし、細心の注意を払って仲間に嫌疑が及ばないように努めたという点。

　そして第二に、ゾフィーの取り調べに当たった尋問官のモーアは、厳しくゾフィーを追及しながらもまだ年若い彼女を何とか助けたいと考え、自らの誤りを認めるなら

情状酌量の余地があると妥協案を提示してきたが、それを自らの信念に対する裏切りだと考えた彼女は、はっきりとそれを拒絶し、保身を望まず、自ら進んで兄と同じ罰を受けようとしたという点である。

事実、これらの要素を取り入れることにより、本作品はよりリアルで深みをもった彼女の人物像を描き出している。

ゾフィーの祈り

ショル兄弟は自由な空気をもつプロテスタントの家庭で育ったが、この映画の中にもキリスト教的要素が随所に確認できる。この点は例えば、死の直前に両親と面会した際、最後に母親が語った「イエス様を忘れないでね」という言葉と、それに対するゾフィーの「わかってる。ママもね」という返答からも明らかであろう。また、本作品には計三度、ゾフィーが祈りを捧げる場面が描かれている。

一つ目は、逮捕された翌日（2月19日）の真夜中、拷問の鞭打ちを受ける囚人の叫び声を聞いて目を覚ました時に彼女が捧げた「神様、うまく言葉にできませんが、私の心をあなたに捧げます。あなたがお造りになったこの憐れな人間にどうか安らぎをお与えください。アーメン」という祈り。

二度目は、翌日裁判が行われることを告げられた直後に捧げた祈り（「心の底からお願いします。助けてください。神様のことは何も知りませんが、今の私にはあなただけが頼りです。お願いですから、どうか私を見捨てないでください。わが栄光の父よ。アーメン」）。

そして最後に、死刑判決を受けた直後に、刑務所牧師アルトの前で捧げた祈り（「主よ、栄光の父よ。あなたが蒔かれた種が育つよう、この地を実り多き大地に変えてください。創造主である神に目を向けようとしない人々にもこの願いが届きますように。アーメン」）である。

もちろん、これらの祈りが本作品において中心的な役割を果たしているわけではないが、これらの祈りがこの映画全体の一つの基調になっている点は否定できないであろう。事実、生前のゾフィーの日記の中には、神への祈りの言葉が数多く書き記されており、真摯に神と向き合い、神により頼み、日々神に祈りを捧げていた彼女の姿が示されている（ハンス・ショル／ゾフィー・ショル『白バラの声——ショル兄妹の手紙』山下公子訳［新曜社、1985 年］参照）。なお、この映画の日本語版のタイトルは、原題とは異なり、「白バラの祈り」となっているが、その意味では、この映画の真意を的確に汲み取った表現になっていると評し得るであろう。

［嶺重淑］

【キーワード】祈り、自己犠牲、愛、国家、正義、暴力、抑圧
【聖書箇所】ヨハ 12:24、ヨハ 15:13

神聖ローマ、運命の日 オスマン帝国の進撃
11 settembre 1683

製作：2012 年　イタリア／ポーランド
監督：レンツォ・マルティネッリ

Story

　1683 年、オスマン帝国大宰相カラ・ムスタファ率いる 30 万の大軍がウィーンを包囲するが、キリスト教連合軍はわずか 5 万 5 千。優柔不断な神聖ローマ皇帝が頼りとするカプチン会修道士マルコ・ダヴィアーノは信仰を説いて皆を鼓舞する。一方でマルコは夜密かにカラ・ムスタファと対面する。マルコはかつてカラ・ムスタファが命を助けた少年だった。一夜明けて両陣営は激突し、形勢はオスマン帝国軍に絶対有利と思えたが、ポーランド王の奇襲がオスマン帝国軍を切り崩す。

これは宗教戦争か？

　イスラーム教を奉じるオスマン帝国によるウィーン攻撃に対し、単独では太刀打ちできないハプスブルク家はヨーロッパ諸侯に救援を求め、いわゆる「神聖同盟」が成立するが、これはキリスト教国同士の同盟ということを意味する。これによりキリスト教対イスラーム教という「宗教戦争」の図式を見出す向きがあるかもしれない。

　一方でオスマン帝国側の侵略はイスラーム教の教えに基づくものではない。膨張政策はあくまで政治上の問題である。侵略先にキリスト教という他宗教を奉じる国々が広がっていたために、宗教が敵対的アイデンティティとして利用するのに非常に好都合だったというに過ぎない。それはヨーロッパ側も同じである。侵略者はイスラーム教徒だ、だから我々と同じキリスト教徒たちよ、助けてくれという論理を用いたに過ぎない。マルコは、実家の染め物工場で働くトルコ人アブールが、オスマン帝国軍の侵攻におびえる近所の住民たちに襲われそうになった時「信仰が違ってもア

ブールは我々のきょうだいだ」と住民たちを説得し、身を挺してアブールを守る。一方で皇帝の求めにより出席した神聖同盟軍の作戦会議では「ウィーンはキリスト教の生命線。全員が信仰を持って一致団結すれば必ず勝利する」と説く。映画鑑賞者はマルコのこの「二枚舌」に疑問を抱くかもしれない。だが映画全体を注意して見ていただきたい。この戦争を引き起こしたのは宗教ではない。戦争が宗教を利用し、直面する戦争に宗教はどう対応するかを迫られている様子を描いているのが、この映画の特徴であると言える。マルコはこの現実から目を背けることも逃げることもしない。イスラーム教徒の友人アブールを助けるためにも、キリスト教のヨーロッパを守るためにも、両方のために命をかける。そこには浮世離れした綺麗事のお説教はない。矛盾だらけのこの世の真ん中で、目の前の矛盾をすべて受けとめようとする者の姿がそこに描かれていることに注目したい。

極限における宗教者

　オスマン帝国によるウィーン総攻撃の

前夜、アブールの手引きにより、カラ・ムスタファとマルコは密かに対面する。カラ・ムスタファはマルコをヨーロッパ側の精神的指導者として将軍たちよりも脅威であると見なすが、マルコは「自分は武器を持たない。唯一の真なる神に祈るだけだ」と答える。苛立つカラ・ムスタファは「昔、神が私にお前の命を助けさせたのは、明日私がお前を殺すためだ」と嘯くが、マルコは「神が私を生かしたのは私がお前を救うためだ。お前の魂も救いたい」と返し、悔い改めて軍を撤退させるよう説得する。マルコの説得をはねつけ、「ヨーロッパは必ずアッラーに服する」と豪語するカラ・ムスタファに、マルコは「真の神は服従を求めない。人が自由な心で神の愛に応えることを望まれる」と応答する。

そもそもキリスト教の神とイスラーム教の神（アッラー）は、どちらも旧約聖書に登場する「同一の」唯一の神にほかならない。ただしキリスト教はこの神を三位一体の唯一の神とし、イスラーム教では三位一体を認めない。だが両者とも神が唯一・永遠・全能・全知・慈悲深いことなどに何ら違いはない。したがってこうした神の属性を軸にすれば、キリスト教とイスラーム教は信仰的に対話できる。映画の中でもカラ・ムスタファはアッラーをトルコ側だけの神としてマルコを威嚇しようとする。しかしマルコは自分たちは「同一の」神を信じているという前提でカラ・ムスタファを説得しようとする。この説得の正当性により、カラ・ムスタファはいくら敵対心をむき出しにしても、まともに反論ができなくなる。宗教が争いの原因になることも確かにある。一方で宗教は異なる背景を持つ者同士を同じ土俵に立たせ、対話を余儀なくさせる。マルコのように極限の状況においても徹底的に宗教的であることが、分断と争いの論理を乗り越えさせ、常識を超越した対話を生み出すのである。

信仰とは何か

マルコの友人アブールはベネツィア近郊のマルコの実家で長年働き、マルコに命を助けられているにもかかわらず、オスマン帝国の襲来を聞くと全てを捨ててオスマン帝国軍に加わり、ウィーン包囲の案内役を買って出る。それはアブールがイスラーム教徒であるがゆえとなっている。一方でイスラーム教は相手が他宗教なら長年の信頼を裏切ってもよいなどと教えているわけではない。それはキリスト教も同じである。過去の歴史において十字軍をはじめとする、キリスト教の名のもとに行われた数々の恥ずべき出来事は、イエスの説いた隣人愛と神への愛を忘れ、キリスト教を単なる集団アイデンティティとして利用した時に生じている。宗教のこうした歪んだ用いられ方はどの宗教でも起り得る。この映画を見てイスラーム教を見下すような感想を抱くことは適切ではない。この映画はポーランド・イタリア合作であるが、オスマン帝国の系譜を引く現代のトルコが、もしも同じモチーフの映画を製作するとしたらキリスト教や神聖同盟をどのように描くか、視点を180度変えて想像力を働かせて欲しい。　　　　　　　　　　　［加納和寛］

【キーワード】聖職者、神の国、平和、宗教間対話、信仰、戦争、国家
【聖書箇所】ヨハ 15:13、ロマ 12:18

スティグマータ　聖痕

Stigmata

製作：1999 年　アメリカ
監督：ルパート・ウェインライト

Story

　信仰とは無縁の 23 歳の美容師フランキーにある日突然聖痕が現れる。一方でローマ教皇庁（バチカン）の奇跡調査官アンドリュー司祭はブラジルの血の涙を流すマリアを調査していたが、突然枢機卿から調査の中止を命じられ、代わりにアメリカでフランキーの調査をする。知るはずのないアラム語を話し、聖痕が増えていくフランキーの奇跡をアンドリュー司祭は本物と確信するが、バチカンの反応は鈍い。そしてフランキーの書いたアラム語の文章を見た枢機卿の顔色が一変する。

本作と実際のキリスト教

　本作に数多く登場するキリスト教的モチーフの用いられ方は、フィクションの部分とキリスト教の実態に近い部分とが交錯している。

　不可思議な事象のたびに現れる鳩や突風は「聖霊」を暗示しており、聖書以来の象徴である。バラの香りは伝統的に奇跡に付随する嗅覚的現象と理解され（ただし必須ではない）、バラの花自体は聖母マリアのシンボルでもある。ロザリオ（「バラの冠」の意）はローマ・カトリック教会で用いられる数珠型の信心道具で、60 個あまりの数珠玉と十字架ひとつが糸や鎖で連ねられ、決められた玉ごとに「アヴェ・マリアの祈り」（天使祝詞）、「主の祈り」、十字架で「使徒信条」を唱える。映画ではアラメイダ神父の遺品のロザリオがフランキーに聖痕を発現させる原因であることが示唆されているが、カトリックでは通常、お守りやお札のように霊力あるいは持ち主の情念を宿すものとは理解されておらず、あくまで祈りの道具にすぎない。教会で授与する

ものではなく（教会や聖職者が何かの折に信者に贈ることはある）、教会用品店ほか一般の商店やネットでも購入できる（購入したものを教会に持参して「祝福」してもらう人もいるが、祝福されなくても信心道具として使用できないわけではない）。

　フランキーが突如話し始めるアラム語はイエス・キリストが話した言語と考えられており、旧約聖書の一部の原語でもあるほか、いくつかの単語は新約聖書にも見られる。映画の最後に説明文が登場する「トマスによる福音書」は 1945 年にエジプトで発見されたものだが、コプト語で書かれており、映画で描かれるようにアラム語ではない。また全文は 1956 年にファクシミリ版がすでに公開されており、現在では日本語訳でも読むことができるもので、映画のようにバチカンがひた隠しにしているものではない。こうした「新発見」はその後も 1978 年にエジプトで発見され、2006 年に全貌が明らかになった「ユダの福音書」などいくつかあるが、新約聖書が現行の 27 書に定まった 4 世紀以降、聖書の文書を追加・改変・除外は一切しないのがキ

リスト教の伝統であり、トマスによる福音書だけが教会に黙殺されているわけではない。

聖痕とは

聖痕とはギリシア語で「しるし」「焼き印」「斑点」などを意味するスティグマ（στίγμα）に由来し、スティグマータ（στίγματα）はその複数形である。キリストは十字架刑に際してまず全身をムチで打たれ、イバラの冠を頭にかぶせられ、両手首と両足の甲を釘で十字架に打ち付けられ、最後に脇腹を槍で刺された。キリストの磔刑図ではその苦しみを表現するため、これらの流血を伴う傷が生々しく描かれることも多い。

このキリストの傷に類似した傷が自然に人体に発現したとされる報告はカトリックにおいて現在も数多く寄せられている。有名なものでは12-13世紀の修道者アッシジのフランシスコ、近年ではイタリアのカプチン会司祭であったピエトレルチーナのピオ（通称ピオ神父、1887-1968、2002年列聖）が知られているが、一方で聖痕が発現する人の80％は女性であるとされる。もともとキリスト教の伝統では神秘体験を持つ女性は珍しくなく、むしろその後の歴史に大きな影響を与え、歴史的に広範な人気と影響力を持つキリスト教神秘家には女性が多い。代表的な人物としては、賛美歌作家としても知られるビンゲンのヒルデガルド（1098-1179）や幻視家であるノリッジのジュリアン（1342?-1413?）、時のローマ教皇が頻繁に助言を求めたシエナのカタリナ（1347-1380）などが挙げられる。本作で女性であるフランキーに聖痕が現れたのは、その意味ではキリスト教の伝統に沿っているとも言える。もちろん人為的につけられた傷は聖痕とは呼ばない。

奇跡の現在

21世紀の今日でも、キリスト教では信仰的な奇跡は意外なほど広く信じられている。この映画にも登場する（血の）涙を流す聖像のほか、病気の治癒、預言・幻視など、その体験談は教派を問わず無数にある。ただし奇跡を調査・認定する制度があるカトリックでは奇跡の体験談はきわめて慎重に扱われ、長い年月と複雑かつ厳密な調査を経て正式に認定される奇跡はごくわずかである。映画の中ではバチカンの枢機卿はアンドリュー司祭の奇跡報告に対して冷淡な態度を取るが、それはこうした現実が反映されているとも解釈できる。なお、すでに死去した人を聖人に認定するか否かに関わる奇跡調査はローマ教皇庁列聖省が行うが、聖人認定とは無関係の奇跡（聖母像が涙を流す等）は当地の司教がまず調査し、教会としての見解を公表することが多い。またカトリックのような制度や調査機関を持たないプロテスタント諸教会などでは、奇跡の真偽の判断およびその信疑は信者個人の信仰や良心に委ねられるため、自身の奇跡体験を喧伝する者もいれば、奇跡と思しき体験をしてもそれをほとんど口にしない者、奇跡を完全に否定する者までさまざまである。

[加納和寛]

【キーワード】十字架、奇跡、聖書、カトリック、聖なるもの
【聖書箇所】ルカ 1:42、17:21

スポットライト 世紀のスクープ

Spotlight

製作：2015年 アメリカ
監督：トム・マッカーシー

㊾

Story

　舞台は現代のアメリカ・マサチューセッツ州ボストン。地方紙とその特別取材班である「スポットライトチーム」メンバーを描くノンフィクション作品。神父による少年への性的虐待事件が長年放置されている事を知った記者たち。彼らは被害者たちの思いに寄り添いつつ、教会側関係者の妨害を受けても、丁寧な取材を続けていく。大スクープとなる内容を公表するまでを丹念に描いた本作は、アカデミー作品賞・脚本賞を受けている。

バチカン公認だから安心して見ることができる社会派作品

　アメリカは信教の自由に立つ国家であるが、市民宗教としてのキリスト教プロテスタントが主流であることもまた事実である。しかしその中でカトリック教会信徒が住民の多数を占める地域もあり、また全世界に広がるそのネットワークや影響力は決して無視できるものではない。

　その中でノンフィクション的なこの作品については、バチカン公認ともいうべき言及がカトリック世界からなされている。その点において批判対象となるべき教会側の容認姿勢から安心して見ることができると言えよう。それは作品づくりの点でも、その丁寧さや被害者をはじめとする多くの関係者への誠実な対応からも、概ね高評価を受けている事から言えることである。

　ただしこのような事情や評価はこの映画の内容となった出来事を終結させてはいない。それはエンドロールにて確認していただきたい。

配慮と愛情に満ちた作品づくり

　聖職者である神父による度重なる性暴力、男女も年齢も問わない性的虐待の数々が「スポットライト」班によって明らかになっていく中、映画の中では数多くの妨害がなされていく。取材への警告、記事掲載を断念させようとする圧力、裁判所での資料公開請求の拒否等。そのような厳しい環境の中で、「スポットライト」班を突き動かしたであろう言葉に注目しておきたい。

　まず冒頭近くの最初の取材、弁護士に紹介された被害者の会からやってきた人物サヴィアノが感情の高ぶりと共に語る言葉である。「祈り（プレイ）ではなく餌食（プレイ）」。英語の綴では Pray と Play の違いであるが、閉ざされた祈りの空間が虐待の現場となる事に深刻さが伝えられている。さらにサヴィアノは重ねる「神様に嫌と言えますか？」。これらの言葉に「スポットライト」班の良心が突き動かされていく。

　また取材する記者たちが抱くそれぞれの宗教的背景も丁寧に描かれている。サーシャの祖母は熱心なカトリック信者であ

り、彼女もミサに通っている。ある者はプロテスタントであり、ある者は無信仰に近い態度を示している。キリスト教と一口に言っても多種多様であることが示されつつ、「神様に嫌と言えますか」という問いに彼らは向き合っていく。

この問いに関連して、被害者側関係者が語る言葉も見逃せない。それは電話取材において心理療法士が語る言葉だ。「教会は人が作った組織にすぎない、滅ぶものだ、信仰は永遠だ、二つを分けるよう努力を」。この時、記者のマイクは軽く聞き逃したように見えるが、いずれこの事が彼に重くのしかかってくる事になる。

真実を照らす光

綿密な調査を積み重ね、性的虐待が組織的であることを彼らはつきとめる。枢機卿の関与によって、加害者が同地域からの転任等をくり返しては犯行が続いてきたことも判明する。枢機卿はローマ教皇の顧問であり、その多くは現地の大司教等が任命される。ローマ教皇を選出し、また選出される場合もある。この作品の場合はボストンという地域社会の権威ある人物であり、また社会的な影響力も強いとされている。

それほどの圧力の中で、彼らはいよいよ記事の公表に踏み切るが、そこにもキリスト教的配慮が見える。それは大スクープ掲載日にクリスマスや日曜日を避けることであった。映画では記事公表間際までの彼らの取材活動の背景で「きよしこの夜」が流れ続け、記者たちの内面との差異が表現されている。

そしていよいよ記事を公表する時、リーダー役のロビーは特別班と編集長を前にして自らの過去を告白する。それはかつて同種の記事があったこと、そしてそれを見逃した責任が自分にあるというものだった。しばらくの沈黙の中、バロン編集長が語る。「私たちは毎日、闇の中を手探りで歩いている。そこに光が射して初めて間違った道だと分かる」

記者たち、それぞれの告白も見どころである。ミサに通わなくなったサーシャ、いつか教会に戻ると思っていたがわからなくなったマイク、それぞれの思いが告解（懺悔）のようにも感じられる。本来なら教会にて神父が受け取るべきその告白を、一人では解消できなくなってしまった感覚であろう。

苦悩する記者たちは自己のうちにある葛藤を抱えつつ、被害者に寄り添い続ける。彼らもまたそれぞれの信仰的背景から、小さな者の友であり続ける。そこに光があてられているところに、キリスト教的な少数者への共感が醸し出されている。スポットライトは、記事よりも犯罪事案よりも、問い続け寄り添い続ける、そんな彼らにこそあてられているのである。

［大島一利］

【キーワード】カトリック、聖職者、罪、自由、抑圧
【聖書箇所】マタ 25:40

ゼア・ウィル・ビー・ブラッド

There Will Be Blood

製作：2007年　アメリカ
監督：ポール・トーマス・アンダーソン

㊿

Story

舞台は 20 世紀初頭のアメリカ西部。一攫千金を夢見るダニエル・プレインビューは幼い息子 H・W と鉱山や石油の採掘を行っていた。ある時、ダニエルのところへ青年ポールが、石油が出ると噂される土地の情報を売りに来る。ダニエルはその情報を頼りに、植物も、水も乏しい見渡す限りの荒野を買い取り、見事に油田を掘り当てる。油田を掘り当てたことでダニエルの事業は拡大していく。しかし、採掘場の事故で H・W が聴力を失ったこと、弟との再会によって、彼は次第に周囲の人間から距離を置き、孤独を望むようになる。そして、ダニエルの尽きることのない欲望が彼を狂わせていく。

血まみれ

原題 "There Will Be Blood" は、出エジプト記におけるエジプトを襲う血の災いの一節である。エジプト中がこの災いによって血にまみれた。そして、本作も血にまみれた作品である。作中には、数々の血を連想させるシーンが登場する。

聖書において血の意味は多義にわたる。特に、血は命と死を象徴している。本作において、最初に血を彷彿とさせるのは石油である。作中、採掘現場で地面から湧き出るドス黒い石油は見る者に血をイメージさせる。そして、石油も命と死に関わる。ダニエルは人生の多くを石油採掘に捧げ、石油によって富を築く。ダニエルにとって、石油は彼を形作る血肉、命といえるものである。しかし、石油は流血と死ももたらす。採掘現場は事故が多い。作中、ダニエルの仕事仲間が事故で命を落としている。また、ダニエルの息子 H・W は採掘現場の大事故によって聴力を失ってしまう。ダニエルの人生は石油採掘事業一つを取っても、血にまみれている。しかし、ダニエルの周囲

にはまだ血がある。そして、その血によってダニエルは罪を犯していく。

ダニエルの罪

ダニエルは血のつながりを大切にする。ダニエルの事業が軌道に乗っている時、弟のヘンリーが彼のもとを訪れ、兄弟は久しぶりの再会を果たす。ヘンリーは事業が失敗し、職がないことを打ち明け、ダニエルに雇ってもらう。始めこそ、ヘンリーを疑っていたダニエルだが、徐々に警戒心は解け、ヘンリーを信頼するようになる。しかし、あるときダニエルはヘンリーが本当の弟ではないことに気づく。その日の深夜、ヘンリーを問いただすと、実の弟は結核で既に亡くなり、友人だったヘンリーが実の弟になりすましていたことが明らかとなる。真実を知ったダニエルは怒りに任せてヘンリーを殺害。ダニエルは殺人の罪を犯す。

また、聴力を失ってしまった H・W が精神的に不安定であったのか、ある晩にダニエルの寝室に火をつける。このことに激怒したダニエルは H・W を寄宿舎に送る。この行動が、周囲から息子を捨てたと非難

の的となる。ダニエルは大切にしていたはずの家族を見捨てる罪も犯す。

清めの血

ダニエルは更なる事業拡大に向け、パイプライン設置のために、設置予定地の所有人バンディと交渉していた。ダニエルは、バンディから彼が所属する教会「第三の啓示教会」で洗礼を受けることを、パイプライン設置の条件として提示される。ダニエルは既に洗礼を受けていたが、パイプライン設置のためにその条件を受け入れる。洗礼を受ける条件を出す際に、バンディはダニエルに「キリストの血で清められる方がいい」と忠告する。キリストの血は、イエスが十字架での死の際に流した血である。その血は人の罪を贖い、人を罪から解放する。バンディは、洗礼によってダニエルが家族を捨てた罪を認め、キリストの血によって罪から解放され、キリストの命、新しい命に生きるように勧めている。

早速、ダニエルは「第三の啓示教会」で洗礼を受ける。教会の牧師イーライはダニエルに洗礼を授ける際、自分は罪人であると告白するよう強いる。そして、イーライは強い口調でダニエルに「キリストの血を求めよ」と言い、ビンタを繰り出す、熱狂的な洗礼式を行う。しかし、ダニエルが洗礼を通して自身の罪を省みたのかといえばそうではない。ダニエルは洗礼を終えた途端、一言「パイプラインだ」と言う。彼の関心は変わらず石油だ。ダニエルにとって、この洗礼はあくまで事業のためのものでしかない。

数年後、事業は成功しているものの、ダニエルは酒浸りになり、自堕落な生活を送っていた。そんな彼の屋敷に、親類となった牧師のイーライ（H・Wがイーライの妹メアリーと結婚）が訪ねてくる。イーライはダニエルに油田の情報と引き換えに金銭を求める。ダニエルはその提案を引き受ける条件として、イーライに「自分は偽預言者だ」と言うことを求める。そして、ダニエルは洗礼式での仕返しと言わんばかりに、イーライに「自分は偽預言者だ」と叫ばせる。イーライが叫び終えた後、ダニエルは非情にも、イーライの言う油田はすでに採掘済みであることを告げる。そして、ダニエルはイーライを徹底的に侮辱し、怒りのままにイーライを殺害。その場で「終わった」とつぶやいて物語は終わる。

ダニエルの「終わった」の一言には、殺人の罪によって、自分が築き上げてきた社会的地位や名誉が崩れ去ることを悟ったあきらめのような気持ちが伝わってくる。作中、ダニエルは多くの罪を犯した。それらの罪が明るみに出れば、確かに彼の人生は終わってしまうかもしれない。しかし、ダニエルは洗礼を受けている。洗礼は十字架の死で流されたキリストの血によって、受けた者の罪を清めるものである。洗礼によって、ダニエルの人生は、罪をゆるし、清めるキリストの血にもまみれている。洗礼を通してキリストの血にまみれたダニエルには犯した罪を償い、新しく生きる道も開かれている。

［山内慎平］

【キーワード】信仰、罪、贖い、救い、経済
【聖書箇所】出 7:19、ロマ 6:3-11、ヘブ 9:11-14

聖なる犯罪者
Corpus Christi

製作：2019年　ポーランド／フランス
監督：ヤン・コマサ

Story

　少年院で熱心にミサに参加する20歳のダニエルは司祭志望だが、殺人罪を犯しているため神学校へは入れない。しかし仮出所した先の村の教会でとっさに「僕は司祭だ」と嘘をついたところ、本物の司祭と思い込まれて教会を任されてしまう。最初は逃げだそうとしたものの、ダニエルの型破りで率直な言動は人々の支持を集め、村の抱える複雑な問題にも次第に入り込んでいく。しかし少年院仲間に姿を見られたことで、事態は急展開する。

カトリック司祭とは

　ローマ・カトリック教会の最も一般的な聖職者である司祭、いわゆる街角の教会の通称「神父さん」になるのは簡単ではない。条件は時代や地域により異なるが、独身男性であって年齢・信者歴・学歴・教区の推薦などが揃って初めて神学校の受験が許可され、入学後、最低5年の勉強を経てようやく司祭より下の助祭になる準備が整う。しかし殺人・中絶・切断傷に至る暴行を犯したり、自殺を試みた者、離婚・不倫経験者は助祭になれないと規定されている。

　この映画の主人公ダニエルは暴行した相手が死んでしまったために殺人罪で服役しており、少年院の教誨師の司祭から「おまえは司祭になれない」と言われている。しかし司祭への憧れを捨てきれない。といっても仮退院するとすぐに酒とドラッグ、異性に手を出す。カトリックのことをよく知らない者であったとしても、ダニエルは決して「司祭にふさわしい」人柄でないことは伝わってくる。

　もちろん現役の司祭がみな完璧な人格

者というわけではないだろう。映画の中でも、ダニエルを司祭であると信じ、しばらく自分の代理を頼むヴォイチェフ司祭はアルコール依存症であり、それを信者たちに隠してリハビリに行ってしまう。司祭も弱さを抱えた人間であることは教会も充分承知している。カトリックは徹底的にマニュアル化された儀式行動やそれに用いる祭服・祭具の規定の細やかさで知られるが、これらを単に「形式主義」「堕落」などと批判するのは浅はかである。こうすることで司祭個人の弱さや欠点（あるいは長所や個性）を前面に出さずに、信者たちが司祭個人ではなく神へと思いを向けるようにしているのがカトリック2000年の知恵であるといえる。だからといって誰でも司祭になれるわけではないのは既に述べたとおりである。この二つの事柄は決して矛盾しない。自分が弱さを持つ存在であることを認め、その自分を神の器として献げ尽くし、しかも個としての自分を控えつつ他者に奉仕し尽くすという逆説的な強さが求められるのがカトリック司祭なのかもしれない。

波紋を呼ぶ「よそ者」

　教会近くの路上で、毎日10人あまりの村人が集まって祈りをささげている。交通事故で7人が亡くなった現場なのだが、そこには6人の若者の写真しか飾られていない。遺族の大半が、もう1人の犠牲者である中年男性スワヴェクが飲酒運転した結果の事故だと決めつけているからだ。スワヴェクは村の墓地に埋葬してもらえず、残された妻も村八分状態である。村の有力者からは「首を突っ込むな」と言われるが、ダニエルは若者の犠牲者の遺族である少女マルタから真相を聞き、スワヴェクの葬儀を行うと宣言して村に波紋を呼ぶ。

　ヨーロッパのキリスト教会はともすればその地の保守的・伝統的価値観の拠り所であり、波風が立つことを忌避する場所になっている。他方でカトリック司祭は独身男性なので世襲はあり得ず、誰がどの教会を担当するかは地域の司教が決め、教会員が選任することはできない。司祭は「よそ者」として、土地に根ざした人々が通う教会に仕えることになる。「よそ者」がやって来てその地の暗部に光を当てるさまを描く映画は少なくない。この作品もその一つと見ることができようが、他の映画とは異なり、本作品の「よそ者」の描き方は、カトリック司祭の本質を突く問いかけであるといえる。司祭は旅人であり、寄留者であり、よそ者であるからこそ、司祭の務めを果たせるのである。

キリストのからだ

　本作品の英語圏向けの題名は、ラテン語「コルプス・クリスティ」（corpus christi）であり、「キリストのからだ」を意味する。カトリックではペンテコステの一週間後の次の木曜日もしくはその次の日曜日の祝日の名前として知られるが、これはミサ（聖餐）の際に信者に配られるパンのことで、イエス・キリストが最後の晩餐でパンを「これは私のからだである」として弟子たちに与えたことに由来する。

　パン（カトリックのミサでは通常、発酵していないウェハースが用いられる）は、ミサでの儀式を経ることで物質的にはパンのままだが「実体」はキリストのからだに「聖変化」するというのがカトリックの教えである。何の変哲もない小麦粉からできたものが、ミサを通じてキリストを信者に運ぶ役割を担うことになると理解できよう。ダニエルは素行が必ずしも褒められたものではないただの若者である。偽司祭であることが露呈して少年院に戻されると、祈ることもなくなり、売られたケンカでは相手を徹底的に叩きのめす。しかし「司祭」をしていた時のダニエルの振る舞いは確かに人々の魂を揺さぶり、変えていった。「司祭」をしていた時、ダニエルは「キリストのからだ」として、自分を超えた役割を果たした。聖書では使徒パウロが、罪深い人間が神から依託された任務を果たすことを次のように表現する。「わたしたちは、このような宝を土の器に納めています。この並外れて偉大な力が神のものであって、わたしたちから出たものでないことが明らかになるために」（Ⅱコリ4:7）。

［加納和寛］

【キーワード】カトリック、聖職者、罪、ゆるし、聖なるもの、教会、悔い改め、正義
【聖書箇所】Ⅱコリ4:7、マコ14:22

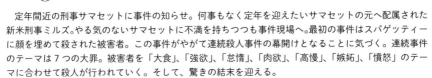

セブン

Seven

製作：1995年　アメリカ
監督：デヴィッド・フィンチャー

Story

　定年間近の刑事サマセットに事件の知らせ。何事もなく定年を迎えたいサマセットの元へ配属された新米刑事ミルズ。やる気のないサマセットに不満を持ちつつも事件現場へ。最初の事件はスパゲッティーに顔を埋めて殺された被害者。この事件がやがて連続殺人事件の幕開けとなることに気づく。連続事件のテーマは7つの大罪。被害者を「大食」、「強欲」、「怠惰」、「肉欲」、「高慢」、「嫉妬」、「憤怒」のテーマに合わせて殺人が行われていく。そして、驚きの結末を迎える。

7つの大罪

　そもそも、7つの大罪とは「信仰生活の反省から発展した後の考え方であり、聖書より人間学的なまとまりをもっている」（『岩波キリスト教辞典』2002年）と述べられているように、聖書に由来があるというよりは、信仰上の経験からよりよくキリスト者として生きるために考えられたいわば「生活の知恵」ならぬ「信仰の知恵」と言えよう。

　言い換えるならば、7つの大罪として考えられた「大食」、「強欲」、「怠惰」、「肉欲」、「高慢」、「嫉妬」、「憤怒」は、私たちが欲としてよく感じるものであり、生きてい上では避けては通れぬものとも言える。そのようなものから距離を取り、上手に接することによってこそが、「罪」から逃れることができ、よりよく生きることができると考えるのである。

　さて、映画に記される7つの大罪をモチーフとした犯罪を見てみると、私たちの身の回りに起こりうる状況が描かれていると言える。例えば大食。後の捜査で食べ続けさせて殺されたことが分かる。現代社会は食べられない方もいる一方、飽食の時代とも言える。日本においては肥満は国民健康・栄養調査（厚生労働省2019年公表）によれば年々微増傾向にある。また、1975年と比べると大幅な上昇傾向にある。「大食」は私たち自身とも密接な関係があると言えよう。

　さらに「強欲」をモチーフに殺されたのは弁護士である。なぜ弁護士が「強欲」のモチーフで殺されたのか。一見すると分からないが、映像にそのヒントが隠されている。それは弁護士が殺されたことを知らせる新聞に示唆されている。日本語音声で見ていると英語で書かれた新聞のタイトルの日本語字幕として「弁護士殺される」とテロップが示されるだけだが、新聞をよく見てみると、そこには「up-town」や「High price lawyer」などの単語を見ることができる。つまり、高級住宅地に住み、依頼料が高い強欲な弁護士が殺されたことが新聞記事となって暗に示されているのである。このように、この映画は7つの大罪がモチーフとなり、犯行の手口として用いられ

ているのである。それぞれの「罪」の背景を考えてみると、現代の私たちの状況と向き合わざるを得ず、改めて「罪」というものがどのようなものなのかを見直す機会となるだろう。

人間理解

罪とは一体どのようなものであるのか。一般的に罪は何か悪いことをしたことを指す。例えば、万引きの罪といった具合にである。しかし、旧約聖書では罪理解の一つとして「神との離反」を挙げる。また、キリスト教ではすべての人が「罪人」であるという理解がある。そもそも、人間の罪はどこから来るのか。そのような問いから、性善説、性悪説など、人間の「罪性」を巡り様々な議論がキリスト教以外にも多くなされてきた。人間が善なら、どうして犯罪が起こるのか？　人間が悪なら、どうしてよいことをする人がいるのか？　キリスト教思想の一つである「原罪」もまた、このような議論の一つであり同じように理解しにくい事柄の一つである。

罪を言葉で説明するのは困難である。しかし、本作は7つの大罪という「罪」のモチーフから、人間の本質をあらわにする。それは、ベテラン刑事が殺害現場の写真を見て気づいた一言に要約される。この殺人事件は「説教」だと。説教はキリスト教の礼拝において神の言葉である聖書の解き明かしである。7つの大罪は中世において説教のテーマとして好んで語られた。つまり、これは犯人からの「説教」なのだ。証拠として、犯人が自分自身を神に選ばれた

者として捉えていることからも分かる。しかし、この説教はあまりにも自分本位であり、自らの価値観を押しつけていることに犯人自身も気づいていない。7つの大罪がモチーフであるということは、この作品全体が一つの説教でもあると言えよう。そしてラストシーンにおいて、この「説教」は人間の本質を鋭く問う。罪とは何か、人間とはどのような存在なのか？　単なるミステリーサスペンスではなく、人間の本質とは？　という根本的な問題をも見る者に問いかけてくるのである。一見すると、救いようのない、やるせないラストシーンではあるが、罪への罰、ゆるし、救いなど最後には神の働きがあると語っているとも言えるのではないだろうか。

まとめ

「あなたは罪人である」と言われると抵抗を持つ人が多い。あらためて罪とは何か、本作を見ながら考えたい。また、ゆるしとは何か、ということについても考えるきっかけとなろう。

例えば、

1. あなたがこのような状況に陥ったとするとあなたはどうするか？
2. 罪とは何か？

など感想を分かち合いたい。

［井上智］

【キーワード】罪、ゆるし、救い、正義　罪、7つの大罪、人間理解
【聖書箇所】ロマ 1:29-31、ガラ 19-21

戦場のアリア

Joyeux Noël

製作：2005年　フランス／ドイツ／イギリス
監督：クリスチャン・カリオン

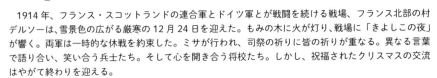

Story

　1914年、フランス・スコットランドの連合軍とドイツ軍とが戦闘を続ける戦場、フランス北部の村デルソーは、雪景色の広がる厳寒の12月24日を迎えた。もみの木に火が灯り、戦場に「きよしこの夜」が響く。両軍は一時的な休戦を約束した。ミサが行われ、司祭の祈りに皆の祈りが重なる。異なる言葉で語り合い、笑い合う兵士たち。そして心を開き合う将校たち。しかし、祝福されたクリスマスの交流はやがて終わりを迎える。

いのちの営みの場を離れて

　本作品は、第一次世界大戦が開始されてから約5か月後のクリスマスの、フランスのある地域での休戦の出来事に基づいて製作された。

　開戦時、スコットランドでは宣戦布告した事実を喜び、「これで自分の人生が始まる！」と兵に志願し、弟を誘う兄と、そんな兄に戸惑いながらも喜ぶ弟、そして、それを見ながら不安と苦悶の表情を浮かべるパーマー司祭が描かれる。弟はのちにこの兄を失う。ドイツでは、ソプラノ歌手アナが、夫のテノール歌手ニコラウスとともに、ベルリン・オペラでの公演のリハーサルを行っていた。開戦を知り、二人は困惑する。アナはやがて、ニコラウスが招集された戦場に、歌手として赴くことになる。

　開戦後、戦地の塹壕では、フランス人中尉が重い表情で妻の写真を見ながら、突撃の指令を出す極度の緊張からか嘔吐し、砲弾の飛び交う地上へ上がっていく。兵士たちもまた、突撃の直前にロザリオで祈る者、平穏な日常生活を思い起こさせる目覚ましい時計を気にして触る者、家族の写真にキスをする者など、自分が大切にしてきたものに思いを寄せる。

　兵士たちは、クリスマスを家で過ごすことを夢見ながら、やがて戦場でその日を迎えることとなる。

戦地で迎えるクリスマス

　クリスマスは12月25日にイエス・キリストの誕生を記念して持たれる教会の祝祭で、「クリスマス」という語は、キリストを礼拝するという意味を持つ。クリスマス・イヴは日没から日付を変更していた古来の慣習により、25日に先立つ日没以降、12月24日の夜を指す。キリスト教が浸透している多くの国で、12月25日は祝日となっている。

　この夜、ドイツ軍の塹壕の外にクリスマスツリーが飾られた。そしてニコラウスが歌い始める。"Stille Nacht"（静かな夜）、日本では『きよしこの夜』としてよく知られているこの歌は、イエスが生まれた静かな夜、神が人々のところに来られ、救い主がそばにいる喜びを伝えている。そこに

パーマー司祭のバグパイプの音が重なる。ニコラウスは危険な塹壕の外に姿を現し、歌い続けた。敵陣から湧く大きな拍手。『いそぎ来たれ、主にある民』(Adeste Fideles)がこれに続く。人々の心が動き出し、ニコラウスは言う、「ベルリン・オペラ以上だ。」そこに、三国の上官が集まり、クリスマス・イヴの休戦が決定された。それぞれの国の言葉で「メリー・クリスマス」が交わされ、兵士たちもつぎつぎと塹壕を出て姿を現す。

この夜、パーマー司祭によってミサが捧げられた。アナが『アヴェ・マリア』(Ave Maria)を歌う。明日のいのちも知れない状況のなか、自分の無事と、闘う相手の無事をも願わずにいられないような懐かしい温かさ。その恵み。休戦は翌日にまで持ち越され、ともに死者を葬り、ある者はサッカーに興じ、ある者は記念の品を交換し、語らいながらクリスマスの日を過ごした。

戦闘の再開後も、相手軍への砲撃予定を知ったドイツ軍将校は、相手軍にそれを知らせ、兵士たちを自分たちの塹壕に招いた。彼らこそ、お互いに苦しみを分かち合える唯一の相手であった。

苦しみと祈り

兵士たちが心を緩めてミサに集まるとき、亡くなった兄の亡骸を探す弟の姿があった。雪に埋もれて冷たく横たわる兄を見つけ、その死を悲しみ、やり場のない思いに押しつぶされそうな弟。その彼に、親しく話しかけ、ミサに誘うドイツ兵がいた。弟は涙を流し、硬い表情のまま、ナイフを手に、ゆっくりとドイツ兵に近づいた。一

触即発の状況であった。

のちに別の上官によって砲撃命令が出されたとき、スコットランド兵はドイツ兵に命中させないように弾を放ったが、ひとりだけドイツ兵を狙った者がいた。あの弟である。兄を失った苦しみ、そして自責の念とともにやり場のない強い感情が、ドイツ兵をただ敵として認識させていたのであった。

そのような戦地の悲惨さに身を置き、敵味方なくミサを行ったパーマー司祭もまた、のちに司教から批判される。パーマー司祭は、マタイ福音書を根拠にドイツ人への攻撃を説く司教の言葉を聞き、もはや理解し合えないことを悟った。

フランス人中尉もまた、兵たちの苦しみを理解しようとしない国を批判し、「ドイツ人を殺せと叫ぶ連中より、ドイツ人のほうが人間的だ」と答えている。彼は休戦後の別れ際にドイツ軍中尉と言葉を交わす。「知り合えて光栄でした。こういう状況でなかったらきっとあなたと……」「そうですね」「いつかうちに酒を飲みに来てください」。同じく別れ際、スコットランドの兵士はバグパイプで "Auld Lang Syne" (古き昔)を演奏した。これは日本では『蛍の光』として知られているスコットランドの民謡で、賛美歌でもある。ここに、相手への敬意と無事への祈りが込められている。

この作品が扱うクリスマスの休戦という事実は稀有で例外的な出来事である。また戦争の悲惨さを減じるものでもない。ただ、人間が本当に望んでいるのは何なのかを、わたしたちにも問う。

[梶原直美]

【キーワード】信仰、和解、クリスマス、賛美、平和、戦争、国家
【聖書箇所】マタ 10:34

セントアンナの奇跡

Miracle at St. Anna

製作：2008年　アメリカ
監督：スパイク・リー

Story

1983年アメリカ・ニューヨーク。郵便局員の男が客を射殺。時代は遡って1944年イタリア。アメリカ陸軍黒人部隊「バッファロー・ソルジャー」は、ドイツ軍と戦い、多くの兵士が撃沈する中、4人だけが敵地に入り込み、孤立状態に。そこで、一人の少年を助ける。兵士たちは、ある村に住むイタリア人との交流を楽しむも、ドイツ軍に情報が洩れ、大量の犠牲者が。せめて少年の命だけは守ろうとするが。そして舞台は再び1983年アメリカ。そこで奇跡が起こる。

バッファロー・ソルジャー

アメリカの黒人社会を、様々な角度から描き続けてきた、スパイク・リー監督が、この映画で取り上げたのは、第二次世界大戦時に実在した、黒人だけの部隊、第92歩兵師団、「バッファロー・ソルジャー」。黒人兵たちは、アメリカの為に戦った。しかし、米軍にとって、彼らは実験台。最前線に送り込まれる、使い捨ての駒だった。1944年、彼らはイタリア・トスカーナ地方に送り込まれた。セルキオ川で多くの黒人兵が戦死。スタンプ、ヘクター、ビショップ、トレインの4人だけが対岸の敵地に逃げ込む。無線で味方の砲撃を要求するも、白人の中隊長は彼らを信用せずに無視。4人は、孤立してしまう。そんな中、トレインが小屋の中で一人のイタリア人少年を助ける。言葉は通じないが、少年はトレインになついている。トレインにとっては、白人と親しくなった初めての経験。4人は少年を連れて、コロニョーラ村にたどり着き、あるイタリア人の家に住み着くことになる。この村で彼らは、人間として同

等に扱われる体験をする。「ここではニガーじゃない。「俺」なんだ。……イタリア人は黒人差別を知らない。今俺は自由だ。恥ずかしいよ。外国の方が自由だなんて。アメリカの未来に懸けてたのに」。このヘクターの言葉が、彼らの体験をストレートに物語っている。そして、アメリカでの体験を回想するシーンは、これとは対照的。カフェでかき氷を食べようとすると、店主に「裏に回れ」と言われた。ドイツ兵は白人というだけで、店内で食べているのに。明らかな人種差別。アメリカの常識が、世界の常識ではないことを、4人を通して観る者も体験する。

苦難の中の祈り

人種差別の問題に限らず、この映画には様々な問題がちりばめられている。これがスパイク・リー監督作品の特徴だ。その中で、この映画に最も強烈な印象を与えているのは、祈りの場面だ。アメリカ軍の兵士たち、コロニョーラ村のイタリア人たち、そして一人のドイツ人脱走兵（彼は、パルチザンと呼ばれるイタリア人テロリストに

捕まった）。祈りの場面では、それぞれが同じ祈りを３カ国語で祈る。３つの場面が交互に切り替わり、まるで一緒に祈っているかのような一体感を演出している。「キリストの顔は輝き、ロウソクも明かりも必要ない。……主よ、どうかおゆるしください。光を見なかったことを。……主の望まれた「私」ではないかもしれませんが、我らはあなたの僕。主よ我らの苦しみとともに歩みたまえ」。命の危機が迫る中、キリストの光がその場を支配し、人々は憐れみを乞い求める。そこには、加害者－被害者、人種間の区別はない。誰もが神の前にひざまずく。そして、この祈りの後、1944 年 8 月イタリア・セントアンナの教会で起きた大量虐殺のシーンへと観る者をいざなう。ドイツ兵によって村人が教会に集められ、兵隊に銃を向けられる中、村人は主の祈りを唱える。その直後、村人は無残に殺害されてしまう。司祭は、銃を突きつけられながら「主よ、おゆるしを。彼らは無知なのです」と祈る。その姿は十字架上のキリストを思わせる。祈りの直後に、悲惨な殺害の場面が続くのは、一見すると祈りの空しさを感じさせる。しかし、目を覆うような悲惨な現実のただ中に、苦しむ者と共にいるキリストの姿を描いているのではないだろうか。

奇跡を信じて

黒人兵 4 人の一人トレインは、逃げる途中で石像の頭を拾い、肌身離さず持っていた。それは、1944 年にナチスがフィレンツェの橋を爆破した時に落ちた、4 つの彫像の 1 つの頭だった。小屋で少年を見つけた時、トレインは彫像の頭をなでてから、少年に覆い被さっている木を持ち上げて救出した。それ以来、トレインは、神さまがこの彫像を通して奇跡をくださると信じるようになる。他の 3 人は、トレインのことを抜けているとバカにするのだが……。トレインは、自分たちを迎えに来た白人の中隊長に、少年を連れて行きたいと申し出る。黒人の話など聞かないと言っていた中隊長が、なんとトレインの執拗な要求に折れる。中隊長は部下に少年を任せようとするが、トレインは怖がる少年を守るため、部下を体ごと持ち上げる。その時のトレインの横顔が、「眠る男」と呼ばれる山と重なる。「眠る男」とは、その地方に昔から伝わる伝説。娘に片思いをした羊飼いが山に横たわって雨風から娘を守ろうとしたという話。今も「眠る男」は村人を守っていて、いつか目覚めると言われている。イタリア人は、トレインを「眠る男」だと叫んだ。しかし、それは特定の誰かではなく、奇跡を信じて、誰かのために行動する勇気ではないか。

そして、1983 年アメリカでもう一つの奇跡が起きる。ニューヨークの郵便局で、男を射殺した犯人の部屋から彫像が発見された。この事件を報じる新聞には、「美術品殺人。ニューヨークの謎。発見された彫像が議論を」。イタリアでこの新聞に載った犯人の顔写真と、彫像を見て、驚く人物がいた。その人物とは。

[家山華子]

【キーワード】キリスト、愛、ゆるし、奇跡、差別、戦争、平和
【聖書箇所】詩 22 編、ルカ 23:34、ヨハ 16:33、Ⅱコリ 4:6-15

ソドムとゴモラ

Abraham

製作：1993 年　ドイツ／アメリカ／イタリア／フランス
監督：ジョゼフ・サージェント

Story

　ハランで豊かな生活を送っていたアブラムは、神の声を聴いて、カナンの地へ移住する。創世記 11-22 章に記されているアブラハムの物語をたどる。

アブラハムの物語

　邦題では『ソドムとゴモラ』となっており、DVD のパッケージでもソドムが滅ぼされる様子が書かれている。しかし、原題が示すとおり、内容は、ハラン（字幕ではカラン）での「召命」から、モリヤの山でイサクを焼き尽くす献げ物にしようとするまでの、アブラハムの物語を描いている。ソドムのエピソードは重要ではあるが、クライマックスとなっているのは、最後のモリヤでのエピソードであろう。

（注：登場人物の名前は、16 章まではアブラム、17 章以降はアブラハムであるが、本項ではアブラハムを用いる。サラについても同様）

描かれていること、描かれないこと

　人間の感情や思いについてほとんどなにも記していない創世記 11:27-12:5 を、この映画は、そこに登場する人間たちの物語、もっと言えば、近代的な意味での個人と家族の物語として描く。ということは、聖書には記されていないことを、ユダヤ教

の伝説を借りたりして、付加しているということである（例えば、ナホルと神像のエピソード）。想像力をたくましくしていると感じられる場面も少なくない。これは、この映画に限ったことではなく、聖書の物語を映像化したり、物語化したりする際には、必ず行われていることである。

　物語において重要な場面で言及される人物に、ダマスコのエリエゼル（15:2）がいるが、創世記にはその出自や言動などは記されていない。この映画では、エリエゼルがアブラハムの一行に加わった次第や、重要な場面でのエリエゼルの言動が描かれる。また、なぜ、エリエゼルがアブラハムの「跡継ぎ」として指名されたかという理由も描かれている。

　一方、創世記に記されているのに、映画には描かれていない事柄も少なくない。そのうち、最も重要なのは、イシュマエルをめぐるエピソードであろう。

　創世記では、跡継ぎの息子がいない状況を打開しようとしたサラによって、ハガルがアブラハムの妻となり、妊娠するが、これが、アブラハムの家に大きな葛藤をもた

らす（16章）。また、自分の息子イサクと共同相続人になることを嫌ったサラは、ハガルの息子イシュマエルを、その母諸共追放させる（21:8-21）。

ところが、この映画では、そのような葛藤は一切描かれていない（映画『天地創造』1966年では、詳細に描かれている）。アブラハムはイシュマエルを大切に育てている。羊を焼き尽くす献げ物とするための手順を教えている場面があるが、それは、イシュマエルを跡継ぎとするための教育の一環であろう（これは、イサクのエピソードの伏線ともなっている）。

最後のエピソードの後、25:7-10に基づくテロップによってアブラハムの最期が語られる。そのとき、「〔アブラハムの〕墓の上で、彼ら〔イサクとイシュマエル〕は手を取り合った」という、聖書にはないことばがテロップで流れて、映画は終わる。「手を取り合った」（"joined hands"）が何を表すかは不明だが、アブラハム家における葛藤や差別は、この映画では描かれていない。

このように、創世記には記されていないのに本編に描かれているもの、また、創世記にはあるのに本編では省かれているものを注意深く探り出すと、この映画の描こうとしているアブラハム像が明らかになる。

ステレオタイプ

この映画を観る者には、描かれている人物たち、町の様子、服装や風習といったものは、違和感のないものと映るかもしれない。それは、この映画が、これらの事柄について、これまで製作された同様の映画と同じような描写をしているから、つまり、アブラハムの物語に関して存在しているステレオタイプをなぞっているからなのだ。

ステレオタイプが顕著なのは、邦題にもなっているソドムの様子だろう。アブラハムがロトを取り戻して帰ってきたとき、また、神の使いたちが町に入ったとき、道端で性的な行為をしている人たち、酒に酔っている人たち、ダンスをする人たち、そして、男性同士で肩を組んだり、親密な様子で体を寄せ合ったりする人たちを見る。これまでの、ソドムとゴモラを描く映画でも繰り返されてきた描写である。しかし、聖書がソドムとゴモラについて言及する記述には、そのようなことを示唆するものはない（エレ23:14、エゼ16:49-50参照）。

本編のようなステレオタイプに基づく描写は、物語の解釈を固定化させる。それによって、LGBTQ+の人々に対する差別を、創世記19章の物語によって根拠付けようとする解釈も固定化するおそれがある。聖書の物語を映像化、物語化したものを見聞きするとき、うたい文句にいわれているように「聖書に忠実」かどうか、見極めることのできる「聖書リテラシー」が求められるだろう。創世記に記されているアブラハムの物語を読み、聖書と照らし合わせながらこの映画を見て、批評することをお勧めしたい。

［水野隆一］

【キーワード】聖書、裁き、罪、悔い改め
【聖書箇所】創 11:27-22:19、25:7-11

空と風と星の詩人 〜尹東柱の生涯〜

製作：2016年　韓国
監督：イ・ジュニク

⑤⑥

Story

　韓国のキリスト者詩人尹東柱。日本の植民地時代である1917年に旧満洲・北間島に生まれ、中学校を卒業した後ソウルにある延禧専門学校へ進学。そこには共に育った従兄の宋夢圭もいた。二人は日本への留学を決め、宋は京都帝国大学へ、尹は立教大学留学後に同志社大学へ転学。宋は独立運動を企てたという嫌疑で、尹もハングルで詩を書き続け治安維持法違反で2年の懲役刑を受け、二人は福岡刑務所に送られる。そこで、解放（光復）を目前とした1945年2月に尹が、続く3月に宋が獄死。1930年代後半から1945年までの二人の生涯を史実に照らし合わせつつ脚色を入れながら描いている。

日本で上映される意味

　これまで日本では、植民地時代の朝鮮半島に関連する韓国映画はほとんど上映されたことがなかった。しかし、韓国では日本帝国による植民地時代をテーマとした映画が山ほどあることをまずは知らなければならない。では、なぜこの時代の映画が日本ではなかなか上映されないのか。それは、隣国に対する日本の植民地支配があまりにも残酷であったため日本で韓国映画を上映することに躊躇する流れがある。日本の教育現場では、ドイツのナチスによる残虐行為を学ぶためにアウシュビッツなどを題材に用いられることがあるが、日本による隣国（中国や韓国など）への無慈悲な残虐行為について詳細に教えられていないのが現実だ。この映画は、1930年代後半から日本の敗戦に至る時期に生きた、キリスト者詩人・尹東柱に焦点をあてて、最終的に福岡刑務所で27歳という若さで原因不明（獄中で拷問に遭ったとの説が有力）の死を遂げた生涯を題材に、日本の植民地支配の不当性を表す。それでも日本で上映された背景

には、尹の詩に対する高い評価とキリスト者としての彼の姿勢に感銘を受けた日本のファンたちがいたからではないだろうか。映画の中で紹介されている彼の詩には、まさに植民地支配下で苦しむ一青年キリスト者の苦悩と絶望、そして、「信仰」による一筋の光が散りばめられている。

「空」か？「天」か？

　尹東柱の詩は詩集として日本でも紹介され、高い評価を受けている。詩集の表題がこの映画の題目となった『空と風と星と詩』で、映画の中では尹自身がこの表題を決定したことになっているが、実際には誰が決めたか定かではない。尹の詩の中には、日本語で「空」もしくは「天」と訳すことができる「ハヌル」(하늘) という言葉が登場する。これについては訳者によって見解が異なり、今回の映画では「空」と訳されている。主役・尹東柱を演じた俳優のカン・ハヌルの名「ハヌル」はまさにこの語で、カンが演じる尹東柱との運命的な出会いを感じることができる。キリスト者であった尹の信仰を考えると、また映画の中でも宋

と対照的に表現された尹の信仰に目を向けるならば、彼の詩に登場する「ハヌル」は「空」ではなく、「天」ではなかっただろうかと想像してみる。尹は確かに「空」を仰いだのではなく、神の国なる「天」を仰いだだろう、と。しかし、彼にとっての「天」とは、「神の国」とは何を意味したのだろうか。この映画では尹の詩がいくつか朗読されるが、その詩から彼の「天」に対する憧れ、「神の国」を求める想いが感じられる。その中のひとつをここで紹介したい。

　　　序　詩

死ぬ日まで天を仰ぎ

一点の恥もないことを

葉群れにそよぐ風にも

私は心を痛めた

星を詩う心で

すべての死んでいくものを愛さねば

そして私に与えられた道を

歩んでいかねば

今宵も星が風にこすられる

（1941 年 11 月 20 日）

（日本基督教団出版局編『死ぬまで天を仰ぎ—キリスト者詩人・尹東柱』日本基督教団出版局、1995 年、8 頁）

何を信じるのか、今を生きる私たちへの問い

「世は変われど、信仰は変わらない」映画の中で、故郷の北間島で従兄の宋とじゃれ合いながら尹はこう述べた。このことは、後に立教大学英文科に在籍していた時の授業中に教練を拒否した尹に対して、教室に ドカドカと入ってきた日本の憲兵が「天照大御神が偉大か、イエス・キリストが偉大か、個人主義が偉大か、全体主義が偉大か」と問いただし、それに対して答えようとした場面にも通ずる。

戦時中、キリスト者がこのような質問を受ける状況に置かれたことは事実だが、朝鮮の歴史を考えたとき、たとえ内乱が多くあったにせよ、長きにわたり国家としての歴史を紡いできた朝鮮の人々にとってこの詰問はその心にどのような傷を与えただろうか。植民地民としての嘆きとキリスト教信仰を私たちはどう理解し、果たして、今を生きる私たちはこの問いをどう受け止めるのだろうか。戦時下において行われたことだから関係ない、と過去のものにしてしまうのだろうか。現在の問いとして考える時、どう応えることができるだろうか。この問いは、映画の中だけのものではなく、また、決して過去のものでもなく、いつの時代も日本のキリスト者にとって重大かつ深刻な問いとして私たちの前に突き付けられている。さらに、「○○主義」との言葉の流行に惑わされる人間の姿が描写されている部分にも「世は変われど、信仰は変わらない」との尹の言葉が一つの答えとして響いているように感じるのは私だけだろうか。

［神山美奈子］

【キーワード】信仰、天国、神の国、苦しみ、差別、国家、抑圧

【聖書箇所】マタ 5:4

それでも夜は明ける

12 Years a Slave

製作：2013年　アメリカ／イギリス
監督：スティーヴ・マックィーン

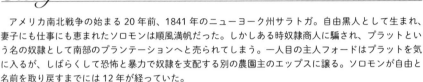

Story

　アメリカ南北戦争の始まる20年前、1841年のニューヨーク州サラトガ。自由黒人として生まれ、妻子にも仕事にも恵まれたソロモンは順風満帆だった。しかしある時奴隷商人に騙され、プラットという名の奴隷として南部のプランテーションへと売られてしまう。一人目の主人フォードはプラットを気に入るが、しばらくして恐怖と暴力で奴隷を支配する別の農園主のエップスに譲る。ソロモンが自由と名前を取り戻すまでには12年が経っていた。

力を持たない信仰と人間の罪

　この映画は、誘拐により奴隷とされてから再び自由を得た数少ない人物の一人、ソロモン・ノーサップの奴隷体験記 "12 Years a Slave"（1853年出版）を原作にしたものである。あらゆる場面に登場するキリスト教的な表現が、いかにキリスト教的文化が社会に浸透していたかを物語っている。例えばソロモンに薬を飲ませた奴隷商人たちでさえ「明日起きたら世界が一新されているように感じるぞ」と、イザヤ書65:17や黙示録21:5を思わせる言葉をソロモンにかける。本作はキリスト教的価値観が普及したその社会でなお罪に囚われる人間の姿を描き出す。

　はじめにソロモンの主人となったフォードは温厚なバプテストの説教者であり、ソロモン自身が後に彼ほど親切で気高いクリスチャンはいなかったと振り返るような人物であった。しかしフォードは、周りの環境や価値観に抗う程の力と意志は持たなかった。ソロモンにヴァイオリンを買い与えた場面では「これから何年も楽しませてくれ」と言い、ソロモンが本当は自由黒人だと知っても彼を救うことはできないと告げる。

　フォードは敷地内に奴隷たちも集めて説教をするが、子どもたちと別々に売られて悲しむ女奴隷の泣き声を気にかけることなく読む聖書の言葉「この幼子のように自分を低くするものが、天の王国では一番偉いのである」（マタ18:3）はその場に虚しく響く。フォードが別の場面で朗読する聖句（マタ22:32）は、最も重要な掟は神を愛すること、そして隣人を自分のように愛することだと語るイエスの言葉に続いていく。彼らが例外を作り、奴隷を隣人と見做してはいないことを改めて突きつけるようである。このことは二人目の主人、エップスに顕著である。エップスとその夫人は奴隷をどこまでも家畜や所有物として扱い彼らを痛めつける。彼らは傍若無人に振舞うが、いつもその表情は晴れない。物語の終盤、執着するパッツィという女奴隷を激しく鞭打つエップスにソロモンは「いつか、永遠の正義によって、汝の罪は裁かれる！」と叫ぶ。「罪だと？　罪なんてない。所有物

で遊んでるんだ。私は今すごく楽しいんだ。これ以上の気の晴れる遊びはない」と答えるエップスの表情を見てほしい。

エップスにも十分に聖書の知識があり、彼の綿花畑が害虫に食い尽くされた時、イスラエルの民が奴隷とされていた時、彼らがエジプトから逃れるために神がいくつもの災いを与えたことを連想することはできる。しかし、そこで思い至るのは不信心な奴隷たちが神の怒りを招いているという解釈であり、エップス自らを省みることはない。

聖書の罪という言葉は「的外れ」を意味する語に由来する。エップスは創造主なる神を忘れ自ら神のように振る舞いつつも、指針を失い糸の切れた凧のように彷徨っているようである。また罪は神の法に背くこととも言えるが、神を愛し隣人を愛することから逸脱する農園主達の生き方は、かえって様々なものに囚われ、自由が失われているように映し出される。

信仰と希望

奴隷達は非常に厳しい状況に置かれながら、彼らの言葉や歌には全く「なぜ?」が登場しないのが印象的である。既に問い疲れたのだろうか。彼らにのしかかる人生と運命の重さを思わせる。彼らはなぜとは問わない。しかし、彼らは劇中の端々で「主よ」と呼びかける。感謝する時も、助けを求め叫ぶ時も、農作業中に歌うプランテーション・ソングの中でも。(これは神以外に希望をおくことのできない状況から必要に迫られてのものだったかもしれない。またこのことは、あらゆる他のものに期待できないような、抑圧する構造に私たちが加担してはいないかと問いかける)

主人公であるソロモンはその点、口数少なく描かれている。しかし一緒に連れて来られた女奴隷には「私は絶望などしないし、媚びを売りもしない。自由のために演じているだけだ。」と答え、絶望するパッツィには「暗く考えるな、一時的なことだ。なぜそれほど絶望的になる?」と励まし、静かに強い意志と希望を抱き続ける。

ソロモンの表情が印象的な場面の一つに『ヨルダン川よ、流れよ』(Roll, Joran, Roll) を歌う場面がある。こき使われて作業中に死んだ仲間を葬るため、奴隷達でその簡素な墓を囲み、歌い始めるのがこの賛美歌である (イスラエルの民が出エジプトにおいて約束の地を目前に渡ったヨルダン川は、奴隷にとって自由なアメリカ北部への脱出を隠喩する希望のモティーフであった)。「ヨルダン川のほとりで私はヨハネの洗礼を受けた」と始まるこの歌は、イエスが彼らの苦難を共にしていることを歌っているのだろうか。「我が魂は天国に上る」と天国の希望を歌う言葉は、天国の憧れと希望であり悲しみも含んでいるだろうか。はじめは聴くだけだったソロモンは口を開き、次第に大きな声で歌い出す。天に向けられるその顔には怒りややりきれなさ、様々な感情が表れている。

農園主達に比べて奴隷達の聖書の知識は限られ、登場する言葉は素朴である。しかし、奴隷という不自由さの中で「主よ」と叫び神と共に生きるその姿は、知識に溢れながら囚われている農園主達と対照的である。　　　　　[上田直宏]

【キーワード】罪、正義、差別、信仰、希望
【聖書箇所】出 10:1-20、詩 42 編、マタ 9:36、マタ 18:3-6、マタ 22:32-40、ルカ 4:18-19、ルカ 12:47、ガラ 3:28、コロ 3:11

ターミネーター4
Terminator Salvation

製作：2009年　アメリカ
監督：マックG

Story

　ネットワークAI「スカイネット」が独立した意志を持ち、人類を絶滅させようと核戦争を起こして荒廃した世界。生き残った人間たちは秘密裏に連携し、最後の抵抗を試みていた。荒れ野で一人きりで目を覚ましたマーカスは記憶喪失で自分のこともわからないまま、偶然知り合った子どもたちと人間のレジスタンスに合流する。やがて自分が実はロボットであると気づくマーカスだったが、未来において人類を救うジョン・コナーの父親になる予定のカイル・リースをスカイネットから守るべく、AIの中枢部に乗り込む。

イエスの登場しない「サルベーション」

　映画「ターミネーター」シリーズの第4作である本作は、全体をくまなく見渡しても、すぐにそれとわかるようなキリスト教的モチーフは少ない。冒頭で死刑（薬物死）になるマーカスの傍らで、スーツの襟に十字架をつけた、牧師と思しき男性が詩編23編を朗読するが、アメリカの死刑の現場ではありふれた光景である。死に至る薬物を投与されるためにマーカスは十字架型のベッドに両手両足を固定され、いったん垂直に立てられて、ガラスの向こうの立会人たちにさらされるが、これに磔刑のキリストの姿を見出すのは少々気が早いだろう。マーカスは兄と警官2人を手にかけ、その罪を冷静に受けとめて死刑台に赴く自覚的な死刑囚であって、無実にもかかわらず全人類の罪の身代わりとなったイエス・キリストとは本質的に異なる。従って本作はイエス・キリストを現代人に置き換えて描く、いわゆる「クライスト・フィギュア」とは趣が異なる。

　この作品の英語の原題は「ターミネーター・サルベーション」である。サルベーション、すなわち「救い」はキリスト教用語としての「（魂の）救済」の意味が重なる。もっとも、これまでのターミネーターシリーズの筋書きをある程度知っている人々は、サルベーションとは人類を滅ぼそうとするAI「スカイネット」から人類を「救う」ことだろうと直感する。一方で「4」を鑑賞するともう一つの「救い」が見えてくる。マーカスは徐々に自分の正体に気づき、また最終的に過去を思い出す。ロボットである自分は「スカイネット」側であるとも言えるが、それにもかかわらず人類を「救う」方へと身を投じる。それはロボットになる前に、3人の人間を殺してしまった自分自身を「救う」ためでもあると言える。

「セカンド・チャンス」

　映画の最初でマーカスは、死刑台に赴く直前、ロボットになるという「献体」を勧められる。ロボットになることは「他者のためになる再度の機会」（セカンド・チャンス）であり、いくらかの罪滅ぼしになるからだと。マーカスは気乗りしないまま契約書に

サインし、刑場へと向かう。

　しかしロボットになることはセカンド・チャンスそのものではなく、その始まりにすぎない。ロボットとして目覚めたマーカスは荒廃した世界に驚きつつも、旅の途中で出会う人々を助け続ける。本来ならば死刑の時点でマーカスの人生は終わったはずだが、ロボットとして「第二の生」を否応なく開始したマーカスには「再度」無数の選択肢（他者を助けるか、自分だけが生き延びるか）が次々と突きつけられる。

　実はあまり知られていない神学上のテーマに、通称「セカンド・チャンス」理論と呼ばれるものがある。もしこの世の生が、天国に入るか地獄に堕ちるかを決める、長時間にわたるテスト期間だとするならば、それが意図せず短期間で終わってしまった人が地獄に行くのはいかがなものかという疑問が生じる。これに対し、死後の時間は有限ではなく無限にあるはずだから、そこで魂はもういちど善行を積んだり神の憐れみによって救われる機会すなわち「セカンド・チャンス」があるというのがこの理論である。イギリス出身の宗教学者ジョン・ヒックはこの立場から、ローマ・カトリックの煉獄思想（死後に生前の罪を浄化する試練の場所）を事実上支持する。この観点から本作で言われている「セカンド・チャンス」の意味を考えることができよう。

愛は決断するもの

　スカイネットの中心部に乗り込んだマーカスに、スクリーン上で、マーカスに献体を勧めた医師の姿を借りたスカイネットは「あなたにコナーは救えない。セカンド・チャンスはない」と言い放つ。それを聞いたマーカスは、自分の後頭部に埋め込まれている制御装置をむしり取る。他者にコントロールされるロボットとしてではなく、自律的に行動する存在として、マーカスは人類を救う道を選択する。

　愛とは自然に湧きあがる感情であるとする人は多い。しかしキリスト教における愛は単なる感情ではない。イエス・キリストは「隣人を自分のように愛しなさい」と命じる。もし愛が単なる感情であるなら、この命令は「楽しいと感じなさい」「つまらないと感じなさい」という命令と同じくらい理不尽なものである。しかしそうではないと言えるのは、イエスの教える愛とは、自由のうちに選択・決断して実行する内的および外的行動に他ならないからである。

　スカイネットを撃破し、脱出に成功したマーカスたちであったが、戦いで重傷を負ったコナーの心臓が持ちそうにないことがわかる。マーカスは自発的に、自分の心臓を提供することを申し出る。「セカンド・チャンスを俺にくれ」。手術台に横たわったマーカスは最後に独白する。「人間とは何だ……プログラムでもチップでも作れない。心の強さが作るのだ。それが人間と機械の違いだ」。これを「愛」と言い換えてよいであろう。愛は感情でも反応でもなく、意志から生まれる。使徒パウロによれば「愛は自分の利益を求めない」。イエスは「互いに愛し合いなさい」と教え、次のように続ける。「友のために自分の命を捨てること、これ以上に大きな愛はない」（ヨハ15:13）。

［加納和寛］

【キーワード】自己犠牲、救い、キリスト、愛、戦争、科学
【聖書箇所】Iコリ13:1-13、ヨハ15:13

ダウト
Doubt

製作：2008年　アメリカ
監督：ジョン・パトリック・シャンリー

Story

　カトリック系の学校の厳格なアロイシアス校長と若くて明るいジェイムズ教師は、リベラルなフリン神父が、転校してきた黒人少年ドナルドを性的に虐待していると疑う。校長は神父を問い詰めるが、彼は勘違いであると弁明する。少年の母親には卒業までそっとしておいてほしいと言われ、校長は生徒を守るためには、フリンをやめさせる以外に方法がないと判断する。校長は、神父の罪が明らかになるまで追及をやめないと脅し、彼を転任に追い込む。しかし、最後は、疑いの気持ちでいっぱいであると涙ながらにジェイムズに告白する。

カトリック教会の性的虐待事件

　2002年に米紙ボストン・グローブが、カトリック教会の聖職者による児童への性的虐待について特集を組んで報道したことをきっかけとして、教会における虐待事件は世間で注目されるようになった。その時に問題となったのは、とある神父が30年にわたって130人もの児童を虐待した疑いがあったにもかかわらず、教会が適切な処分を行わず、問題を隠蔽するために神父を他の教区へ異動させたことである。裁判の結果、神父は有罪となった。この映画の中でも同様にフリン神父が教区を移ることでストーリーは完結する。しかし、本当に少年を性的に虐待したかどうかは、最後まで明らかにされていない。裁判で争うかのようにアロイシアス校長とフリン神父は衝突するが、フリン神父が少年を虐待したのか、それとも保守的な校長はただ単に神父がリベラルであることから罪を擦り付けようとしているのか、誰が悪者なのかは、映画を見終わった視聴者一人一人が裁判員となり映画の題名の通り「疑い」が残る中で判決を下さなければならない。

第二バチカン公会議と教会の在り方

　この映画が提起しているもう一つの「疑問」は、現代におけるカトリック教会の在り方についてである。舞台となっている1964年という年は、カトリック教会の第二バチカン公会議（1962-65年）の最中である。世界中から司教が招集されたこの公会議の重要な決定事項の一つは、教会がもっと現代社会に寄り添うべきであるということである。映画の中では、フリン神父が、教会をもっと現代化すべきと考える進歩派を代表している。例えば、フリン神父は聖職者が一般信徒と家族のような付き合いをすべきであって、教会にとっても新しい時代が来たと述べている。またクリスマス・キャロルの選曲に関しても、世俗的なクリスマスの歌を取り入れてはどうかと提案している。そのような方針に猛反対をしているのが教会の保守派を代表している厳格なアロイシアス校長である。教育の在り方について議論するシーンの中で、ジェームズ教師は校長が生徒を刑務所の囚人のよ

うに扱っていると批判している。しかし、アロイシアス校長が生徒に厳しいのにも彼女なりの理由がある。アロイシアス校長にとってカトリック教会は誘惑に満ち溢れた世の中から生徒を守るための要塞のような存在である。実際に、フリンの虐待疑惑が浮上した時に、生徒を守るために戦ったのも校長だった。興味深いことに、アロイシアス校長は生徒から取り上げた最新の小型ラジオを自身でその後使っているシーンがある。保守的な彼女も結局は、聖職者の在り方の現代化を止めることはできない。第二バチカン公会議後のカトリック教会の歩みを見ると、教会の伝統と宗教的権威を強調するアロイシアス校長よりも、一般信徒を家族のように迎え入れる開かれた教会というビジョンを持ったフリン神父の方がこの点においては好意的に描かれている。このことは、虐待疑惑で対立するフリン神父とアロイシアス校長のどちらが正しくて、どちらが間違っているのかという視聴者の判断をさらに複雑なものにしている。

信仰と懐疑

映画はフリン神父による「懐疑」についての説教によりはじまる。フリンは、舞台となっている年の前年に起こったカトリック教徒だったケネディー大統領の暗殺に言及している。多くのカトリック教徒にとって絶望的な出来事だった。信仰の確信を失った時、神の計画を信じられなくなった時、人々はどうすればいいのだろうか。懐疑は信仰を破壊するものだろうか。フリン神父にとって、懐疑ですら信仰と同じよう

に人と人をつなげ、慰めとなる力を持っている。懐疑を受け入れるフリン神父とは対照的に、アロイシアス校長は迷いのない使命感と確信をもって彼の性的虐待を暴こうとする。しかし決定的な証拠が見つからない中、嘘をついてまでもフリン神父を追い込むアロイシアス校長は、高い代償を払うことになる。懐疑についてのフリン神父の前向きな説教で始まった映画は、アロイシアス校長自身の懐疑を明かす絶望の告白で終わる。彼女の確信の裏に隠れていたのは、虐待についてのまた信仰についての懐疑である。

この映画は、単純に聖職者や教会の信仰を批判しているのではなく、「確信を持つことは可能なのか」と視聴者に問いかけている。そしてこの映画は、フリン神父とアロイシアス校長がそれぞれ象徴している懐疑と確信の板挟みになっているジェイムズ教師を一つの模範として掲げている。懐疑に耐えきれず泣き崩れるアロイシアス校長を優しく抱きしめる彼女は、新約聖書の言葉「疑いを抱く人を憐れみなさい」（ユダ1:22）に忠実である。信仰の確信をもつ難しさと同時に、懐疑の中にあっても信仰を持ち続けることができるということがこの映画のメッセージである。

[クリスティアン・トリーベル]

【キーワード】カトリック、聖職者、罪、教会、信仰、暴力
【聖書箇所】マタ 18:6、ユダ 1:22

堕天使のパスポート

Dirty Pretty Things

製作：2002年　イギリス
監督：スティーブン・フリアーズ

Story

　グローバル都市ロンドン。ナイジェリア出身のオクウェは、ホテルの夜勤中に客室のトイレから人間の心臓を発見する。このホテルで違法な臓器売買が行われていることを知ったオクウェは警察に通報できない事情があった。非人道的なビジネスに手を染める支配人から仕事を手伝うように持ちかけられるが、元医師であるオクウェは頑なに拒否する。しかし、移民仲間のシェナイは偽造パスポートと引き換えに腎臓の提供を承諾してしまう。それを聞いたオクウェはシェナイを助けようと奮闘するが……。

「見知らぬ人」のロンドン

　移民社会ロンドンで、タクシー運転手とホテルの夜勤を掛け持ちしているオクウェは、ある夜ホテルの一室のトイレに詰まっていた人間の心臓を発見する。驚いたオクウェはすぐに支配人のフアンに報告するが、客の後始末をするのが我々の仕事だと取り合わない。自分で警察に通報しろと言われるが、オクウェにはそれができない。かれは「不法滞在者」だからだ。

　オクウェのまわりには似たような境遇の人びとがたくさんいた。同じホテルで清掃員として働くトルコ出身のシェナイは、家を借りられないオクウェに部屋のソファを使わせている。セックスワーカーとして働き、みずからを「存在しない女」と呼ぶジュリエッタもまた「不法滞在者」のようだった。病院の裏方業務を担当するグオイは11年前に難民認定を受けて、この国で暮らしている。物語の登場人物はロンドンにおける「よそ者」ばかりだ。

　そんな「よそ者」たちの暮らしは過酷だ。オクウェが居候するシェナイの部屋に突然移民局の捜査がやってくる。政治亡命による難民を匿うことは法律で禁止されており、また亡命後半年間の就労も禁じられているため、オクウェが見つかると二人とも罪に問われてしまう。亡命などによる「不法滞在者」は警察に従っておとなしく収監され国外追放されるか、違法を承知の上で劣悪な環境で働くしかない。移民局の監視のためにシュナイはホテルの仕事を辞めて「搾取工場」と噂される縫製工場で働きはじめるが、そこには移民女性の立場の弱さにつけこみ「食い物」にする最悪の工場長がいた。

腎臓と移民

　「不法滞在者」は病院で適切な医療を受けることもできない。ホテルの事務所で苦しんでいた男性が病院に行きたがらないのは、身元が割れて強制送還されることを恐れるからだ。元医者であるオクウェは男性の手当を引き受けるが、この男性は腎臓の摘出手術を病院ではなくホテルの部屋で受けたという。オクウェの働くホテルでは、偽造パスポートと引き換えに「不法滞在者」

に腎臓を提供させる臓器売買が秘密裏に行われていた。トイレに詰まっていたあの心臓は、ずさんな腎臓摘出手術によって死んだ「不法滞在者」のものだった。

　腎臓移植手術のためには新鮮な腎臓が必要となる。通常、臓器の提供には提供者本人の意思確認も含めた厳しい審査を経なければならず、何年も順番待ちとなるケースも珍しくない。そこで、すぐにでも移植したいという声に応える非合法なビジネスが横行することとなる。違法かつ危険な臓器売買に手を染めるフアンは、腎臓摘出手術の協力を断るオクウェに対し、このビジネスは腎臓移植を必要とする少女のいのちを救うことになるのだという。さらに提供者は偽造パスポートを手に入れ自由の身となることができるのだから、腎臓を必要とする人のいのちも助かって「みんな幸せ」なのだとうそぶく。しかし、腎臓を提供するのは、真面目に働いて金を貯めることも叶わず、ギリギリまで追い詰められている移民たちである。本作に描かれる臓器売買と移民をめぐる物語は、「持っていない人は持っているものまでも取り上げられる」（マタ13:12）恐ろしい現実社会を映しだす。その過酷な現実は「地獄に堕ちろ！」と叫ぶシェナイに対して投げかけられる「ここが地獄なんだよ」というフアンの言葉に端的に示されていよう。

「不法滞在者」の天使

　シェナイはイスラーム教、グオイは仏教と、それぞれの宗教的背景がたびたび描かれるが、移民として不安定な生活を余儀なくされているこうした人々を支え守るような宗教共同体はいっさい描かれない。ナイジェリアのラゴス出身のオクウェはかつてキリスト教徒だったと思われるが、現在は「無宗教」を名乗っている。ロンドンで身も心もバラバラにされながら生きる人びとの姿はまるで現代のディアスポラのようだ。そんな人々を支えているのは既存の宗教組織ではなく、移民たち同士のささやかな連帯である。

　ジュリエッタから「天使のような人」と呼ばれるオクウェは、自分とシェナイのパスポートのために腎臓摘出手術に協力する決断をしたことにより、天使から「堕天使」となったのだろうか。たしかに、物語の終盤に描かれるオクウェの大胆な行動は議論を呼ぶかもしれない。しかし、タクシードライバーの同僚たち、客に殴打されるジュリエッタ、適切な医療を受けられずに苦しむ人びと、そして抑圧と搾取を受けつづけるシェナイのために走り回るオクウェの姿は、「堕天使」というより「不法滞在者たちの天使」と呼ぶにふさわしい。

　移民や「不法滞在者」、作中で言うところの「存在しない人々」「裏方の人々」として生きる者たちの視点から、グローバル都市ロンドンの裏側を活写する本作は、わたしたちと無関係の寓話ではない。作品の描く問題提起を受け止め、「地獄」のような現実を直視することが観る者に求められる。

［有住航］

【キーワード】天使、罪、地獄、救い、苦しみ、貧困、経済
【聖書箇所】マタ 13:10-17

131

ダ・ヴィンチ・コード

The Da Vinci Code

製作：2003年　アメリカ
監督：ロン・ハワード

Story

　物語は、ルーブル美術館館長がローマ・カトリック教会の原理主義者の手によって殺害される場面から始まる。主人公である宗教象徴学の教授ロバート・ラングドンは、暗号解読官ソフィーと協力して、この殺人事件の謎の解明に取りかかる。この事件には、「聖杯」（イエス・キリストが最後の晩餐で使ったとされる杯・聖遺物）が関係しており、その正体と保管場所の謎が秘められたダビンチの「最後の晩餐」を聖書学、象徴学などの知識を駆使して解明していく。

聖杯伝説

　キリスト教の2000年の歴史の中で様々な「キリスト伝説」というものが生まれてきている。その伝説の多くが時代の中で再解釈され、それに新しい意味がつけられて、再登場することがある。まず、興味深い伝説が創られるためも、忘れ去られていた伝説が再び脚光を浴びる。それが人々に受け入れられる背景には、その社会や時代の傾向やニーズというものがある。ナチス時代には、イエスがユダヤ人であるという考えが否定され、ゲルマン民族であるという説が人々の間で流布した。この映画の中でも取り扱われている聖杯伝説も、中世においては騎士社会の中で再解釈され、騎士文学の中で重要な役割を演じている。

　「ダ・ヴィンチ・コード」もある意味そのようなキリスト伝説の再解釈といえる。すると、この原作ならびに映画が話題となり、人々に受け入れられ、高い興行収入と観客動員数を得たのは、単なるエンターテインメント性の高さによるものではなく、この物語が現代のニーズに合致していたか

らではないだろうか。

　この映画の中では、聖杯の正体とありかが分かってしまうと、これまでのキリスト教や教会の権威の基盤であった「イエスは神の子である」という事実と教義、そして男性中心的世界が崩れ去ってしまうという危機感とそれを守り続けようとする強い意志が描かれている。その一方で、ローマ・カトリック教会の権威、伝統への批判があり、イエスの真実な姿を解明し、教義によって覆い隠された真実のイエスの姿を知りたいという憧れがある。

　映画の中で、聖杯の謎を握る人物に対して「貧しい者、弱い者の苦しみ、肌の色の違うもの、女性たちの辛苦。君がそのすべてを終わらせることが出来る。この苦しみの原因を作ってきたのが、イエスを神の子と崇める教会の欺瞞であり、イエスは神の子ではなく、人間であることを示すべきだ」と語る場面がある。

　実は、聖杯の正体は、イエスが最後の晩餐で用いた実際の杯ではなく、マグダラのマリア、彼女の子宮であるというのが、この映画の解釈である。つまり、マグダラの

マリアはイエスの子を産み、そのイエスの末裔が現在も生きているというのである。イエスには子どもがいたということが、まさにイエスが人間である証拠であり、そのイエスの子どもを生んだマグダラのマリアを崇拝の対象として世に示すことが、伝統と権威に守られた教会、また強いものが尊重される社会から人々を自由にするのだと主張する。

宗教か信仰か

しかし、上記の主張が、この映画の言いたいことではない。もし、単に教会や教義の虚偽を暴露し、新しい秩序をもたらそうとするのであれば既成の体制に反対する逆の原理主義的な考えである。

物語の最後に、イエスの末裔が明らかになる。そこで一つの選択が迫られる。この事実をどのように扱うかである。聖杯伝説の真実を世に示し、自分がイエスの末裔であることを明らかにするという可能性もある。ただ、マグダラのマリアの遺体が見つかっていない段階では、DNA鑑定を行って科学的にそれを証明することはできない。もし、それが証明されれば、もしくは、証明されなくてもそれを公表すれば、また新たな教会、ローマ・カトリック教会に代わる宗教が生まれることになるであろう。しかし、イエスの神性が否定された結末で語られた「君が何を信じるか」という言葉が印象的である。その後、非常に単純な信仰、主人公が危機の時にイエスに祈った経験が語られる。そこでは、イエスが神の子であるか、人間であるかということは大きな問題とはなっていない。イエス・キリストの末裔であることが分かった人物に対して、「あなたは信仰を破壊するのか。それとも信仰を新しくするのか」と問われている。これに対する答えは、「自分は水の上は歩けないけれど、水をワインに変えることはできるかも」である。実際に水をワインに変えることではなく、水のように味を失ってしまった聖書の教えにもう一度いのちを吹き込むことができるということではないだろうか。そこで、「貧しい者、弱い者の苦しみ、肌の色の違うもの、女性たちの辛苦」が鍵になってくる。

この映画の聖杯伝説の解釈が受け入れられたとするならば、現代、宗教が力を持たなくなっている状況の中で、信仰を求め、信仰を持って人間の現実に応答するものとして宗教を再生したいという信仰への憧れ、「貧しい者、弱い者の苦しみ、肌の色の違うもの、女性たちの辛苦」が克服される社会への憧れが、人々の間にあるのではないだろうか。

[中道基夫]

【キーワード】カトリック、教会、信仰、奇跡、キリスト
【聖書箇所】マコ 14:22-26、マコ 16:9-11、ヨハ 2:1-11

魂の行方
First Reformed

製作：2017年　アメリカ
監督：ポール・シュレイダー

Story

　主人公トラーは、ニューヨーク州の信徒数も少なく、経済的に貧しいファースト・リフォームド教会で牧師として働いている。トラーは教会に通うある夫婦との対話を通して、環境破壊をすすめる人間を神はゆるすのかという問いに直面する。そのような問いを抱く中で、トラーは教会の250周年の式典のために献金しているバルク社が環境破壊を推し進める会社として批判されていることを知る。トラーは式典の日を迎えるが、そこである行動を起こすことを決心する。

神の創造物を破壊する人間を神はゆるすのか？

　2010年代、若い世代の活動家を中心に多くの人々が、地球温暖化が進む現状に警鐘を鳴らした。それに対して、少なくない企業、政治家、宗教指導者等が反感を示した。この映画では、そのような社会の中でジレンマを抱く宗教者の姿が描かれている。

　主人公トラーは、オランダの改革派教会を起源とする教会であるファースト・リフォームド教会で牧師を務める。この教会名は、その地域に一番初めに建てられた改革派の教会であることを示している。実際にアメリカ各地には「ファースト〇〇教会」というような教会名を冠した歴史ある教会が多くあり、劇中のファースト・リフォームド教会もそのような教会の一つである。教会の財政状況は厳しく、近所のアバンダント・ライフチャーチというメガチャーチの協力を得ることで成立している。アメリカにおけるメガチャーチとは、礼拝に千人規模で信徒を集め、大きな集金力を持つ教会であり、トラーの教会とは対照的な教会

である。多くの信徒と潤沢な集金力を持つ教会がある一方で、存続の危機に立たされている教会があるという設定は、現代のアメリカの諸教会の現実を表している。

　トラーはアバンダント・ライフチャーチのジェファーズ牧師と、環境問題に対して教会がどのような立場を取るべきか意見を交わすが、そこで両者の意見は鮮明に分かれる。トラーは、自然をはじめとした全ての被造物に神が宿るという視点から、自然の保存活動は神の創造活動の一環であると考える。そして、教会こそが今破壊されている被造物の声を代弁し、環境問題のために行動しなければならないと訴える。

　対してジェファーズは、教会の政治的な意見表明によって大口献金者が失われることを危惧し、教会の維持こそが重要であり、現実を知れとトラーの訴えを一蹴する。ジェファーズが大口献金者の存在を重視する背景には、「繁栄の神学」があることが伺い知れる。繁栄の神学とはペンテコステ派から生まれた神学であり、信仰の篤いものに神は経済的な豊かさを約束すると説く神学である。それが、豊かな生活を意味す

るアバンダント・ライフチャーチの教会名にも表れている。この教会が経済的豊かさを神の恵みとして捉えていることは、教会の看板に「私（イエス）が来たのは、命を得させるため、しかもその命を豊かに得させるためである」（ヨハ 10:10）と掲げられていることからも伺い知れる。

トラーは経済的な繁栄と信仰を結びつける考えに批判的だが、アバンダント・ライフチャーチや環境破壊を推し進めるような企業の協力を得ることで成立しているファースト・リフォームド教会の牧師として、どのような立場に立つべきか葛藤する。

イラク戦争の影

またトラーは、イラク戦争によって家族を亡くした苦しみを消せないでいる。トラーは、息子を従軍牧師としてイラク戦争へと送り出し、息子を亡くした。イラク戦争を進めていく際、ブッシュ大統領はイラク戦争を、かつて神の命じる聖戦として行われた十字軍による戦争になぞらえ、「神の御加護があるように」と多くの若者を戦地へと送り出した。トラーは、正当な戦争などないと劇中で訴えながらも、国民の信仰心を利用して進められた戦争の前で何もできないまま息子を失ってしまったことに、親としての、そして宗教者としての後悔を抱いていたのだろう。

葛藤と後悔を抱えるトラーの行動は、一方的なものに終始する。神に対しては、日記という形で一方的に自身の思いを述べ、手を差し伸べようとする他者に対しては、それを拒絶する。トラーによる式典の際の計画も、他者を究極的な形で拒絶する一方

的な計画だった

他者に寄りかかる時

しかし最後にトラーは、そのような一方的な行動を終わらせ、他者を受け入れる。ラストシーンは、現実に起きていることなのか、それともトラーの見ている幻なのかはっきりしないが、トラーは確かに相互的な関係へと導かれていく。

エコロジー神学の第一人者である S. マクフェイグは人間が主体であり、自然が客体であるという二元論的で一方通行的な思考が、自然を支配するという構図を生み出し、自然環境を破壊することへと繋がったと批判する。その上で、マクフェイグは、他者を客体としてのみ捉える視点ではなく、お互いを主体として捉える視点が必要だと主張する。マクフェイグは、お互いを主体として捉える上で触覚を重要な感覚と位置付ける。人は何かを見る時、他者に見られずに一方的に見ることができる。しかし、人は何かに触れる時、同時に触れられている状態になり、他者を自身に触れる主体として認識する。そこに触れる─触れられるという相互関係が生まれる。

トラーは最後、他者の腕に寄り掛かり、まさに触れる─触れられる関係へと導かれる。その背後で教会から賛美歌 "Leaning on the Everlasting Arms（邦題「主のみ腕により頼め」）" が流れ、「永遠の（主の）腕にもたれかかる時、私は何を恐れることがあろうか」と歌われる。神に対して一方的に日記を綴ることしかできなかったトラーが、神に寄りかかっていることを示すかのように。　　　　　　　　　　[大野至]

【キーワード】福音派、聖職者、罪、正義、経済、戦争
【聖書箇所】創 1:1-2.1、9:1-17、ヨハ 10:10、ロマ 8:19-22

沈黙 −サイレンス−

Silence

製作：2016年　アメリカ
監督：マーティン・スコセッシ

Story

　17世紀ポルトガル。司祭ロドリゴとガルペは、恩師フェレイラが棄教したという知らせを聞き日本へ向かい、キチジローの手助けのもとに日本に上陸する。トモギ村で活動する2人の引き渡しを求め、役人が村にやってくる。人質となったモキチら信徒3人は海で殉教する。キチジローの裏切りにより逮捕されたロドリゴは、信徒たちとガルペの殉教を見て苦悩を深める。遂にフェレイラと対面したロドリゴは、その後、フェレイラ同様に踏み絵を迫られる。

神の沈黙

　原作である遠藤周作著『沈黙』（1966年）は、1971年に篠田正浩によって映画化された。2016年にマーティン・スコセッシによって再び映画化された本作（日本では2017年に公開）は、原作の「切支丹屋敷役人日記」をも含めて棄教後のロドリゴの生涯を描いている点に大きな特徴がある。

　ロドリゴは、信徒たちとガルペらが次々と目の前で処刑され、殉教していく様を見て苦悩を深める。「なぜ神はこのような苦難を与えるのか、なぜこれほど彼らは苦しまないといけないのか、なぜ神は黙っているのか」。なぜ神は沈黙しているのかというロドリゴの問いに対して、クライマックスのロドリゴの踏み絵の場面で「神の声」がロドリゴに答える。「踏みなさい。お前の痛みは知っている。私は人びとの痛みを分かつために生まれ、この十字架を背負ったのだ。お前の命は私と共にある」。この神の声が、作中、実際の台詞として、男性の声によって語られることに関しては、評価が分かれるところであろう。篠田版で

は、神の声が台詞として語られることはなく、代わりに武満徹の音楽が鳴り響く。スコセッシ版の本作では、神の声が台詞として語られることで、神が沈黙し続けていたわけではないことが明確に表現される。

　さらに本作は、棄教後のロドリゴの生涯を、その死と火葬の場面に至るまで描くことで、神は沈黙していたのではなく、ロドリゴの生涯そのものが神について語っていたということを映像で表現している。

信仰と愛

　本作の主要なテーマは、信仰と愛であり、とりわけ最後まで残る「愛」（Ⅰコリ13:13）が強調される。モキチは人質になる前、「踏み絵を踏めと言われたら、どうするべきか」とガルペとロドリゴに問う。ガルペが「神に勇気を祈れ」と述べるのに対し、モキチは「自分が踏まなければ、苦しむのは村人たちである」と答える。ロドリゴは、「踏め、踏んでいい」と答え、ガルペに非難される。さらに、モキチはロドリゴに木製の十字架を渡し、「自分の神への愛は信仰と同じか」とロドリゴに問う。

「そうだ」と答えるロドリゴを、ガルペは咎めるように見つめている。

　信仰の否定であるロドリゴの棄教は、フェレイラの棄教と同様に、苦しむ信徒たちへの愛の行為として描かれる。フェレイラはロドリゴに、今まで誰もしなかった愛の行為をするのだ、と迫り、キリストがここにいたならば、逆さ吊りにされている信徒たちのために棄教したであろうと述べる。棄教の際、ロドリゴに「踏んでもよい」と語る神の声は、「お前の命は私と共にある」と語る。これは原作小説中にはない言葉であり、棄教をするロドリゴと共に神がおられたことを強調する。キリスト教の真髄は「愛」にあり、この愛は「共にあること」に結実すると作中では描かれる。

　ロドリゴの死後、妻によってロドリゴの手に密かに握らされた（と思われる）木製の十字架は、モキチが手渡した木製の十字架のようである。この十字架は、ロドリゴの生の最後まで神がロドリゴと共におられ、その生の最後までロドリゴが愛に生きたことを示す。

キチジロー

　棄教を拒んだ家族が目の前で焼き殺されるのを見たキチジローは、棄教をした自らの弱さに苦しみ、こんな世の中で、弱い者の居場所はどこにあるのかと問う。明確にユダと重ねられるキチジローはロドリゴを裏切るが、しかし、ユダとは異なり、裏切りの後も執拗にロドリゴの後を追い、ゆるしを求め続ける。再び牢に入れられ、踏み絵を踏むキチジロー。ロドリゴの棄教の夜にもキチジローはゆるしを求めて牢にいるロドリゴに対して叫ぶ。ロドリゴの棄教後も、キチジローはなおもロドリゴについてきてゆるしを求める。ロドリゴはキチジローをゆるし、「一緒にいてくれてありがとう」と述べる。キチジローはロドリゴと「共にいる」ことで信仰と愛とを体現する存在となる。

キリスト教信仰の変化

　日本におけるキリスト教信仰の変化というテーマは、本作全体を通して示唆される。まず、ロドリゴは、信徒たちがロドリゴのロザリオを極端に有難がる様子に戸惑いを覚える。さらに、ロドリゴと対面したフェレイラは、キリスト教信仰は、日本において変質したと述べる。フェレイラによれば、日本人は自然のうちにしか神を見出せず、超越神を理解できない。日本は苗が腐る沼地であり、日本人が信じたのは歪んだ福音であった。作中降り続く雨は、日本は沼地であるというフェレイラの主張を印象付ける。最後に、奉行井上は、五島の信徒たちの信仰は既に根が断たれ、異なる信仰になってしまっているため、もはや彼らの信仰を放っておくと述べる。

　日本上陸後、ロドリゴ自身の信仰もまた変化していく。ロドリゴにとっての神は、超越的で力強い「裁きの神」であったが、日本上陸後には、人と共にあり、その弱さをも分かち合う「愛の神」へと変化していく。この作品においてキリスト教信仰の変化は重要なテーマとして描かれている。

［東よしみ］

【キーワード】信仰、死、カトリック、聖職者、自己犠牲、苦しみ、宣教、国家、抑圧
【聖書箇所】Iコリ 13:13、マタ 1:23、マタ 28:20

ツリー・オブ・ライフ

The Tree of Life

製作：2011年　アメリカ
監督：テレンス・マリック

Story

　1950年代のテキサスを舞台に、主人公であるショーンが自身の過去を振り返ることによって物語は始まる。過去の情景、天地創造、ヨブ記を思い起こすような映像を交えながら、物語は進む。といっても、起承転結のある明瞭な物語があるわけではない。従って、くどくどとストーリーを述べるのではなく、一度本作を見て味わっていただきたい。

The Tree of life

　本作のタイトルである "The Tree of life" の日本語訳は「命の木」。そもそも、命の木とは創世記2:9、3:24に登場する。神は人が食事をするための木を様々創造されたが、園の中央にある命の木と、善悪の知識の木は食べてはならないと人に命じる。しかし、蛇の誘惑により善悪の知識の木の実を人は食べてしまい、エデンの園を追い出されてしまう。神が食べるなと命じた木のうちの一本の木の実は食べられてしまうが、もう一本の「命の木」の実は食べられていない。神は、「命の木に至る道を守るために、ケルビムときらめく剣の炎を置かれた」（創3:24）のである。この「命の木」が本作の題名となっている。とはいえ、この映画には命の木を直接的にイメージするような内容、映像は出てこない。この映画に通底する重要なモチーフは命の木であり、聖書に記される命の木がどのようなものなのかを理解しておかなければ、なかなか理解するのは困難であろう。

天地創造

　本作には「天地創造」をイメージするような映像が物語の途中に何度か出てくる。宇宙の映像、火山の映像、水の映像、夜明けの映像などなど。これらは、おそらく天地創造がイメージされており、物語の途中に何度か登場していることから、主人公の日常と神の創造の業（わざ）として誕生した命とが重ね合わされ、命のつながりがイメージされていると思われる。

神に問う

　この映画はよくヨブ記がモチーフとなっているとも言われる。それは、この物語の冒頭にヨブ記の引用があること、また、主人公の家族の死（弟）をヨブ記の言葉からなぜ神よと問うこと、さらには、妻を慰める友人の言葉、「主は与え、奪う方」というヨブ記の言葉から来ていると考えられる。しかし、本作を単に「なぜ神よ」と不条理を問う、いわゆる神義論がテーマとなっていると考えると、それはこの映画の一側面でしかない。この作品は題名にもあ

るとおり、大きなテーマである「命」をどう考えるかということにあると考えられるからである。

母のネグリジェ

主人公は少年時代、母のネグリジェを盗んだことを思い起こす。その後、何か大きな展開が起こるわけではないが、創世記35:22 のルベンが「父の側女ビルハのところへ入って寝た」という記述を思い起こす。レビ記 18:8 には、「父の妻を犯してはならない」とあり、この場面を見ると、これらの聖書箇所が思い浮かぶ。しかし、主人公は会社の重役であることが示唆されており、聖書的な罪を犯したからといって、悪い人生を送っている訳ではない。また、この映画の冒頭に、父親が熱心なキリスト者であり、その父からの言葉として、生き方には二通りあり、世俗的に生きるか、神の恩寵に生きる生き方かの二つであると語り、続けて神の恩寵に生きる生き方は不幸にならないと語る。主人公の生き方はどちらかというと、世俗的に生きる生き方ではあるが、年を経た今、満足な生き方をしているとは思えない。改めて、「母のネグリジェ」をモチーフとしつつ、自分自身の過去を振り返りながら、「自分の生き方」を問うているように思われる。

日常と非日常

上述した内容を織り交ぜながら、弟の死という大きな出来事はあるものの、主人公の日常を丁寧に描いている。これは、私たち自身の日常を表しているとも考えることができる。そして、命、天地創造、ヨブ記の内容を組み合わせることにより、本作を見るものに、一人一人の「命」だけでなく、私たちを超えた神の創造の業が私たちの生活の背景にあると伝えているような気がしている。現在の自分から過去を振り返り、そして、今の自分を見ることにより、これからどのように生きるかを主人公が見つめ直しているのではないだろうか。

本作の見方

本作は、冒頭でも記したように明確な物語があるわけではない。従って、本作を一見して見ると、何が言いたいのか、何を伝えたいのか、わかりにくいと感じるかもしれない。しかし、本作に限らず、映画、小説、絵画など感想は見るものによって様々な感想があってよいと考える。そういう意味で本作は、一人で見るよりは、複数人で見て、互いに感想を述べ合うことにより、様々な見方があることに気づくいい機会となるだろう。

例えば、

1. 本作で一番印象に残ったシーンはどこか？
2. 命の木をどこに感じたか？
3. あなたはどのような生き方をしてきたか？

などを分かち合ってもおもしろい。

最後まで見るのは骨が折れるかもしれないが、ぜひチャレンジしていただきたい。

[井上智]

【キーワード】神義論、罪、聖書、死
【聖書箇所】ヨブ 38:4,7、創 3:24、創 35:22

ディープ・インパクト

Deep Impact

製作：1998年　アメリカ
監督：ミミ・レダー

65

Story

　高校生の発見した彗星が2年後に地球に衝突することを知った政府は、この回避のために秘密裏に動き出す。1年後に衝突を控え、大統領はこの事実を国民に公表する。まず宇宙船「メサイア号」により彗星の爆破が試みられた。しかし作戦は困難を極め、状況に改善には到らなかった。他に頼れるのは地下シェルター、しかも入れるのは100万人のみである。人々が極度に混乱するなか、刻一刻と彗星が近づく。地球は、人類は、どうなるのか。

メサイアと救い

　メサイア計画と宇宙船メサイア号。「メサイア」ということばは、合唱「ハレルヤ」を含むヘンデル作曲のオラトリオ曲を連想させる。「メサイア」は「メシア」の英語読みであり、救世主を意味するヘブライ語で、ギリシャ語では「キリスト」という。

　映画のなかのメサイア号は最初の作戦で彗星の破砕に失敗し、その後も容赦なく降りかかる困難に前途を阻まれていた。かつてアポロ計画に参加したフィッシュは心身が傷ついた若いクルーを抱えながら、粘り強く難局に立ち向かう。やがてクルーたちは、最初軽んじていたフィッシュに、大きな信頼を寄せるようになる。

　それでも願う結果に繋がらず、傷んだ宇宙船で使命が果たせないなか、最終的には彗星の裂け目に入り込んで核爆発を起こさせることで皆の思いが一致する。フィッシュはクルーと家族を画面越しに対面させる。間もなく、メサイア号はそれぞれの誇りを胸に最終的な任務を遂行する。

　メサイア号はまさに地球を救う使命を負っていた。フィッシュの存在もまた、クルーたちの救いであったことは間違いない。絶望が漂う宇宙の闇のなか、フィッシュを拠り所としたからこそ、クルーたちは自分の歩みを選ぶことができたのであろう。

ノアの箱舟

　彗星が地球に衝突する予測のもと、地下に建設された100万人分のシェルターを、大統領は「ノアの箱舟」に見立てていた。

　ノアと箱舟の物語は、旧約聖書の創世記6-9章に描かれている。ノアは、150日間続いた洪水をしのぐため、神の言葉にしたがって事前に箱舟を作り、多様な生き物たちとともにそこに避難した。そして、水が引き、新たな地があらわれたあと、地上に降り立ち、また生を紡いでいくというストーリーである。

愛の讃歌

　このシェルターに入れる人とそうでない人とが分かたれる事実を前に、やり場のない気持ちを持て余し、自暴自棄になる人々、そして、そのような人々によって引

き起こされた略奪や放火など、街は急激に荒れていく。深く思い悩む大統領の姿とともに様々な人の様子が描かれる。

そのさいに聞こえてくる「……すべてを信じ、すべてを望み、すべてに耐える。……わたしは、今は一部しか知らなくとも、そのときには、はっきり知られているようにはっきり知ることになる。」（Ⅰコリ一13:7-12）というのは牧師の読む聖書のことばであり、離れまいとする高校生カップルが結婚する場面であった。夫リオは彗星の発見者としてシェルターに入れるが、妻になったら彼女も一緒に入れるからである。

この聖書のことばは実際に結婚式で読まれることが多く、「愛の讃歌」と呼ばれる箇所である。喜びに満ちた状況だけでなく、絶望的な状況のなかでもまた、人は愛によって支えられるだけでなく、あらためて愛の存在に気づかされる。

いのちと選択

愛の様相はまた、間もなく自分の生が終わると思ったとき、それぞれの在り方のなかにも示されている。

シェルターに入れる年齢を上回るジェニーの母は、一人静かに身支度を始める。唇に紅を差し、思い出が詰まった華やかなドレスをまとい、部屋の椅子に腰かける。かつて自分が撮った夫と娘の写真に見入る。死を前に、愛で溢れた幸せな思い出で心を満たし、娘の無事を願いながら、穏やかに生を終えることを選ぶ。

他方のジェニーは、幼児を持つ友人に自分のシェルターを譲る。そして、ずっと反発してきた父親と思い出の海岸で偶然再会し、淋しかったことを互いに打ち明ける。穏やかな広い海の前で、心の一部が解け合った平和な瞬間である。割れた小彗星が大西洋に墜落した直後、大波が二人を襲う。大波を見つめるジェニーは、父親の腕のなかで、"Daddy"とつぶやく。

信仰告白と祈り

この映画のなかでは、いのちに関わる資源配分の問題や自死の問題など、課題となる様々なテーマが含まれているが、最後に、以下の点について述べておきたい。

大統領は、大きな混乱が予想される地下シェルターへの避難計画を、彗星の破砕が失敗したことを報告するさいに明らかにした。このさい、いったん垂れた頭をもう一度あげ、"I wish"（わたしは願う）と語り始めるが、それでは言い尽くせない本当の気持ちを、"I believe in God"ということばで言い換える。「わたしは神の存在を信じる。信じない人もいるが、わたしは祈りたい。わたしたちが生き残れるように。なぜなら、神はすべての祈りを聞いてくれているとわたしは信じているからだ。その答えがNoであっても。神が祝福と力を与え、支え、平安をくださるように。」これは、大統領の信仰告白であろう。現実的には救いが見えない状況のなかで、また、何が救いかもわからない見通しのなかで、実はこの小さな自分といのちある多くの被造物がつねに神から知られ、祈りが聞かれているというリアリティを、大統領はこのとき強く感じたのではないか。そして、それだけが世界を支えることができるのであった。

[梶原直美]

【キーワード】愛、信仰、祈り、救い、終末、科学
【聖書箇所】創6-9、Ⅰコリ13:7-12

デッドマン・ウォーキング
Dead Man Walking

製作：1995年　アメリカ
監督：ティム・ロビンス

Story

　スラムでこどもたちに向き合って生きる修道女ヘレンに、ある日、殺人と強姦の罪で死刑判決を受けていた囚人マシューから便りが届く。面会に行くと、彼は潔白と特赦を訴えてきた。戸惑いつつも、ヘレンは特赦の査問会を要求するため動きはじめる。被害者家族から厳しい非難が向けられる中、やがて特赦は却下され、刑が確定。ヘレンはカウンセラーとして彼と死刑までの数日間を過ごすことになる。マシューは死への不安と孤独を訴えだす。

安心して鑑賞できる作品

　この映画は、実際に死刑問題に取り組むシスター・ヘレンによる活動記録を著作化した本『デッドマン・ウォーキング』（1993年）を原作とする。

　原作同様、宗教的な要素は確かに色濃いが、決して押し付けがましくはない。また、死刑の是非についても安易な答えを一方的に提供しようとしていない。犯罪を犯した者の残虐さ、その社会的な背景と家族の心情、そして被害者の側の無念や家族の痛みを正面から描こうとしている。

　本作でヘレンを演じ、第68回アカデミー賞主演女優賞を獲得したのはスーザン・サランドンだが、彼女の私生活上のパートナーでもあった監督ティム・ロビンスは、ある時インタビューで次のように語っている。

　「僕たちの意見を押しつける作品ではない。観終わったあとに……その人なりの答えを出してくれたら嬉しい」（『フリックス』1996年6月号）。

　主張が何も見られないとは思わないが、キリスト教関連映画でも宗教的プロパガンダに溢れた作品が少なくない中、本作はキリスト教や宗教とは縁遠い読者も安心して見ることのできる映画である。

悪をのみ込む愛

　臆面もなく言えば、この映画に一貫する根本的なモチーフの一つは愛であろう。映画の表現から言えば、それは私たち人間同士の間で通常問題になる家族愛、友愛、性愛ではなく、「悪をものみ込む愛」である。

　映画の展開の中で、ぜひ注目してもらいたい。シスター・ヘレンと囚人マシューとの出会いから死刑に至る物語の本筋に折々に差し挟む形で展開する、より小さな2つの異なる物語の流れがある。

　冒頭からの展開を追いかけながら説明してみたい。囚人マシューから特赦のために動いてほしいとの要請を受けて、ヘレンは戸惑いながらも動き始める。罪を認めないマシューと向き合いながら、被害者家族とも出会いを重ねる。レイプされ、殺害さ

れた被害者家族が抱える痛ましいほどの苦悩、憎しみ、孤独に耳を傾けつつも、彼女はマシューとの接点を絶つことができない。

そのような物語の本筋に断片的に挿入されるのがヘレンの過去の記憶を伝える映像である。カットインされる、そのより小さな物語から読み取るに、幼いヘレンが仲間と共に小動物をいじめて殺した経験は、彼女の中で罪の形を取って残っていた。映画は彼女がシスターになるまでの道のりについて多くを語らないが、その罪の記憶に苛まれる若いヘレンに向けて母親が語る言葉、「悪をものみこむ愛を求めているのね」は、シスターとなった彼女の生き方を理解する重要な手がかりであり、映画全体に深く通底するモチーフを表示する。

もう一つのより小さな物語の流れは、なおも罪を否む囚人マシューの犯行に関わる映像である。いったい彼は本当にレイプし、人を殺したのであろうか。その真実は、最終的に死刑執行の後に悲痛な映像と共に明かされる。

マシューが死刑に至る過程を描く物語の本流に挿入されるこれらのより小さな物語が作品に奥行きを与えている。一方には「悪をも飲み込む愛」に対する切実な求めがあり、そのような愛を信じようとする者のたどたどしくもひたむきな実践がある。他方には私たち人間の内外にある悪や欲望の悲惨があり、救いようもなく思えるほどの非情さがあり、許し難さがある。

いのちの価値

これは映画の中での表現であるが、人殺しはもはや人間ではないから処刑されて良いとする声は、本作の中でも決して小さくなく、むしろ物語の結末から見ればその見方は本流となって展開したとも見られる。

許し難さをも感じながら、しかし、殺されるべきではない命と殺されて構わない命を峻別するそのものの見方は、生産性や有用性の観点から社会において役立つ命と役立たない不要な命とを分けるものの見方を地続きに思わせる。

この映画は答えを明示しない。とはいえ、処刑直前にマシューが叫ぶ次の言葉は、この映画全体のクライマックスに確かに位置している。

「殺人はいけない。俺や他の人がするのも、政府が行う殺人もすべて」。

ちなみにこの作品、デッドマン・ウォーキングに関わる聖書箇所の一つは、ヨハネによる福音書 8:32 の言葉、「あなたたちは真理を知り、真理はあなたたちを自由にする」（新共同訳）であった。人を自由にする真理とは何か、そしてその真理が与える自由とはそもそも何であるのかを考えさせてくれるヒントが、本作には詰まっている。

［橋本祐樹］

【キーワード】罪、ゆるし、裁き、死、悔い改め、正義
【聖書箇所】イザ 43:1-3、マタ 18:22、ルカ 23:43

143

天国からの奇跡
Miracles from Heaven

製作：2016年　アメリカ
監督：パトリシア・リゲン

Story

　テキサスの田舎町に住み、日曜にはそろって教会に通うビーム家の次女アナは5歳の頃原因不明の病にかかる。母クリスティの奔走の末、ボストンの病院でようやく難病の偽性腸閉塞症であると判明するが、テキサスとボストンとを往復する治療生活も効果は芳しくなかった。月日は流れ、10歳となっていたアナはある日、登っていた大きなポプラの木の洞に落下してしまう。アナは一命を取り留め、奇跡を経験することになるが、その奇跡とは？

クリスチャン・フィルム

　2015年に出版されたクリスティ・ビームによる同名の自叙伝を原作に映画化した作品。彼女が経験した信仰の証を記したものであるため、本作は信仰が中心テーマの一つとなるストレートなクリスチャン・フィルムである。

　この映画は日曜の朝から始まる。教会へ行くため身なりを整える一家の姿や、娘たちのおしゃべりに登場する「悪態つくと地獄行きよ」「地獄はカリフォルニアにある」という言葉、礼拝中のバンドによる賛美奉仕、「嵐に襲われた時は信じることで我々は守られます」とまっすぐに語る牧師の説教などから、テキサスの保守的なキリスト教信仰を背景にした作品であることが窺える。劇中にはさらに超自然的な出来事も登場するため気持ちが遠のく視聴者もいるかもしれない。しかし、そこで諦めてしまうのはもったいない。ジェニファー・ガーナー演じるクリスティが経験する悩みと問いは私たちに普遍的なものだからである。

神への問い・病と信仰

　母クリスティはアナが病を患うまでも熱心に教会生活を送っていたが、娘の病を知り天窓を仰いでますます祈りを深くする。執筆者はかつて病院チャプレンをしていたが、その頃に出会ったある患者が語った「みんないつかは天井見るねん」という言葉が思い出される。日頃は様々な事柄や人に囲まれて意識しなくとも、人生の嵐に襲われた時、人は人間を超えた存在を求め、問わずにはいられない。信仰をもつクリスティも同様である。危機において神に一層迫り、また離れもするその揺れ動きが描かれる。「神様は治せないの？」と尋ねるアナに「ママにもわからないことはたくさんあるけど、神様があなたを愛してることはわかってるわ」と答えるクリスティは、一人になると「神様、あなたはそこにいるの？　聞こえてますか？　私には、聞こえません……」と神に問う。

　教会のあるメンバーはそんなクリスティに助言する。「もしかしたらこれは自分に厳しい目を向けるべき時なのではない

か。なかなか良くならないのは家族の誰か、あるいはアナ自身が罪を犯したせいではないか」と。これを機にクリスティは教会から遠ざかる（これらの言葉は実際の教会でも聞かれ、何より患者自身がそのように自らを責めていることがある。信仰の有無や文化にかかわらず、私たちがいかに応報思想に囚われ苦しんでいるかを思わされる）。この教会メンバーの「助言」を含めてクリスティは旧約聖書のヨブの問いや苦悩に通ずる経験をする。

彼女は牧師にも尋ねる。「なぜ愛である神はアナが苦しんでいるのを放っておいているのか」。牧師にも答えはない。神がいるならなぜ悪（ここでは病）があるのか、なぜこの苦しみはあるのかという問い（神義論）はこの作品にも登場する。クリスティはその答えを見出しはしない。しかしその問いは別の角度から解消されていく。

奇跡とは

プロローグで「奇跡とは自然や科学の法則では説明できない出来事だ」とクリスティは独白する。新約聖書にはイエスがいくつもの奇跡を行ったことが記されているが、劇中に起こる現代の奇跡は私たちに改めてチャレンジを与える。人間の認識や説明力を超えた事柄は起こり得ると認めるのかあるいは距離を置くのかと。

ただし、奇跡は不思議な出来事一つだけを指しているのではない。原題の奇跡がMiracles、複数であることに目を留めたい。クリスティは久しぶりに戻った教会で、奇跡とは何かアインシュタインの言葉を引用しつつ彼女の答えを語り始める。「この世には二つの生き方がある。一つは奇跡はないかのように生きること、もう一つはすべてが奇跡であるように生きること」旧約聖書において、神はヨブの物語の終わりに世界の大きなこと、小さなことの一つ一つを神が造り、知り、心に留めていることを語る。すべてが奇跡だなどと思えなかったクリスティは、それでもなお彼女の周りに溢れていた奇跡によって一人ではなかったこと、神がそこにいたことを知らされる。

アナやクリスティには、親しくなった人から名も知らない人に至るまで、何人もの人との関わりが与えられた。ボストンで気落ちしているアナを見て友人になったアンジェラ。同じくボストンの病院の名前も登場しない受付員。彼女らはアナの存在に気付いてもそのまま彼女の人生を通り過ぎることもできたが、そうしなかった。数えきれない同様の選択によって今のアナとクリスティがいる。そして二人もまた、誰かの奇跡の一部となっていたことを知る。教会でのクリスティの証は、現代にも奇跡物語は起こり、また溢れていることを表している。では、この物語に触れた私たちは、奇跡を何と言うだろうか。私たちは日々の生活の中でどのように奇跡を受け取り、またどのように誰かの奇跡を担う一人であるだろうか。そのような思い巡らしへと導かれる。

［上田直宏］

【キーワード】神義論、奇跡、信仰、罪、裁き、苦しみ、家族
【聖書箇所】ヨブ記、詩 22 編、イザ 40:6-8、イザ 40:27-28、エレ 12:1-5、ダニ 3:17-18、ルカ 17:20-21、マタ 28:20

天使と悪魔
Angels & Demons

製作：2009年　アメリカ
監督：ロン・ハワード

Story

　新教皇を選出するコンクラーベの開催が迫るヴァチカンで、次期教皇候補である枢機卿4名の誘拐事件が発生。また、犯人がヴァチカンの破壊を企てていることも判明する。ヴァチカンから協力を要請され、宗教象徴学者のロバート・ラングドン教授は事件の調査を開始。ラングドン教授はかつて教会から迫害された科学者たちによって結成された秘密結社イルミナティが事件に関わっていることに気づき、科学者ヴィットリアと共に、事件の真相に迫る。

神の危機

　「『光あれ。』こうして、光があった。」（創1:3）。聖書における、世界創造の一文である。この世界を創り出したのは神であることが語られている。しかし、本作では人の手によって、その神による創造を再現することが可能になる物質が登場する。

　それが「反物質」である。反物質は、作中に登場する神による世界創造を科学的に証明できる物質である。反物質は神の力の存在証明にもなりうるが、一方で、神による創造の否定にもなりかねない。作中の反物質生成の成功は、科学による神の世界創造の再現を可能にし、神の存在を揺るがすものである。

　カメルレンゴ（教皇空位期間事務局長）のマッケンナ神父は反物質を人間の傲慢による神への冒涜だと厳しく批判する。マッケンナ神父の反応からも分かるように、本作では、科学と宗教（カトリック教会）の関係性が1つのテーマとなっている。反物質の生成は、科学と宗教の関係が揺さぶられ、緊張がもたらされることを予感させる。

科学は神を抹殺するのか

　マッケンナ神父は枢機卿たちにイルミナティが関わるとされるこの事件を、科学と宗教の戦争だと訴え、科学によって神が抹殺されると警告を発する。それでは、マッケンナ神父が恐れるように神は科学によって抹殺されてしまうのだろうか。

　神学者トマス・アクィナスは、神の支配があらゆるものに及んでいると述べている。あらゆるものは神の支配下で偶然的、または必然的なしかたで生じる。そのため、偶然も神が偶然と定めて、初めて偶然になるのである。科学によって生物の突然変異といった偶然性が神の力の否定の証拠にされるが、その偶然性にも神の力が働いているのである。そして、科学自体もアクィナスの主張からすると、神の支配にあると言える。科学は神と相反するものではなく、神と関わりを持っているのだと言える。

　教皇庁国際神学委員会が発表した人間の尊厳と科学技術に関する報告書には、「科学と技術は、被造物全体に対する、またすべての被造物に対する神の計画に奉仕する

ものでなければなりません」と述べられている。神の支配の下にある科学は神に仕える役割がある。そのため、科学の力で神の力の存在を証明することは、神から与えられた科学の務めと考えられる。この科学の役割から考えると、科学による証明が神を抹殺することはないと言える。

作中、反物質生成実験を行った科学者兼司祭のシルヴァーノは前教皇に実験について相談している。同席したマッケンナ神父は反物質を神への冒涜と批判したが、彼の師である前教皇は反物質の実験を公表すべきとした。前教皇は、科学的に神の力が証明されることが宗教と科学の関係にある溝を埋める、と考えての主張であった。前教皇からすると、世界創造の再現を可能とする反物質の発見は、科学が神から与えられている役目を誠実に果たした成果だったのではないだろうか。そして、科学もまた神に関わるものであることを教会が再確認することを期待していたのではないだろうか。

科学と宗教への希望

科学対宗教に関する有名な事件として、17世紀に地動説を唱え教会と衝突したガリレオ裁判がある。科学対宗教として描かれることが多い事件だが、ガリレオは神や教会そのものを批判したわけではなかった。

本作で、ガリレオは「教会と科学は敵対せず同じことを語っている」と述べた科学者、と説明されていた。確かにガリレオは、自然を第二の聖書と見なし、自然の現象を数学で解明することで、神の力をも知ることができると語っている。ガリレオは数学（科学）もまた、教会と同じように神を語ることができることを信じていたのである。

マッケンナ神父は本作終盤においてヴァチカンを爆発から救ったヒーローとなる。しかし、事件の真相が明らかになったとき、多くの命を救った天使とも思えるマッケンナ神父の悪魔の面が明らかになる。

マッケンナ神父にとって天使（善）は教会、悪魔（悪）は科学だったのではないだろうか。神父は善と信じる教会のために、神の存在を否定しかねない科学を悪とみなした。前教皇は神父に「お前の頭の中の声は神の声だ。つらくともその声に従え」と教えたが、神父は本当に神の声に耳を傾けたのだろうか。反物質によって創造の再現が可能となり、神の存在が揺るがされることは、マッケンナ神父にはつらかったはずである。そのため、神と教会を守るためにも、科学という悪が神を抹殺するという自分の考えに従い、凶行に及んだのではないだろうか。

本作のラスト、新教皇が誕生する。新教皇の名は「ルカ」である。ルカは医者であり聖書執筆者でもあった人物である。まさに、「ルカ」は科学と宗教の融合を表す名前であることが語られる。これからの科学と宗教の関係への期待が込められた名前である。このラストから、前教皇が期待したように科学と宗教の溝が埋められ、両者の対立が克服されることが神の、教会の願いなのではないかと思わされる。

[山内慎平]

【キーワード】カトリック、教会、信仰、正義、科学
【聖書箇所】創 1:1-3、ヨシュ 10:12、IIペト 1:3-4

天使にショパンの歌声を

La passion d' Augustine

製作：2015年　カナダ
監督：ロン・ハワード

Story

　カナダのケベックにある、カトリックの女子修道会に属する小さな寄宿学校が舞台。豊かな自然に囲まれたこの学校は、音楽教育に力を入れている女子校で、コンクール優勝者も輩出する名門音楽学校。ところが、修道会の運営方針が見直され、採算の合わない音楽学校は、閉鎖の危機に直面する。校長のオーギュスティーヌはこれに抵抗し、学校をマスコミに公開し、生徒たちの音楽の力で世論を動かすことを考える。一方、オーギュスティーヌは、転校してきた姪のアリスに、天才ピアニストの才能を見いだすも、一筋縄ではいかないアリスに手を焼くことになる。

自由と規律

　映画は冬の寄宿舎の朝から始まる。生徒たちは起床してすぐ、生徒指導のシスターと「主をほめたたえよ」「神に感謝」と定型的な応答を繰り返しながらの朝の身支度をする。起床から就寝まで「規律」を重んじる寄宿舎の生活を印象的に描く。この学校に、校長の姪のアリスが転校してくる。アリスは型破りで正義感が強い女の子。吃音の友人に発音を強いるシスターにアリスが文句を言うと、二人とも廊下に立たされる。二人はそのまま学校を出て、町のダンスホールへ走って行く。探しにきたシスターに、アリス達は脱走して男と遊んでいたことを叱られる。アリスはオーギュスティーヌに自分の本当の気持ちを理解してもらえなかったことを悲しむ。「服従」とは、権力者である教師への無批判な従順を意味することなのか？　問いが残される。

　この映画の面白いところは、自由と規律というテーマが、音楽教育にも並行している点である。バッハのピアノ曲をジャズ風の自由なアレンジで演奏するアリスに、

オーギュスティーヌは「ジャズよりも楽譜をマスターしなさい。そうでないと上達しない」とたしなめる。別の日にも、ショパンの『別れの曲』を即興で弾き、「感情にまかせて弾くな」と叱られる。すると友人が、この曲は（アルコール依存症の）母が好きだったと言って歌いだす。それに、アリスがピアノ伴奏をつけて演奏する。この二人の感情的な演奏は、オーギュスティーヌも認めざるを得なかったようだ。

シスターがヴェールを脱ぐことの意味

　カトリック教会では、1960年代に大きな方針転換（第二バチカン公会議）が行われて以降、現代社会との対話が重んじられるようになった。その影響もあってか、修道会本部からの通達により、シスターは全員ヴェールを脱ぐことになる。

　映画では、シスターたちが悲しみながらヴェールを脱ぐ場面を、ゆっくり時間をかけて映している。シスターは、身を献げる決断をして修道院に入ってきた。ヴェールは、そのことのシンボルでもある。そのヴェールを脱ぐことは、伝統を脱ぐことを

意味すると共に、自分自身が剥ぎ取られるような痛みを伴うことでもあるのだ。映画では、変化する時代の只中を生きる彼女たちの悲しみを尊重している。その悲しみを乗り越えて、シスターたちはヴェールに代わる新しい制服姿で生徒たちの前に颯爽と現われた。その先頭に立つオーギュスティーヌの言葉に魅せられる。「修道女は昔のように、無個性な存在じゃないわ。だから、あなたたちも自分の居場所を見つけて、果敢に挑戦して」。「一個人としてのシスター」を追い求めていくオーギュスティーヌの生き方は、「個」を大切にする教育へとつながっていく。

教育と経営のはざまで

　修道会のトップである総長と校長のオーギュスティーヌは、経営と教育というテーマを巡って激しくぶつかり合う。総長は、支出の多い音楽教育に批判的だ。「謙遜」「服従」「連帯」というキリスト教的キーワードを用いて従わせようとする。それに対してオーギュスティーヌは、音楽の賜物を神が生徒に与えてくださることを信じて教育を行う。

　学校閉鎖の危機を知ったオーギュスティーヌは、シスターたちの前で学校存続の為に戦う決意を表明する。まず、後援会の女性の助言を受け、マスコミに学校を公開することを決断。生徒たちの美しい歌声を聞かせながら、音楽教育の素晴らしさをアピールする。この「学校を救う集い」は成功した。しかし、総長との対立は決定的になってしまう。トップに「服従」して、

神の御心を待つ姿勢を勧める総長に対し、できる限り存続の努力を主張するオーギュスティーヌ。この議論の根底には、神への信頼と人間の努力というテーマがある。神に信頼してただ祈って待つのか、できる限りの努力をするのか。二者択一の問題ではないだろう。両者の関係は永遠のテーマである。少なくとも、権力をもつ側が「神の御心」と言って一方的に意見を押しつけ、弱い立場の者を抑圧する構造に問いが投げかけられている。

　この映画全体を通して名曲の数々が聴けるのも魅力の一つだ。冒頭に出て来る朝のミサで生徒とシスターが『アヴェ・ヴェルム・コルプス』を歌う。この曲は、カトリック教会の対宗教改革と関わる曲。そのような選曲にも注目したい。キャストは全員吹き替えなしで演奏、合唱をしているという。生徒たちの美しい歌声や演奏は、学校が抱える問題とは対照的に、学校の自由な雰囲気を感じさせているから不思議である。

　学校がどのような運命になろうとも、生徒たちの才能は花開いていく。そのことが最後に希望として残る。特に、キリスト教学校に興味感心のある方には、是非見ていただききたい。

[家山華子]

【キーワード】カトリック、修道院、信仰、自由、解放
【聖書箇所】創 12:1-4、ヨハ 8:32

天使にラブソングを…

Sister Act

製作：1992年　アメリカ
監督：エミール・アルドリーノ

Story

　舞台は米国ネバダ州にあるラスベガスに次ぐギャンブルの街、リノ。ナイトクラブで働く歌手のデロリスは、ある事件に巻き込まれ、警察の計らいのもとに、修道院に匿われる。シスターとなったデロリスは聖歌隊の指揮者を任され、壊滅状態の聖歌隊を鍛え上げ、賛美歌をポップ調の楽曲にアレンジし、歌手としての本領を発揮する。しかし、その束の間、警察内部の情報が漏れ、マフィアのボスの魔の手がデロリスに忍び寄る。

賛美歌とポップのフュージョン（融合）
——神聖と世俗の出会い

　映画のオープニングは、1968年に主人公のデロリスが幼少時代に通っていたカトリック系学校での授業のシーン。先生である修道女（シスター）が尋ねる。「イエスの弟子たち、十二使徒の名前を言える人？」デロリスが即座に手を挙げ屈託のない笑顔で答える。「ヨハネにパウロにジョージ、それにリンゴスター！」、（ビートルズのメンバーは John、Paul、〔日本語聖書ではヨハネにパウロと表記〕George に Ringo）、他の生徒は爆笑する。1968年はビートルズの全盛期。しかめ面の先生は「あなたの将来が心配だわ。一体どんな大人になるのやら」と嘆く。デロリスはビートルズにはなれないが、ナイトクラブの歌手となる。事件に巻き込まれ、シスターとして修道院に身を隠すことになる。修道院では聖歌隊の指揮者を任され、音楽の才能を活かし頭角を現す。旧態依然の聖歌隊を音域ごとに再編。ハーモニーと表現力を重視し、編曲を試み、表現技法を変革する。指揮者としての

最初のミサのデビュー曲は、『ヘイル・ホーリー・クイーン』(Hail Holy Queen)。伝統的なカトリック聖歌。『サルヴェ・レジーナ』(Salve Regina) とも呼ばれている。その意味は「讃えよ、天上の玉座の聖なる女王」。カトリック教会では、合唱を2つに分けて交互に歌う交唱として歌われる。映画では歌の前半が伝統的な聖歌として歌われ、後半はポップ調のアレンジで身体を揺すりながら表現豊かに歌われる。伝統とポップが見事に融合し、聖歌隊は一気にブレイクする。なお映画の後半では、聖歌隊によって『I will follow him』（彼についていく）が歌われている。この曲は60年代に米国の歌手、ペギー・マーチが歌い、大ヒットしたラブソングである。「彼」(him) の部分を「神」の代名詞を意味する大文字の Him に変えている。「I will follow Him」は（主について行きます）となる。歌詞の最後も「Keep us away, away from His love」（主の愛から私たちを引き離せない）と変換されている。世俗のポップが聖歌に変換され、神聖と世俗が出会い、聖歌に新たな調和と魅力を加えている。

祈りかつ行動（ACT）するシスター（修道女）

　ポップな聖歌隊の合唱に誘われて、近隣の若者が礼拝堂に増えてくると、地域と修道院の交流が始まる。シスターたちは修道院の周囲の壁の落書きや道路の掃除をする。休憩時間には若者からストリートダンスを教えてもらう。バザーの開催や、車の修理、ホームレスへの慈善活動も共同で行われる。修道院や修道女と言えば、閉鎖的な囲いの中で俗世間から隔絶し、禁欲的な修行生活をしているというイメージがある。確かに数多くある修道会の中でも歴史の長い修道会には、「観想修道会」と呼ばれる「祈り」や「黙想」を中心とした修道会がある。しかし同時に修道院は、中世において病院やホスピスの役割を担い、地域に深く結びついていた。「祈りかつ働け」は修道院の伝統でもある。近年はインドで、被差別者、病んだ人、死に行く人の世話をしたマザー・テレサの修道会もよく知られている。

　因みに、主人公デロリスが身を隠した修道院の名前は「聖キャサリン修道院」と紹介されている。キャサリンは英語名称で、14世紀のシエナの「聖女カタリナ」に由来している。聖女カタリナは「教会博士」の称号を受けている。理知的な映画の修道院長を想起させる。さらに深読みするならば、映画の中で修道院があるサンフランシスコの地名は12世紀に活躍したアッシジの聖フランシスコに由来する。清貧の生活を送りながら病人などへの奉仕活動に身を捧げた聖人だ。映画の原題は「Sister Act」（シスターのふりをする）だが「シスターが行動する」と訳すこともできる。

罪のゆるし

　映画の終盤、マフィアに警察の内部情報が漏れてしまい、デロリスは修道院からマフィアに奪還されてしまう。マフィアのボス、ヴィンスは部下の二人にデロリスを射殺するように命じる。しかし、二人の部下はイタリア系のカトリック教徒であるため、銃を手にしながらも修道服姿のデロリス殺害することができない。そこで二人は、デロリスに修道服を脱ぐように命じる。すると、デロリスは跪き、「主よ、この二人をおゆるしください。何をしているのかわからないのです」と祈り始める。二人のギャングもつられて共に祈る。聖書には同じ祈りが記されている。イエスが十字架につけられ、太い釘を手足に打ち込まれ、想像を絶する激痛と苦しみの中での祈りだ。「父よ、彼らをおゆるしください。自分が何をしているのか知らないのです」。この祈りはイエスが自分を十字架につけた者を「ゆるす」祈りである。デロリスの祈りは、自分を射殺しようとする二人に向けられている。祈りに油断した隙をついてデロリスは逃げ出し、かけつけた仲間のシスターたちによって無事救出される。ヴィンスは逮捕される。ヴィンスは去り際、デロリスに「あんなに面倒を見てやったのに……」と罵る。それに応答してデロリスが一言。皆が予測したのは「F・・・You」という罵りの言葉だった。しかし、デロリスの口から出たのは「Bless you」（神のご加護がありますように）であった。　　　　　　　[山本俊正]

【キーワード】賛美、修道院、祈り、罪、ゆるし、暴力、解放
【聖書箇所】ルカ 23:34

天使にラブソングを 2

Sister Act 2: Back in the Habit

製作：1993年　アメリカ
監督：ビル・デューク

Story

　1992年に大ヒットした『天使にラブソングを…』の続編。ある日、彼女を訪ねて修道院仲間のシスターたちがやって来る。シスターたちから聞いたのは、修道院が奉仕する高校生たちの悪態。デロリスは悪ガキ達の指導を懇願される。彼女は再びシスターに変身し高校で聖歌隊を結成する。聖歌隊は州全体のコンテストに出場を決める。しかし学校の理事会は、財政危機から学校の閉鎖を進めていた。コンテストの結果は？　閉校される予定だった学校の運命は？

自分の大切さと他者の大切さ

　デロリスが担当する音楽クラスの生徒たちは、予想以上にヤンチャな悪童たちだった。最初の授業はボイコット状態で、デロリスは手を焼き、閉口する。校長のモリス神父は「生徒たちに必要なのは、ディシプリン（しつけ）のみ」とデロリスに学校の教育方針を指南する。しかし、デロリスはクラスの生徒たちが、目を輝かせて自分の好きな音楽を語り、ラップを歌う姿を目撃する。デロリスは生徒たちに「あなたが成功したいのなら、周りの世界を見つめながら自分自身に目覚めて、自分の大切さにもっと注意を向けなさい」と説く。それを聞いた生徒たちは即興で、このデロリスの言葉にメロディーを付けて歌い始める。「聖歌隊なんてダサイ」と初めは乗り気でなかった生徒たちが、変わり始める。生徒たちは、デロリスの指導に引きつけられてゆく。個性を尊重し、上から型にはめた「よい子」を目指す「しつけ」教育ではないことに気付かされる。自分らしさを失わずに大切にすることにより、他者を大切にする

ことができることを学んでゆく。デロリスに反抗的だったリタが抜群の歌唱力を初めて披露するシーンがある。彼女の友だちに悩みを相談し、学校のピアノで『His Eye Is On The Sparrow』(主は雀を見守り給う)を歌う。新約聖書、マタイによる福音書を基に作られたゴスペルソングだ。歌詞の中に「イエスが私の一部で、あの方がいつも私の友。あの方の目はスズメを見ている。そして私を見守ってくれている」というくだりがある。さらに歌詞は「私は嬉しいから歌うの。私は自由だから歌うの。あの方の目はスズメを見ている。そして私を見守ってくれている」と続く。自分よりも小さな雀さえ神は見守って、大切にしてくれる。神に造られた全ての存在は、どのような境遇、環境に置かれていても、存在として大切にされなければならない。神に守られていることを信じる時、自らの大切さに目覚め、他者を大切にすることが可能となることを示唆している。

アフリカ系アメリカ人(黒人)のアイデンティティ

　前作の『天使にラブソングを…』は主人

公のデロリスを除いて、シスターも司教も神父も全て白人であった。今回、聖歌隊を構成する生徒たちの多くは、アフリカ系アメリカ人（以下黒人）である。デロリスの最初の授業で、生徒たちが自己紹介をする場面がある。ある黒人の生徒が「自分の名前は、出席簿にはウエスレー・ジェイムスと書かれている。ウエスレーは白人社会に適合するための名字。ジェイムスは奴隷時代につけられた名前」と説明する。「公民権運動で自分のアイデンティティを獲得した人たちに敬意を表して、今の自分の名前はアムール・ムジョモ・ジャイヤだ」と続ける。アムールは小柄ながら弁が立ち、自らのアイデンティティをいつも主張する。ラップが得意な白人のクラスメイトに「白人社会の罪を考えろ。我々は土地と名前と文化的遺産を奪われた。ラップの音楽まで白人は奪うのか」と手厳しい。アムールの弱点は歌声が小さいことだった。デロリスは学内のコンサートでアムールをソロのパートに抜擢する。歌う曲は『Oh Happy Day』（オー・ハッピー・デイ）。18世紀の賛美歌を基に作られた作品。「ああ、なんて幸福な日なんだろう……イエス・キリストが私の罪を洗い流し……人生の問題にどう向き合うかを教えてくれた」と続く。アムールは、指揮者のデロリスに導かれ声が出るようになる。出足のソロパートを歌い上げる。途中のソロでは超高音ボイスでデロリスや観客を驚かせる。黒人に対する長い歴史的抑圧を振り払うかのような、魂の叫びに聞こえてくる。

ゴスペルのパワー

映画の最終盤、聖フランシス高校の聖歌隊は、全州高校聖歌隊コンテストに出場する。自分たちの出番を待つ間、他の出場校の歌唱力とレベルの高さに圧倒される。デロリスは逃げ出したいと、怖じ気づく生徒たちに渇を入れる。「怖いことから逃げてばかりいるのは、自分の人生からも逃げ出すことよ！」と叱咤激励する。生徒たちが奮起して歌った曲は『Joyful, Joyful We Adore Thee』（ジョイフルジョイフル＝歓びに満たされ神を賛美する）。ベートーヴェンの交響曲第九、第四楽章の主旋律を基にした曲。生徒たちは用意してきた聖歌隊ガウンを脱ぎ捨て、個性豊かな普段の服装で舞台に登場する。オープニングを歌うリタの張りのあるソロの後は、手拍子が加わり、ゴスペルに加えてラップも披露する。会場全体が一つになり「歓喜の歌」に満たされる。ゴスペル（Gospel）とは本来、福音（ギリシャ語でエバンゲリオン＝イエス・キリストの訪れを伝える良き知らせ）を意味する。ゴスペルソング（Gospel song）になると、黒人霊歌、ブルース、ジャズの要素を加えた黒人キリスト教音楽に意味が変わる。生徒たちのゴスペル・パフォーマンスは、会場を圧倒し最優秀賞を勝ちとる。ゴスペルは生徒たちに夢と希望を与える。聖フランシス高校を閉鎖から救い、リタも会場に駆けつけた母親と和解する。ゴスペルは国境を越え、人種の壁を突き破り、人々を和解に導く。本来のゴスペルのパワーを教えてくれる映画でもある。　　　　　　　　［山本俊正］

【キーワード】賛美、祈り、修道院、自由、差別、解放
【聖書箇所】マタ 10:29-31

天使のくれた時間

The Family Man

製作：2000年　アメリカ
監督：ブレット・ラトナー

Story

　ジャック・キャンベルは、金融会社の若き社長として順風満帆な人生を送っていた。しかし、偶然出会った青年キャッシュとの出会いによって人生は一変する。キャッシュから「これから起こることはあんたが招いたことだ」と告げられるも、ジャックには意味が分からない。翌朝、目を覚ましたジャックが見たのは、13年前に別れたはずの恋人ケイトと、存在しないはずの自分とケイトとの子どもたち。これはジャックの夢か、幻か……。

ありえたかもしれない未来

　「あの時ああしていれば」「あの選択をしなければ」ありえたかもしれない別の未来を思って後悔したり、空想したりすることは誰にでも覚えがあるに違いない。本作は、そんなありえたはずの未来が突然現実に現れることで始まる。

　1987年、ジャックは恋人ケイトとの生活よりもウォール街での成功を選んだ。「今すぐに2人の生活を始めましょう」と言うケイトを拒み、ジャックはロンドンでの研修に向けて旅立つ。それから13年後、お金と地位を手に入れ独身生活を謳歌していたジャックは、突然捨てたはずの「ありえたかもしれない」生活の中へと放り込まれるのであった。郊外の一軒家、小さなワゴン車、ケイトの手料理、騒がしくも愛情深い妻と子どもたち。そこは、ジャックがケイトとの生活を選んだ先に待ち受けていただろう世界。

　お金や地位を優先して、家族や友人、恋人を蔑ろにしてきた人が、後になって後悔するという話はありふれた設定のように思

われる。金か愛か、地位か友情か、相対するような2つの事柄は、後者を選ぶ方が美徳とされやすい。むしろ、お金や地位を積極的に求める人は、敬遠されがちである。お金や地位、名誉を重んじて生きてきたが、最後には愛や友情を選択するというストーリーは、ディケンズの『クリスマス・キャロル』（1843年）をはじめとして枚挙に暇がない。本作も、お金や地位へ執着していたジャックが、パラレルワールド（夢）での体験を通して、家族の温かさ、別れた恋人ケイトへの愛に気づく。

　しかし、この映画の興味深いところは、ジャックの本当の願いが簡単には叶えられないことだ。自分が真実に求めるものに気づいたジャックは、元の一人ぼっちの世界には帰りたくないと願うが、彼の願いも空しく、パラレルワールドのような世界は跡形もなく消える。この手の作品によくあるように、2つの選択を迫られた過去の分岐点へと時間は巻き戻ることはない。何ごともなかったかのように目を覚ましたジャックは、マンションの一室で朝を迎える。本作は、彼が選ぶべきだった未来、大切にす

べきだった人を見せつつも、現在の人生へと引き戻すことで、自分の選択に責任をとることを示唆する。ちょっぴり辛辣で、良い意味で夢を見させてくれない作りになっているのだ。

型破りな神の使い

では、ジャックに一夜の夢のような世界を与えた青年は、何者だったのだろうか。日本語の表題が表しているように「天使」だったのだろうか？

天使と言えば、羽の生えたあどけない赤ん坊の姿あるいは頭に光の環をつけた麗しい姿などが有名であるが、この作品に登場する天使キャッシュは、ドレッドヘアの若い黒人男性である。私たちのイメージを覆すような姿で登場した神の遣いの姿は、その登場の仕方も型破りである。町のスーパーに宝くじを換金しにくるも、偽物だと拒否されたことに腹を立て、店員を銃で脅すという、なんとも刺激的な様で登場する。少々乱暴なやり方には、本当に神の遣いだろうかと疑ってしまう。しかし、ニューヨークの街に違和感なく馴染むその姿は、天使と気づかないような姿で主の御遣いが現れたという聖書のいくつかのエピソードを思い起こさせる。

本作で現れた青年キャッシュが何者であるか、その正体が明確に明かされることは最後までないが、「天使のくれた時間」という表題、そして彼が現れた時に背後のビルの窓の明かりが十字架の形に灯っていることから、神の遣いであることが伺える。この型破りな天使は何をすべきか、どちらを選ぶべきかといった決定的なことは何も教えてはくれない。ただ「これから起こることは、あんたが招いたことだ」と忠告めいた言葉を与えるのみである。この神の遣いの行ったことは、少しの辛辣な言葉を投げかけること、そしてあり得るはずだった世界の夢を見せたことだけである。神が、天使を使って起こそうとしていることは、目に見えて分かるような劇的な転換ではないのかもしれない。そう、それは青年キャッシュが日常の一幕に現れたように、何気ない瞬間を通して、何でもない人物を通して、小さなところから働きかけているのかもしれない。

現実の責任

夢から覚めたジャックには、いつものせわしない日々が待ち受けていたが、前日に13年ぶりにケイトから電話があったことを思い出す。別れた人には会わないと取り合わなかったジャックであったが、13年経ってもケイトを愛していることを改めて確認し、ケイトの働く弁護士事務所まで駆けつける。ケイトは転勤により、ニューヨークを発つ直前であった。13年前、ケイトがジャックに願ったように、今度はジャックがケイトに請う。「1杯だけコーヒーを飲みながら話をしないか」と。この後の2人がどうなったかは、映画では描かれていないが、かつての気持ちを取り戻したジャックには今までとは違った未来が開けてくるだろう。

［赤松真希］

【キーワード】天使、奇跡、愛、ゆるし、和解、悔い改め、経済
【聖書箇所】蔵 23:4

155

天使の贈りもの
The Preacher's Wife

製作：1996年　アメリカ
監督：ペニー・マーシャル

Story

　ヘンリーは教会の牧師。好人物だが、真面目すぎ、忙しすぎる。妻ジュリアはもっと自分を頼ってほしいと感じているが、すべて一人で抱え込むヘンリーに少し不満である。

　教会の周辺地域は貧しく、献金も不足している。不動産業者ハミルトンは、地域の再開発にヘンリーが協力すれば出資するというのだが、そうなれば教会員を含む地元住人は立ち退かねばならない。

　ヘンリーとジュリアの助けを求める祈りに応え、天使ダッドリーが現われる。

アメリカのキリスト教

　本作は1947年の映画『気まぐれ天使』のリメイクとのことである。安心して見られるハッピーエンド映画である。人情喜劇＋ファンタジーであり、アメリカの社会における教会・キリスト教のポジションがよくわかる。ヘンリーが面倒を見ているもと不良少年のビリー、悪役となる不動産開発業者ハミルトンなどは、教会・キリスト教から離れてしまった人物のように描かれており、現在アフリカン・アメリカンの大多数が教会に通っている、というわけではないであろう。それでも本作のように、教会を舞台とし、信仰を通して希望を抱くことを主たるメッセージとする映画が作成され、ヒットする文化的土台があるのである。

　2020年代の現在からみると、本作で描かれるアメリカ社会が、1990年代半ばよりもっと昔のようにも感じられる。ジュリアの母マーガレットは家の中でタバコを吸っている。本作では確かに犯罪も描かれ、貧富の差も明らかである。それでも90年代半ば、アフリカン・アメリカン・カル

チャーに世界的な注目が集まり、ヒップホップ、R＆Bがヒットチャートを席巻するようになっていた。アフリカン・アメリカン社会の、上向きの空気を感じることができるのである。その結果、白人中心の映画がアフリカン・アメリカンのキャストでリメイクされ、「キリスト教、教会を舞台にしたコメディ」が日本でも劇場公開される状況が生じたのである。

　公開当時ジュリア役のホイットニー・ヒューストンは、私生活上でのパートナー、ボビー・ブラウンとのトラブルが報道され、ファンを心配させていた。その後ホイットニーがボビーよりも先に、麻薬使用による事故で亡くなってしまうとは、誰が予想したであろうか。

アフリカン・アメリカンと教会

　劇中の教会は、聖マタイバプテスト教会と名付けられている。バプテスト教会はもともと17世紀のイングランドで創立されたプロテスタントの教派教会である。アメリカにおいては、大覚醒などの信仰覚醒運動の影響もあり、最大の信徒数を抱える教

派となった。バプテスト教会は、アフリカン・アメリカンの多くが所属する教派教会のひとつでもある。公民権運動、"I have a dream"の演説で有名なマーティン・ルーサー・キング Jr. 牧師もアメリカ南部バプテスト教会の牧師であった。

ホイットニー演ずるジュリアは教会のゴスペルクワイヤーを率いている。礼拝中のクワイヤーの存在感も含め、牧師の説教の、ことばのひとつひとつに会衆から合いの手が入る、アフリカン・アメリカン教会の楽しげな雰囲気を味わうことができる。エレキギターやドラム、キーボードを含むバンドとクワイヤーが盛り上げる礼拝のスタイルは、日本の伝統的なプロテスタント教会ではあまり見ることのできない楽しげなものである。

神に頼ること

ヘンリーは、自らを「天使だ」と主張するダッドリーのことをにわかには信じられない。にもかかわらず、「真面目に話がしたいならアポイントをとって事務所にこい」と言うのである。どれだけ誠実な人物かがよくわかる。しかしヘンリーは、すべて自分でなんとかしなければならないと考え、一人で抱え込んでしまうタイプに思われる。

自分のことを自分でできる、というのは現代的な価値観からすると、立派な（あるいは当たり前な）ことであるだろう。ところが、神を信じるということには、なんでも自分だけでできなければならない、という思い込みから解放される、という面がある

のである。

明治期から戦前期にかけて活躍した日本のキリスト教指導者、内村鑑三は1926年の文章「ABHORRENCE OF SELF. 自己の嫌悪」のなかで、「罪の所在は自我である。罪とは他の事でない、自己中心である。」と記している。ヘンリーのように、何でも自分でしなければならないと思い、他人に頼ろうとしないこと、そして神に頼ろうしないことも、罪なのではないだろうか。ヘンリーはしきりに自分が悪い、という。だからこそ、神様は、天使ダッドリーを遣わしたように思う。

作中に登場する天使ダッドリーはもともと人間で、死後天使になったような描き方であるが、それがキリスト教の教義的に正しいかどうかは議論が必要である。古代からの代表的な信仰告白である「使徒信条」には、復活して天に昇ったイエス・キリストが、再臨し「生きている者と死んだ者とを裁き給はん」という一説がある。これを読む限り、死んだ者も、すぐに神の御許、「天国」に行くのではなく、死んだ状態で裁きを待っているのである。キリスト教の葬儀では、近しい存在を喪った人々の悲しみを慮って、「神の御許にいる」というのであるが、天国、神の国にいけるのか、そうでないのか、それは神様がお決めになることである。神様にお任せして、希望をもっていればよい。作中でヘンリーもいうように、祈るとは希望をもつということである。

［岩野祐介］

【キーワード】天使、賛美、教会、祈り、信仰、聖職者、経済
【聖書箇所】I コリ 13:13

東京ゴッドファーザーズ

製作：2003年　日本
監督：今敏

Story

　この物語は、マタイによる福音書のクリスマス物語が下敷きになっている。雪の降るクリスマスイブ、ホームレスのギンちゃん、ハナちゃん、ミユキの3人は、捨てられた赤ちゃんをゴミ捨て場で見つけた。3人はこの赤ちゃんに清子という名前をつけた。ゴッドファーザー（名づけ親）になった3人はこの赤ちゃんを母親のもとに届ける奇妙な旅に出る。

クリスマス・ページェント

　クリスマス・ページェント（あるいは『降誕劇』）はイエスの誕生物語を劇や仮装行列などで再現するものである。教会学校や、キリスト教主義の幼稚園、学校で、クリスマスの出し物の定番でもある。

　クリスマス・ページェントの筋はマタイとルカ福音書の降誕物語をあわせたもので、おおむね次の通り。第1幕：身ごもったマリアは、ロバの背中にのり、夫ヨセフの故郷ベツレヘムに向かう。ベツレヘムで彼らは宿を探すが見つからず、しかたなく彼らは馬小屋に泊まる。第2幕：その夜、イエスが生まれた。マリアとヨセフは飼い葉おけのなかにイエスを寝かせた。第3幕：天使がベツレヘムの近くの荒野で野宿する羊飼いたちに現れ、救い主がベツレヘムに生まれたことを告げた。そして羊飼いたちはベツレヘムの馬小屋に、イエスを拝みに行くことにした。第4幕：東の3人の博士は西の空に輝く新しい星を発見して、世界の救い主が生まれたことを知り、貢物を持って拝みにいくことにした。第5幕：

羊飼いと3人の博士はベツレヘムの馬小屋にやって来て、イエスを拝んだ。

　この作品は3人の博士をギンちゃん、ハナちゃん、ミユキの3人に、救い主イエスを清子と名づけられた赤ちゃんに重ねる。3人が清子を見つけたゴミ捨て場は、不衛生で赤ちゃんがいるにふさわしくない場所という点で、イエスの生まれた馬小屋の現代版と言える。救い主はそのような場所に現れる。そして3人は、清子を本当の父と母のもとに返すために写真を目当てに旅に出る。ストーリーの中では、暴君ヘロデのようなヤクザにも出会い、清子の父母のもとに行くための手がかりをそこで得る。

　清子が彼らに与えた救いは、絶たれた絆の回復である。ギンちゃん、ハナちゃん、ミユキの3人は清子の失われた絆を結びつけようと四苦八苦しながら、実は自分たちがホームレスとなった時に失った家族的な関係性を修復する。これは秀逸なクリスマス・ページェントのパロディである。

ホームレス

1995 年 10 月、青島幸夫という東京都知事が、新宿の地下道の野宿者を追い出して動く歩道を設置するにあたって、「独特の人生観と哲学をお持ちだ。職を紹介しよう、仮の住まいを提供しよう、体が悪いなら手当もしよう、と言っても放っておいてくれと言う」「何も悪いことはしていない、というご自覚なんでしょうが、通行する方に嫌な思いをさせていることには、それなりの責任を感じていただかなければならない」と発言した。まるで「好きでホームレスをしている人もいる」と言わんばかりである。まったく同じ年の同じ月、大阪では野宿労働者が 3 人の若者に川に投げ込まれ、殺されるという事件が起きた。この映画の背景にこのような時代背景がある。

この青島発言は事実をゆがめたものである。ホームレスは、就労支援や社会保障の政策が機能せず、家賃保証や生活保護といった法的なセーフティネットからもれてしまった結果起きている。ホームレスは職を紹介されても住民票がないと断られ、住まいを得ようにも保証人がいないと断られる。そしてホームレスは、私たちの見ていないところで労働をしている。そういう意味で、彼らは「野宿労働者」である。

この青島発言と野宿者襲撃は表裏一体である。作品の中で野宿者を襲撃した少年たちの「年末の大清掃！」という掛け声は、青島と同じホームレス観である。

この作品の中で、幼子イエス（＝清子）はゴミ捨て場に捨てられていて、3 人の博士（＝ギンちゃん、ハナちゃん、ミユキ）はホームレスだった。ギンちゃんが少年たちに襲撃されるシーンの背後にはビルがある。少年たちの襲撃が始まると、そのビルの窓の電気が消える。そして、少年たちが去ると電気がつく。つまりビルの中には人がいて、電気を消して傍観しているのだ。もしかしたら私たちは、あのビルの中で電気を消して傍観しているかもしれない。マタイによる福音書 25:31 以下の場面を彷彿とさせる。

公園のテント小屋は、やれ周辺住民の苦情、やれサミットだ、やれオリンピックと口実をつけられて撤去されて、激減した。ホームレス襲撃は、今も後を絶たない。

「おかま」という表現について

この映画に出てくる「おかま」という言葉はゲイやトランスジェンダー、異性装者を差別する時に用いられる表現である。当事者たちの中には、そう呼ばれて身を切られるような思いをした方がいる。教材として用いる場合、必ずこの点に触れてほしい。

［大宮有博］

【キーワード】奇跡、クリスマス、希望、差別、愛、貧困
【聖書箇所】マタ 2:1-12、マタ 25:31

ドグマ

Dogma

製作：1999年　アメリカ
監督：ケヴィン・スミス

⑦⑤

Story

　かつて神に背いて天国から地上へと追放された二人の天使に天国帰還のチャンスが訪れる。会員減少に頭を抱える教会が、「教会の門をくぐれば罪をゆるす」というキャンペーンを実施するというのである。これを知った二人は早速その教会を目指して旅に出る。しかし、二人がゆるされて帰還するとなると、完全なはずの神の判断が間違っていたことになり、神の完全性によって支えられていた世界が消滅してしまう――という設定で、物語がはちゃめちゃに展開する。

監督ケヴィン・スミスと作風

　本作は私費製作の映画「クラークス」がアメリカのサンダンス映画祭で注目を集め、広く知られるようになったケヴィン・スミス監督作品。彼自身、本作にも「サイレント・ボブ」として出演する。

　B級映画を「有名スターの出演もなく、低予算で作られる、きまりきったストーリーの映画。監督が自由に意匠を凝らす作品として注目されることもある」（大辞林）とすれば、この映画は当てはまらないが、映像、音楽、脚色はいずれもB級映画風の作りとなっている。

　本作を視聴しているとセンシティヴな話題に触れることがあまりに多く、「アウトだろ」とも思う部分は正直あるが、冒頭には作品全体を予め暗示するように、ふざけるから目くじら立てるなよ、と断り書きが置かれる。ちなみにアメリカでは上映反対運動も起こったそうである。

エロ、グロ、ナンセンスからの問い

　全編に渡って「エロ、グロ、ナンセンス」を多分に含んでおり、むしろそれなしの展開を探すことが難しいくらいである。作品内容としては視聴者をかなり選ぶだろう。ハラスメントに関わるような発言も繰り返し見られ、視聴自体に戸惑う視聴者もおられるに違いないことはここに明記しておきたい。ただし、そういった表現を伴って展開する内容がキリスト教に対する鋭い問いかけをも意味することは確かである。

　二人の天使に並ぶ登場人物となる女医は中絶専門医であり、彼女は礼拝に出席しながらも「神は死んだ」と発言し、世界の消滅を回避すべく旅をする。女医を助けるべく天国から地上に文字通り落下してきたのは、13人目の「黒人」の使徒であった。彼は「イエスは黒人」「自分は黒人だから福音書の記述から削除された」と語る。ヒロインの女医に対してセクハラ満載の要求を続ける預言者も女医に同伴して旅をするが、その預言者は同性愛者であることが作中で示唆される。

現代キリスト教の多様な主題

　キリスト教に関連する本作の見どころ

を努めて見出そうとすれば、その一つとして、この映画全体に渡る、キリスト教の多様な現代的主題の提示をあげることができる。それは実に多岐に渡っており、逆に言えば、どれか一つの主題を特別に取り上げてそれを深めるといった展開の仕方は見られない。

いくつか主題を取り上げておきたい。まず、神の性の問題がある。本作においてはキリスト教の神は「男性的なイメージ」ではなく、「女性的なイメージ」で描写される。次に、聖書の差別性である。聖書は男性視点で書かれたもので、女性へのフォーカスに欠け、ネガティヴな描写に留まっていると作中でも指摘される。さらに、神の不在、神の沈黙の主題も、この作品で取り上げられる。天使や女医が共有するのは、「捨てられた経験」である。神に呼びかけても応答はなかった、神が自分を見捨てたと思えるような経験は、おそらく視聴する者にとっても無関係なものではないであろう。ホームレスの姿を取る神のイメージや、神の名による殺戮といった言及も見出される。何れも意義を持つ神学的な主題に他ならない。

疑いへの共感

キリスト教に対する視点の鋭さは、信仰をめぐる問題への共感にも結びついている。この点で、本作の物語設定や登場人物の言葉にも注目できる。特に信じる者の疑いと疑いからの回復は、本作の重要な展開の一つと見ることができる。

例えば以下のような興味深い一連の言葉がある。「神は死んだわ」「人を慎み深くするのは畏れ」「神は重荷ではなく、祝福であるべき」「くだらないのは宗派の争い」「理想を宗教にした」「毎週教会に行って何の効果がある。ひまつぶしにぴったり。習慣だから教会に」「信仰を失った瞬間を覚えている」——キリスト教の信仰を持つ者にも、信仰とは関わりを持たない者にも、興味を引く、示唆を含んだ言葉ではないだろうか。関連する言葉の中でも印象的であったのは、信じることを求めてやまない人間存在について表示する次の言葉であった。

「こどもの頃は信仰を疑わない。（神は）天で見守っている。もう一度、その平安を感じたい」。

キリスト教的な主題、物語、象徴、言葉がふんだんに盛り込まれており、キリスト教についての前知識があれば、本作の内容や要素を理解しやすい。前述の通り、確かに視聴を限定する側面はかなり多い。しかし、本作における主題の鋭さや疑いへの共感は、信じることを求める者にとって何某かの意味を持ち得るのではないだろうか。

［橋本祐樹］

【キーワード】天国、天使、悪魔、罪、ゆるし、聖書、差別
【聖書箇所】 Ⅰ ヨハ 3:1、創 2:21,22、マコ 15:34

ドラキュラ

Bram Stoker's Dracula

製作：1992年 アメリカ
監督：フランシス・フォード・コッポラ

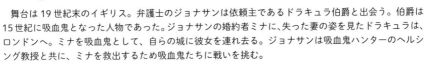

Story

　　舞台は19世紀末のイギリス。弁護士のジョナサンは依頼主であるドラキュラ伯爵と出会う。伯爵は15世紀に吸血鬼となった人物であった。ジョナサンの婚約者ミナに、失った妻の姿を見たドラキュラは、ロンドンへ。ミナを吸血鬼として、自らの城に彼女を連れ去る。ジョナサンは吸血鬼ハンターのヘルシング教授と共に、ミナを救出するため吸血鬼たちに戦いを挑む。
　　ブラム・ストーカーの原作を美しい愛の物語としたバンパイア物の金字塔。

「ドラキュラ」を見ずして「鬼滅の刃」を語ることなかれ

　原作を可能な限り再現し、それまでのドラキュラ＝クリストファー・リーというイメージを覆したこの作品の意義は大きい。これ以後のドラキュラものは、多かれ少なかれこの作品の影響を受けている。それは2022年現在の日本を席巻している「鬼滅の刃」も例外ではない。人が鬼と化すには個々人の背景があると、「鬼滅の刃」は描く。「ドラキュラ」は、その鬼誕生の物語の嚆矢（こうし）であり、吸血鬼が誕生するに至った悲しい歴史から物語をはじめている。

　ここでは敢えてワラキア公ヴラド・ツェペシュがドラキュラのモデルとなっていること（従って伯爵ではないこと、ドラキュラも「竜の子」の意であること）や、吸血鬼伝説がギリシアの伝説にまで遡りつつヨーロッパの伝承によって生まれた歴史的複合物であることについては触れない。詳細は阿部謹也、池上俊一などの研究者に譲りたい。

　この作品は吸血鬼誕生の由来からその物語をはじめている。自殺のために妃は天国に行けない。神のために戦ったドラキュラが、地上でも妃と別れ、死後もまた永久に分かたれてしまうという悲劇である。彼は妃への、そして神への愛を知らないのではなく、その思いの深さゆえに天国へ行くことを拒む。この特異性が、正統的キリスト教からすれば呪われたものとなり、吸血鬼伝説を恐怖によって彩っていくことになったのである。

真実の愛を求めて

　何気ないものと思われるシーンに、この作品におけるキリスト教的なメッセージが込められている。それは冒頭に近い部分。ジョナサンがドラキュラの城で夕食をし、その後、不動産物件の書類手続きをしているところである。

　食事をしつつ、ジョナサンは壁の肖像画を見て、ドラキュラに尋ねる。「ご先祖で？似ておいでです」。

　その肖像画はアルブレヒト・デューラーの自画像を、ドラキュラ演ずるゲイリー・オールドマンにすり替えただけのものである。その自画像はキリスト像、それも伝統

的には「世の救い主」のモチーフである。この絵画は、デューラーその人が「キリストにならいて」強い救い主への憧れと追慕からその作品を残したものであると言われる。そうであるならば、ドラキュラもまたキリストから離れたのではなく、今でも強く慕い続けていることに思い至る。ジョナサンの問いに、彼は先祖の武勲をもって答えていくが、その真意は神への奉仕に生きたこと、神への愛を失っていないことを含めた自己紹介となっている。

さらに場面展開の後、ドラキュラはジョナサンの婚約者ミナの写真を発見する。そこに写っているのは自分を愛してくれたがために天国にいない妻エリザベータである。愛おしくその写真を手にしつつ、ドラキュラはジョナサンに語る。

「この世での至情の幸福は、出逢うことだ、真実の愛に」。

天国から閉め出された妻を求めて、数世紀を人の血によって生きてきたドラキュラ。ここにもまた彼の過去と現在が見える。ドラキュラは真実の愛を知るがゆえに、永遠にエリザベータと神の愛を求め続けているのである。

永遠の命とは

ロンドンでドラキュラはミナに出会う。そしてその友人を吸血鬼としてしまった事から彼女の怒りを買いつつも、そこで二人はたがいに惹かれていく。そのシーンで見逃せないのは、血の意味と感覚である。

ミナはドラキュラの血を飲むことによって吸血鬼になることを望む。「よせ。こんなことは、いけない」「こんなに愛している君を、呪われた者に？」とドラキュラは自問しつつ彼女に告げる。ミナは血をすすりつつ、「いいの、私をあなたのものに」「私を奪って、死に別れをつげさせて」と答える。ドラキュラと同じ運命を選ぼうとする彼女は、この後エリザベータと同化していく。

そこにヘルシング教授たちが現れ、十字架や聖水をもってドラキュラを退治しようと試みる。その彼らにドラキュラは叫ぶ。

「私もかつては神に仕えた」「私は神に裏切られた」。

ドラキュラは神を否定しきれない。神への思慕から離れることができないとも言える。エリザベータを求める時に血を媒介とするのもキリスト教的なモチーフのあらわれといえる。それはキリストの血によって贖われ永遠の命を約束する聖体拝領（聖餐）の裏返しでしかない。つまりキリストの血によって天国に行くのなら、私たちは互いの血によって永遠に地上をさまようということであって、キリスト教の血にまつわる理解があって成り立つ吸血鬼伝説なのである。

物語の終末はここでは述べない。永遠の命へと迎えられたであろうことは、二人を照らす光とティエポロ風の天井画が語ってくれている。

[大島一利]

【キーワード】天国、愛、罪、死生観、苦しみ、永遠のいのち
【聖書箇所】マタ 26:26-30（及び並行）、Ⅰコリ 11:23-26、13:13

163

夏休みのレモネード
Stolen Summer

製作：2002年　アメリカ
監督：ピート・ジョーンズ

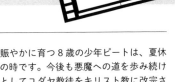

Story

　舞台は1976年のシカゴ。アイルランド系の信心深い家庭で賑やかに育つ8歳の少年ピートは、夏休み前に、学校のシスターから声をかけられる。「この夏は決断の時です。今後も悪魔への道を歩み続けるか、それとも神への道を歩むか」。ピートは自分の夏の課題としてユダヤ教徒をキリスト教に改宗させようと思い立ち、ユダヤ教の会堂に通いはじめる。そこでユダヤ教のラビの息子、7歳のダニーと友達になるが、ダニーは白血病に侵されていた。

シリアスなテーマ、穏やかな描写

　ストーリーをたどると、こども同士の友情を取り上げながらも、その物語展開には宗教、天国と地獄、病、死といった要素が不可分に盛り込まれており、それら自体は確かにシリアスに響く。しかし、映画の視聴を始めれば、平穏で賑やかな家庭と人々が実にコミカルに描かれており、思わず何度も笑みがこぼれてしまう。本作の脚本は『グッド・ウィル・ハンティング』のマット・デイモンとベン・アフレック発案による脚本コンテスト（12,000本の応募）から選ばれたものだという。製作には2人も関わり、新人監督に豪華なキャストを迎え、最初から最後まで視聴者を飽きさせない。

　本作で浮かび上がる宗教間の平等の在り方や多元主義的な見解について議論は可能だろうが、平穏でコミカルな世界観の中から、こどもの目線で、友情、家族、宗教、病、死といったテーマが素直に描かれていく。

天国への道

　「天国への正しい道は誰も知らない。だからイエス様に聞きに教会へ」とピートの母はこどもたちに言っている。しかし、ピートは日曜日の礼拝でステンドグラスに挟まれた正面の十字架を見つめながら思う。「でもイエス様はただ黙ってぶら下がり、すべてを見てるだけ。それって、まずい」。まだ小さなピートの最大の関心は「自分が天国に行けるのか地獄行きなのか」であった。学校のシスターが彼に「あなたは地獄行き」と告げたからである。そのような関心を抱えたピートに対し、母親は「いいことをしてみたら？」と勧め、兄はキリスト教の伝道者パウロを持ち出して、パウロは天国に行けるように大勢のユダヤ教徒たちを改宗させたと助言した。ピートは夏の課題を「改宗」にすることを決心する。

　ピートは、知り合いになったユダヤ教のラビ・ジェイコブセンに、「天国へのレモネード」のスタンドを会堂正面に無料で出したいと提案した。邦題として取られたこの点はその後継続して取り上げられないのだが、天国への道とその探求は、確かに本作の展開を貫く主題の一つである。

こどもから見る宗教と天国

ユダヤ教とキリスト教という宗教の接点を重要な構成要素としながら、死を意識する中で、ピートとラビの息子ダニーの出会いと友情の進展が描かれる。もちろんピートの頭には「改宗」がある。

2人のやりとりが、何度も心にとまる。ピートが「ユダヤ教徒ってどう？」とダニーに尋ねる。「どうって……いい感じだよ」とのダニーの返答を受け、ピートは「僕はカトリック」と説明する。「どんな感じ？」と問われると、ピートは「うるさいよ」と答え返した。2人の小さな友情は、悪びれず、素直で、直接的である。

ピートはダニーに対して、「ママは人が死ぬと悲しいけど、天国に行けるから祝うのと言ってた。ユダヤ人は行けない。……でも僕が君を天国に入れてあげるよ」と語る。さらに、「聖体（拝領）って何？」とダニーが問えば、「パンさ、イエスの体なの」とピートが答える。その言葉に対して、ダニーは「気持ち悪い」と答え返した。不謹慎かもしれないが、笑ってしまった。

遠慮のないこどもからの問いは時に鋭く、それを前にした大人たちは戸惑い、葛藤する。「神父様のお給料は？」「天国へ行った人に会ったことは？」と立て続けに神父に問うピートは、「なぜ天国に行ったとわかるの？」とさらに質問する。神父は「信仰だ」と答えるだけである。「天国へ行く一番いい方法は？」の問いに対しては「イエスを信じ、教えに沿って生きること」とだけ神父は答える。

安易な宗教的な決り文句を当たり前のように繰返していないか、問われる思いがする。十字架のイエス・キリストを見上げるピートのまっすぐな視線は、天国への探求について、やがてどのような答えを見出すことになるのか。視聴しながら思いが膨らんでいく。

神の国はこのような者たちのもの

「病気の子」としてではなく、「一人の少年」どうしとして2人は結びついていく。宗教をめぐる葛藤や軋轢の中で揺れる大人たちとはあまりにも対照的である。ピートはいつしか自分が天国に行くことではなく、ダニーが天国に行けるかどうかを考えている。次のイエスの言葉を思い起こす。「子供たちをわたしのところに来させなさい。妨げてはならない。神の国はこのような者たちのものである」（マコ 10:14-15）。本作の展開の中で、もっとも神の国に近かったのは誰であろうか。ピートの父親は終盤次のように口にする。「もし神が父親なら、息子に背を向け、天国に迎え入れないと思うか？」。これは本作が提示する一つの結びの言葉であるが、真意は視聴して確かめていただきたい。宗教や信仰をめぐる多くの重要な問いかけと、何より物語の味わいと余韻とを、本作は示してくれる。

[橋本祐樹]

【キーワード】病、死、宗教間対話、天国、宣教、救い
【聖書箇所】マコ 10:14-15、ルカ 17:20-21

ノア　約束の箱舟

Noah

製作：2014年　アメリカ
監督：ダーレン・アロノフスキー

Story

　主なストーリーは創世記6章から9章のノアの物語をモチーフとしている。映画の冒頭にカインとアベルの物語が入れられ、ノアの物語へと移行する。この映画の中心はタイトル通り、ノアである。特に箱舟の建造と洪水。そしてその後が描かれる。この映画には、カインとアベル、そしてノアの物語には描かれていない「謎」について一つの解釈が提供されているといえよう。

謎①「どうしてカインは生き延びることができたのか」

　旧約時代、自分の住んでいる場所からの追放は「死」を意味する出来事だった。だからこそ、カインは弟を殺してしまったあと神に罰を命じられた後、「私の罪は重すぎて負いきれません……（中略）……わたしを殺すでしょう」（創4:13-14）と述べ、命の危機を訴える。その訴えに対して神は「彼を撃つことのないように、カインにしるしをつけられた」（創4:15）と述べる。しかし、「しるし」だけでカインは生き延びることができただろうか？

　この謎について、この映画は「番人」を登場させ、カインが生き延びた一つの解釈を行う。この「番人」とは堕天使の一団であり、カインを助けたと描かれる。「しるし」をつけられたカイン。そのしるしによって、堕天使がカインを守りカインの子孫誕生へと繋がったと理解する。番人はカインの子孫に知識を与え、地上で暮らすことができるように手伝う。このことにより、カインの子孫は追放されても生き延びることがで

きた。しかし、その後カインの子孫は番人から与えられた知識を用いて番人を殺そうとする。このことにより、番人は人間から距離を置くこととなる。「番人」は石像のような姿で表されるが、後にトバル・カインとの戦いにおいて倒されることにより、石像から解放され「天使」の姿に戻り天へと帰る様子が描かれる。堕天使となったが、ノアを助けることにより、「天使」へと戻り神の元へ帰ることができる。これも罪のゆるしという一つの解釈と言えよう。

謎②「どうして地上は堕落し不法に満ちることになったのか」

　神によって造られた人間なのになぜ、堕落し不当に満ちることになったのか。聖書は何も答えない。この映画では、堕落と不法の原因として「カインの子孫」の存在を挙げる。番人はカインを助けたが、カインの子孫たちが「悪をまき散らした」と解釈する。特に後に登場するトバル・カインは「青銅や鉄でさまざまの道具を作る者となった」（創4:22）。青銅や鉄は武器としても用いられる素材であり、現にトバル・カ

インは映画において剣などを作り出している様子が描かれる。カインの子孫は攻撃的であり、力によって解決する存在として描かれる。このことが堕落と不法の決定的な証拠のように見る者を印象づける。

謎③「箱舟はどうやって造られたのか」

箱舟の大きさは「長さ300アンマ、幅50アンマ、高さ30アンマ」（創6:15）と聖書には記されている。アンマは旧約聖書の長さを表す単位であり、現在の大きさで表すと約「長さ135m、幅22.5m、高さ13.5m」である。この大きさはクルーズ船にも匹敵する大きさであり、かなりの大きさであることがわかる。このような大きな船をノアと妻、息子たち3人でどのように建造することができえたのだろうか。

5人のみで建造したとすると莫大な年数がかかったと思われるが、洪水までそれほどの年数があったとは思われない。そこで、ノアの家族以外にも「誰か」が手伝ったに違いないと考え、「番人」を登場させる。箱舟建造の協力者として描くのである。つまり、番人はカインと敵対することになる。

謎④「どうして今も戦争や争いがあるのか」

洪水が起きたのは地上が堕落し、不法に満ちていたからだと聖書は語る。そのために、神は「神に従う無垢な人」（創6:9）であるノアとその家族のみが箱舟の中に乗せられ、いわばこの世界を「リセット」することとした。しかし、私たちが生きているこの世界を見渡してみると、戦争や争いが

あり、不法に満ちているような状況にある。この世界は洪水を起こし「リセット」した前のような状況にあるといっても言い過ぎではないだろう。どうしてこのような状況に陥ってしまったのか。その理由として、箱舟に隠れて乗ったトバル・カインとそのトバル・カインに魅力を感じたハムとの関わりを描く。この「しこり」が洪水後の世界に影響を与えていると一つの解釈を与える。

聖書と解釈

この映画は公開と同時に、聖書的ではないと大きな議論を巻き起こした。確かに、映画には箱舟に乗った人物として、ノア、妻、3人の子どもたち、セムの妻（イラ）、密航者としてトバル・カインが描かれる。しかし、聖書には、ノア、妻、3人の子どもたち、嫁たちと描かれ、子どもたちのパートナーは複数であったことが記され、また、トバル・カインは乗っていない。そのほかにも、番人の存在が映画には描かれるが聖書には記されていないなどが挙げられる（その他にも多数）。原作のある映画に共通している事と言えるが、本作には映画の作り手がどのように原作（聖書）を解釈したのか（エンターテイメントとして成功する意味も込めて）が表現されていると言えよう。本作はそのような聖書解釈の一つとしていい部分、悪い部分も含めて聖書を解釈するとはどのようなことなのかという一つの見方を提供する。

[井上智]

【キーワード】 聖書、創造、裁き、救い、天使、正義
【聖書箇所】 創4章、創6-9章

パウロ　愛と赦しの物語

Paul, Apostle of Christ

製作：2018年　アメリカ
監督：アンドリュー・ハイアット

Story

　後67年、皇帝ネロがローマ帝国を支配するなか、首都ローマでは大火事が起こる。それによりキリスト者は迫害の対象となり、使徒パウロは大火事の首謀者として捕らえられ、処刑が宣告される。ローマに潜入したパウロの同労者である医者のルカは、パウロの歩みを書き留めるためパウロのもとを訪れる。

史実とは異なる映画？

　この映画は、使徒パウロの同労者であり、医者であるルカがローマに潜伏し、パウロの宣教の記録をまとめた書物を執筆していくという設定になっている。しかし、この映画の設定は史実に沿ったものとは言い難い。

　映画の舞台は西暦67年に設定されているが、劇中ではこの時既にルカが、後にルカ福音書と呼ばれるイエスの伝道活動についてまとめた書物を執筆したことになっている。確かにルカ福音書と使徒言行録は連続性があり、ルカ福音書が執筆された後に、使徒言行録が執筆されたと考えられる。しかし、ルカ福音書は、70年のエルサレム神殿の崩壊を前提に書かれている記述が多く、67年の時点で既に執筆されていたとは考えにくい。

　また、この映画ではパウロがテモテへの手紙二を執筆するシーンが描かれている。確かにテモテへの手紙二は、パウロの名前によって執筆されている（二テモ1:1）。しかし、この書簡は現在、パウロとは別の人物がパウロの名を借りて執筆したものだと考えられている。テモテへの手紙一・二、テトスへの手紙の三つの書簡はまとめて牧会書簡と呼ばれている。これらの手紙には、パウロの後の時代の教職制度が反映されていること等から、テモテへの手紙二をパウロが直接執筆したと考えることは難しい。

　この映画には、それ以外にも史実に沿っているとは言い難いシーンや設定が何点か見受けられる。しかし、史的事実を映していると言えなくても、この映画は信仰的真実を映し出していると言える。

史実を超えたメッセージ

　そもそもこの作品の舞台である1世紀のキリスト者たちについて記した現存する史料は多いとは言えず、その姿を正確に再構築することは、無理がある。しかしその中でもこの映画で描かれる信仰者たちの葛藤は、実際にパウロやパウロと同時代を生きたキリスト者が抱いた葛藤と言える。67年のキリスト者たちが実際にどのような迫害を受けていたか特定することは難しいが、それでもキリスト者の共同体は首都ローマにおいて、社会的にも政治的にも弱い存在だったのは確かである。この映画では言及されていないが、49年にユダヤ人が宗教上の騒動を起こしたという理由

から、キリスト者を含むユダヤ人たちは、クラウディウス帝によってローマから追放されている。この映画に登場するアキラやプリスカもその際追放されたと言われている。ローマ教会の運命は、為政者の手中にあった。

そのような非常に立場の弱い人々が、不正な暴力によって自分たちの存在が否定されそうになった時、何を核心に据えて生きて、そして死ぬのかということが問われる。この映画は、まさにその点がテーマになっている。パウロやルカは、愛の実践こそが重要であり、ローマの役人たちに対する暴力の行使を否定する。しかもパウロは、それを単なる綺麗事として訴えない。彼自身、かつてキリスト者たちを暴力によって迫害し、殺人を容認していた立場であったということを忘れられずに苦しんでいる。パウロは自分が迫害した者たちに安らぎや喜びはあるのかと自分自身の過去から容赦なく問われる。パウロはその上で、自身の人間的な弱さを認め、過去を悔いる形で暴力の行使を否定する。パウロがそのような決断をするに至ったのは、迫害をしていた自分自身が愛によって悔い改めて生きることができるようになったと実感しているからだろう。実際にパウロは自身が執筆した手紙の中で、過去にキリスト者たちを迫害したことを認め（ガラ 1:13）、敵であった自分たちに神は愛を示し、自分たちを救ったと述べる（ロマ 5:6-11）。そして迫害する者のために祈り（ロマ 12:14）、互いに愛し合うようにとキリスト者たちに勧める（ロマ 13:8）。パウロは自分自身の弱さを認めながら、他者を愛するように勧める。それがたとえ自身を迫害する存在であったとしても（ただし、他者を無批判に許容することが、愛する行為の一環になるとは言えない場合があることを考慮する必要がある）。

被害者でもあり加害者でもあるパウロと私たち

このパウロの抱える弱さと、その弱さから導かれる愛の勧めは、現代社会の中で意義のあるメッセージとして響くだろう。現代社会で生きる私たちは、自分自身の他者に対する加害性を否定することができない。私たちは未来の世代が受け取るべき多くの自然資源を用い、安い労働力によって生み出された商品を消費している。その消費活動は、世界の格差を温存させ、自然環境に変化をもたらしている。また、社会に蔓延する差別的な考えを無意識の内に私たちは内面化させ、差別的構造を維持させてしまっている。その結果、多くの差別によって苦しむ人々の声は社会の中で無いものとして扱われている。私たちは、誰もが誰かの加害者となり、誰もが誰かの被害者となりうる社会で生活している。そのような現代社会だからこそ、そこで生活する私たちは信仰的、倫理的な葛藤を抱く。この私たちの抱くジレンマは、かつてローマ帝国からの暴力を受け、尚かつ自分自身も暴力を行使したパウロの抱いた葛藤と通ずるものがあるだろう。この社会で直接的な、また構造的な暴力の加害者でもあり、被害者でもある自分たちが他者とどのように関係を築いていくべきなのか、この社会の中で愛を基準に据えて生きるとはどういう事なのか、この映画から問われるだろう。

［大野至］

【キーワード】愛、回心、信仰、聖書、宣教、差別、抑圧
【聖書箇所】ロマ 5:6-11、ロマ 12:14、ロマ 13:8、ガラ 1:13

バチカンで逢いましょう

OMAMAMIA

製作：2012年　ドイツ
監督：トミー・ヴィーガント

Story

　40年連れ添った夫の遺灰をロザリオのペンダントに入れたマルガレーテは、彼女を老人ホームに入れることを考えていた娘マリーの反対を押し切り、カナダから一人イタリアのローマへと向かう。長年家族にも隠し持ってきた重荷から解放されるため、彼女はどうしてもローマ教皇に謁見する必要があったのだ。ローマで出会ったイタリア人ロレンツォとのドタバタ喜劇の末、バチカンで思いもよらぬ仕方で教皇との謁見が叶うことになる。

誰にも打ち明けられない罪責感

　原題の "OMAMAMIA" は、ドイツ語の "OMA"（おばあちゃん）と、イタリア語の "Mamma Mia"（わたしのおかあさん）、さらには "O Mamma Mia!"（なんてっこった！）を掛け合わせた造語である。主人公マルガレーテおばあちゃんによる、奔放でハプニングに満ちたローマ滞在の様子を見守る人々の驚嘆がタイトルに響いている。しかし、マルガレーテは、なぜそこまでしてローマ教皇に謁見することを望むのか。

　マルガレーテは40年前、夫と結婚する直前にローマに旅行してある男性と知り合う。その一日の出会いから娘マリーが誕生したのであるが、彼女はそれを今まで誰にも打ち明けられず、その罪責感に苦しみ続けていたのだった。夫が亡くなり、彼女はローマ教皇にその罪を告白することを決心する。なぜ、ローマ教皇への謁見なのか、これを理解するためには少なくとも二つの事柄を理解する必要があるだろう。

　第一に、彼女はカトリック信者であり、罪のゆるしのために7つのサクラメントの

一つである「ゆるしの秘跡」を受ける必要があったということ。第二に、すべての司祭が執り行う秘跡の権威は、イエスがペトロに与えた使徒的首位性の権威を継承するローマ教皇にその基礎を持っているということ。ゆるしの秘跡はどの司祭でも執行することができるにもかかわらず、ローマ教皇から受けなければならないと考えたのは、マルガレーテが自分の罪をそれほどまでに深く感じ取っていたからであろうか。さらに言えば、映画に登場する教皇ベネディクト16世は、マルガレーテの故郷であるドイツのバイエルン出身だったので、彼女自身の教皇への特別な愛着があったのかもしれない。

ローマ教皇への謁見

　サン・ピエトロ大聖堂があるバチカンでは、定期的に教皇謁見が開催されている。謁見には大きく三つの種類がある。一つは、各国からやってきた司教、外交官、政治家、時には学者たちとの個人的謁見である。教皇のスケジュールは長期にわたり過密であるため、何か月も前からの予約が必要とさ

れる。次に、グループによる謁見である。バチカンが重要と認める会議の参加者や巡礼者等のグループのための謁見である。最後に、毎週水曜日に大きなホールで大勢の来場者の前に現れる一般謁見がある。一般謁見には、数週間前までにバチカンの公式サイトから予約ができる入場券を手に入れた人なら誰もが参加できる。天候のよい時やより多くの参加者が見込まれる折には、サン・ピエトロ大聖堂前の大広場で行われることもある。これらの謁見とは別に、毎日曜日の正午に同広場で教皇が祈りを捧げ、その場に集う会衆に祝福を与えるのであるが、これには事前の申し込みは必要ない。

マルガレーテの望みは、教皇から個人的にゆるしの言葉をかけられることにあったと思われる。しかし、そのような個人的謁見の機会は彼女にはほとんど不可能だった。せめてもと、一般謁見を試みるも、教皇にペッパースプレーを吹きかけてしまい、逮捕される。教皇への謁見が絶望的と思われる中、ロレンツォがある高位聖職者とのつながりを通して、バチカンでマルガレーテがバイエルンの郷土料理を調理する機会を用意した。同郷の教皇に故郷の味をふるまうためである。料理を手伝ってくれた娘マリーと孫のマルティナとバチカンのある通路を歩いているところに偶然食事を終えた教皇の一行が現れた。その時、教皇は料理をしてくれたマルガレーテに感謝を込めて、右手で十字をきりながらラテン語でかたりかける。"Ego te absolvo et benedico"、「わたしはあなたの罪をゆる

し、祝福する」。思いがけず、マルガレーテは教皇に謁見し、個人的にゆるしの宣言を受けることができたのである。

ゆるしと和解、そして新しい出発

ローマ教皇との謁見と罪のゆるしというキリスト教的な要素が映画全体の枠組みを構成している。そして、マルガレーテの個人的なゆるしへの願いは、上に述べたような仕方で満たされた。しかし、もう一つ、この映画全体を規定している枠組みがある。それは、親子、家族の関係である。マルガレーテは娘マリーに秘密にしていることがあった。娘マリーは、そんな母の悩みや想いを理解できず、マリー自身の夫との関係もぎくしゃくしていく。孫のマルティナは、家族に内緒で自由奔放にローマで生活しているが恋人との関係で思い悩む。マルガレーテは、自分の逮捕をメディア報道で知り、連れ帰るためにローマまでやってきたマリーについに秘密を打ち明ける。マリーは大きなショックを受けるが、最終的には、亡くなったお父さんがいつまでも二人の愛するお父さんであることを確認することができた。ここに、母と娘のゆるしと和解が起こっている。マルガレーテとマルティナはローマに残って自分らしい生き方を求め、マリーと彼女の夫ジョーは愛し合う関係を再び見いだす。ゆるしと和解が一人ひとりを解放し、新しい希望に満ちた人生を開いていく様が、キリスト教的なモチーフに同伴されながらコメディタッチで描かれている。

[小田部進一]

【キーワード】罪、ゆるし、カトリック、信仰、聖職者、和解
【聖書箇所】マタ 16:17-19

パッション
The Passion Of The Christ

製作：2004年　アメリカ
監督：メル・ギブソン

Story

　イエスは、弟子ユダの裏切りによってユダヤ教当局から逮捕された後、ローマ帝国に身柄を引き渡され、兵士たちの容赦ない暴力によって血と肉が飛び散るほど痛めつけられていく。イエスを愛する弟子たちと母マリアは、彼の受難を直視しながら狼狽するだけであった。こうした理不尽な苦難の中のイエスの視線は何を語るのか。イエスはなぜ苦しみの中で神に身を委ねたのか。観客は、十字架のイエスからの問いかけに向き合わされる。

イエスの受難の意味―ただ愛のために

　メル・ギブソン監督は、映画に出てくるモティーフやセリフのほとんどを四つの福音書の受難物語から採用している。しかし、聖書の受難物語に現れないモティーフを用いることで独自の理解を反映させている。その一つが、冷徹な目をした悪魔と見られる人物である。彼はヨブ記のサタンのように、本当に神を信じているのか、その苦しみに耐えられるのかと、ゲツセマネで苦悩の祈りを捧げるイエスに問いかける。それに対してイエスは、父なる神への揺るぎない信頼を告白する。

　このあとイエスは大祭司の前で決定的な一言を語って有罪判決を受け、ローマの総督ピラトの前でも命請いすることはなかった。それどころかイエスは、十字架をかつぐ余力が失せるほど痛めつけられても、必死で十字架を抱きしめて運ぼうとするのだった。愚直に受難を耐え忍ぶイエスには、二つの視線が注がれていた。

　ときおり姿を見せる悪魔は、冷たい視線で受難のイエスを見ている。イエスの挫折を待ち望んでいるかのように。またその一方で、イエスの母マリアは痛めつけられるイエスを悲しげに、しかし力強い眼差しで追い続けていく。そんな彼女の目は、イエスの受難の先にある「何か」を見ようとしているようだ。観客は、この二つの対照的な視線を行き交うことになる。

　イエスは、なぜ受難を耐え忍ぼうとするのか。ギブソン監督は回想シーンを使うことによって、そこにイエスの愛があることを示唆しようとする。イエス目線の映像となり、鞭打つ者の足が目に入るときは、弟子たちの足を洗う場面になる。ピラトが水で手を洗うのを見るときには、弟子たちと食事をする前に手を洗った状況が思い起こされる。そして十字架を背負ってゴルゴタの丘を見るときには、丘の上で「敵を愛しなさい」と語ったイエスの姿が映し出される。イエスが受難する姿と、神を信頼し敵への愛を説くイエスの姿がオーバーラップし、観客はイエスが愛のゆえに苦しんでいることを知らされる。

真理とは何か―現実と理想の狭間で

総督ピラトは妻の助言を受けて、イエスの十字架刑を回避しようとする。そして「私は真理を証するために生まれた」と語ったイエスの言葉を理解するために悩んだ。しかし結局、ピラトはイエスの真理を受け入れることはなかった。彼は皇帝から、次の暴動が発生すれば自分の立場がないと告げられた。このことを妻に語り、暴動の回避こそが「私の真理だ」と語る。ギブソン監督は、皇帝の権力の前に屈服するピラトの姿を真理に反する生き方として描き、神を信じて愛とゆるしの理想に生きるイエスの真理との対照性を際立たせようとしたのだろう。

そのイエスが示す真理は、十字架刑直前の場面によく表れている。よい羊飼いは羊のために命を捨てるという譬え（ヨハ10:14-15）と、友のために命を捨てることより大きな愛はない（ヨハ15:13）と弟子に語ったイエスの姿が回想される。このようにイエスは、自ら語った通りの道を歩んだ。しかし、それを貫くためには激しい苦痛が伴う。一体、なぜこの世は理不尽であるのか。多くの受難シーンでは、イエスを見下げて笑う兵士と、痛めつけられて仰向けに倒れるイエスの視線が交錯するが、そのときイエスが見たものは逆さまに映し出される。現実と理想の狭間で苦しむイエスの姿に、観客は何を思い、何を見るのか。そのような問いかけを感じさせられる。

愛とゆるしの完成

十字架刑の場面は、イエスの愛とゆるしが最高に際立つように描かれている。イエスは、自分を十字架にかけた人々のためにゆるしを祈るが、弟子たちとの最後の晩餐（キリスト教の「ミサ」や「聖餐式」の原型）の回想シーンを挟んで、この祈りがもう一度繰り返される（ルカ福音書では一度のみ）。ギブソン監督は、敵をも愛するイエスの姿を強調したかったのだろう。

しかし監督は、こうしたイエスの愛が直ちに了解されるほど簡単ではないと考えているようだ。福音書には、イエスの死を前にしたローマの百人隊長が信仰告白する場面がある。しかし、そのセリフは採用されていない。イエスが苦しんだ意味を理解し、そこに救いを見るには、それなりの時間と覚悟が必要であるという考えなのかもしれない。

実際、母マリアがイエスに向けて最後に発した言葉は、自分の腹を痛めて生んだ最愛の息子と共に死にたいという思いであった。だからこそ弟子ヨハネに母を託したイエスの言葉は、血縁関係を越えた愛を求めるメッセージに響く。とはいえ、母マリアの思いも理解できる。なぜイエスはこれほどまでに痛ましい最期を迎えなければならなかったのか。福音書の物語と同様に、その明確な答えを説明できる人物はどこにも現れないのである。

ギブソン監督は、十字架刑に処せられたイエスの姿を上空からのカメラに切り替えて、あたかも神がイエスの死をご覧になっているかのように映し出した。そして、一粒の大きな水滴が地面の上に落ちて砕け散る。その映像表現には、監督自身の信仰が表明されているように感じられる。

[木原桂二]

【キーワード】キリスト、十字架、贖い、愛、聖書、悪魔
【聖書箇所】イザ53:3-5、マタ5:44、ルカ23:34、ヨハ14:6

パラダイス　神

Paradies: Glaube

製作：2012年　オーストリア
監督：ウルリヒ・ザイトル

Story

　敬虔なカトリック信者である主人公アンナ・マリアは、夏休みを利用して宣教活動に励む。賛美の練習や肉体的な苦行を行い、自宅で祈祷会を開き、移民家庭へ宣教に行く。聖書の言葉を文字通り守るように迫る宣教活動は、しばし対立を生む。そのようなマリアのもとに、車椅子で生活するムスリムの夫・ナビルが2年ぶりに帰ってくる。妥協を許さない両者は、衝突を繰り返す。そのような中でマリアは、イエス・キリストからの愛を過剰に求める。

信仰・希望・愛

　「それゆえ、信仰と、希望と、愛、この三つは、いつまでも残る。」（Ⅰコリ 13:13）

　使徒パウロはコリントの人々に宛てた手紙で、知識や預言は廃れるが、信仰と希望と愛は世の終わりまで残ると述べた。信仰、希望、愛という三つの要素は今でもキリスト教において大切にされている。

　ウルリヒ・ザイトル監督はこの信仰、希望、愛をそれぞれタイトルに冠した三部作の映画を製作した。シングルマザーのテレサがケニアのリゾート地を訪れ、現地の男性たちと性的な関係に没入していくという『パラダイス 愛』、テレサの娘・メラニーがダイエット合宿に参加し、そこで年の離れた医師に恋愛感情を抱いていくという『パラダイス 希望』、そしてテレサの妹・マリアが主人公の『パラダイス 神』である。邦題は『パラダイス 神』となっているが、原題は "Paradies: Glaube" であり、このドイツ語を直訳すると「パラダイス 信仰」となる。

　パラダイス三部作の映像は、ほとんど引きの画で構成されている。それによって観衆は、登場人物たちと彼らの背景を同時に観る。生々しい場面も多いが、そのような場面ですら、どこか西洋絵画を彷彿させるような映像となっている。その映像は、映画を観る者が登場人物たちに感情移入することを防ぎ、観衆を「観察者」にさせる。

マリアの形式主義的信仰

　この映画は、カトリック信者であるマリアの夏休みの間の信仰生活を描く。マリアは日々の祈りと禁欲的な行いを自らに課す。自分の上半身に激しく鞭を打ち付けたり、シリスという棘だらけの鎖を体に巻き付け「アヴェ・マリアの祈り」を唱えながら膝立ちで家中を歩き回ったりする。鞭打ちや鎖を体に巻きつける苦行はカトリックのオプス・デイ等の組織で実際に行われている。苦行は、肉体的欲求を抑制するために自らの体に痛みを与える行為である。

　また、マリアは自らに苦しみを課すだけでなく、他者に対してもそれを求める。マリアは「オーストリアを再びカトリック国にする」という宣教目標のもと、マリア像

を携えて移民家庭を訪問宣教する。婚姻関係を結ばないまま同棲する年配のカップルに対しては、旧約聖書に記されているイスラエルの民に与えられた規律である十戒を引用しながら、結婚の秘儀を行わなければ姦淫の罪にあたると迫る（出 20:14）。自らに苦しみを課し、他者を裁く過剰すぎるほどのマリアの信仰は、形式主義的な印象を与える。それは、マリアの熱心な信仰に基づいた行為に愛が伴っていないためだろう。映画を観る者は、そのようなマリアに対して苛立ちすら覚えるだろう。

最も重要なのは愛？
～愛を信じる人たちへの問いかけ～

しかし、彼女の行為に愛が伴っていないと断罪することはできるのだろうか。特に、マリアと夫・ナビルの関係を観る時、マリアの愛に欠けた行為にも何かしらの背景があるのではないかと思わされる。宗教、文化背景の異なるマリアとナビルは度々、暴力を伴うほど激しく争う。ナビルは、マリアを心が欠けていると批判し、なぜ自分を受け入れてくれないのかと怒りを表し、マリアが 2 年前と変わってしまったと嘆く。映画の終盤で、宣教活動で傷を負ったマリアは今まで夫に冷たく接してきたことを悔い、夫にゆるしてくれと乞うが、あろうことかナビルは、そのようなマリアを暴力によって支配しようとする。マリアがナビルに冷たく接するようになった経緯について、映画の中で多くは語られていないが、映画内で描かれるナビルの言動を見るとマリアにだけ責任があるようには見えない。

映画の終盤で、宣教においても夫との関係においても痛みを抱えたマリアは、唯一の拠り所であったイエスに、なぜ私に罰を与えるのかと問う。今まで自分を打ち付けていた鞭で、十字架にかけられたイエスの像を打ちながら。

この映画はキリスト教徒だけでなく、愛を信じる全ての人に問いを投げかけていると言える。愛の実践を簡単に他者に対して求めることができるのかと。ザイトル監督はこの映画についてこのように語っている。「私はいわば観客をイライラさせることを意図した。なぜなら観客は登場するキャラクターの中に自身を見つけるはずだから」。映画を観る者は、マリアに対して苛立ちを覚える一方で、愛を実践できないでいるマリアに自分を見出すのだ。登場人物たちの観察者であったはずの観衆は、登場人物たちに自分自身を見出すようになる。それは誰もがマリアと同じように他者による暴力を経験し、愛の実践が簡単にはできないということを知っているからだろう。しかし、登場人物たちを自分には理解できないと突き放すのではなく、彼らの中に自分自身を見出す時、まだ私たちが愛に生きる余地は残っているのかもしれない。「愛する」とは理解できない他者を受け入れ、関係を築こうとすることだからだ。

使徒パウロは上述の「それゆえ、信仰と、希望と、愛、この三つは、いつまでも残る。」という言葉に続いてこのように述べる。「その中で最も大いなるものは、愛である。愛を追い求めなさい。」（I コリ 13:13-14:1）。この映画は、私たちにそれでも愛を追い求めることができるのかと問いかける。

［大野至］

【キーワード】信仰、希望、愛、苦しみ、カトリック、暴力
【聖書箇所】出 20:14、I コリ 13:13-14:1

100歳の少年と12通の手紙

Oscar et la Dame rose

製作：2009年　フランス／ベルギー／カナダ合作
監督：エリック＝エマニュエル・シュミット

⑧③

Story

　白血病で入院中の10歳のオスカーは両親や主治医の弱気に反発する一方、宅配ピザの女性ローズには心を開く。ローズはオスカーに「1日10歳ずつ年をとるとして、神様宛てに毎日手紙を書くこと」を勧める。オスカーは両親への想い、病気の子ども同士の友情や恋、そして神について赤裸々に手紙を綴る。手紙はローズの手で風船で空へ挙げられるのだが、内容は事前にコピーされて主治医や両親に渡されており、オスカーの想いは人々に少しずつしみとおっていく。

手紙を書くということ

　オスカーの心を開くため、ローズはオスカーに神様への手紙を書かせようとする。だがオスカーはすぐには承知しない。「なんで神様なんて言うの？　サンタにはだまされた。一度で十分だよ」「神様とサンタは関係ないわ」「同じさ、両方ともインチキ」「165戦160勝の元プロレスラー45KO勝ちの私がサンタを信じると？　ありえない。でも神様は信じてる」。オスカーは神様に手紙を書くことを受け入れる。この後何度もローズは自分のことを元プロレスラーだといって、オスカーに過去の試合を面白おかしく語る。オスカーはそのたびに話に引き込まれ、ローズの勧めることを受け入れる。しかしローズのプロレス体験談は、実はすべて作り話である。人間は話の内容が事実だから信じるのだろうか。それとも話すその人を信じるのだろうか。いずれにしてもオスカーは「元プロレスラー」ローズを信頼して、神様に手紙を書くようになる。

痛みの問題

　オスカーが想いを寄せる、入院仲間のペギーの手術の日が来た。手術室に向かうペギーを見ながらオスカーはローズに言う。「なぜ病気に？　神様は意地悪なの？　ドジなの？」神がいるなら、なぜ罪もない子どもが苦しむのか。神義論は理屈ではなく、人が体験する現実から生じる問いである。オスカーがペギーに感じる疑問は、オスカー自身もまた当事者である。ローズは答える。「オスカー、病気は死と同じ。ひとつの事実で、罰じゃない」。ローズはオスカーの問いに答えていない。現実を理屈だけで処理しようとする。オスカーはこれに鋭く切り返す。「ローズは元気さ」。しかしローズは血相を変える。「偉そうに！私は元気で毎日楽しんでて、病気をせず死なない？」実はローズの生活は決して穏やかではない。恋人との関係は安定せず、母親との同居も落ち着かない。ピザの宅配をしているのも、生活のために仕方なく、である。ローズは決して天使ではない。また別の痛みの当事者であり、なぜこの私が苦し

まなければならないの？と問う子どもなのだ。取り乱したローズに、オスカーは優しい声で言う。「ボクに何かできる？　ボクの子どもになる？」そう、誰でも「子どものようにならなければ」、苦しみと愛の本質にふれる領域、「神の国」への一歩を踏み出すことはできない。そして帰って来た我が子を抱きしめようと待っている慈しみ深い「父」は、実は私たちのすぐ側にいるのかもしれない。いや、誰でも誰かに対して慈しみ深い「父」になれるのかもしれない。

信仰と死と

死が「怖い」と打ち明けたオスカーを、ローズは近くの礼拝堂に連れて行く。キリストの磔刑像を指さして「神様よ」。オスカーは不服そうだ。「違うよ。元プロレスラーでチャンピオンのローズがこんなものを信じるの？」「それじゃ筋肉ムキムキの神様なら信じる？　どっちが身近？　何も感じない神様と苦しんでる神様と」。「苦しんでるほう。僕が神様なら苦しまない」。ここで「十字架上で苦しんだのは父なる神そのものだったのか」という古代の教理論争を持ち出すのは適切ではないだろう。オスカーが言いたいのは「もし僕が何でもできるなら、わざわざ自分で病気になって苦しもうとは思わない」ということだ。ただし現実に苦しみは存在する。その時、人が求めるのは、苦しみの泥沼から人を引き上げてくれる力を持っているが、あまりに超越的で無感情（アパシー）な神だろうか。それとも自分も沼に入って泥だらけになりながら人を沼の外へ押し上げようとする熱情（パッション）を持つ神だろうか。ローズは答える。「誰もが苦しむわ。神様も、あなたも、私も。よく見て。神様は苦しそう？」磔刑像を見たオスカーは「本当だ。そう見えない。死ぬのに」。ローズは説明する。「苦しみには２つあるの。肉体的な苦しみと心の苦しみ。手と足にクギを打たれたら痛みからは逃れられない。反対に死ぬと思って苦しむことはないわ。自分次第よ。神様は死ぬことを苦しいと思ってないの」「人は未知のことが怖いの。だけど未知って何？オスカー、未知に直面しても、恐れないで信じるのよ。イエス様のように」。

ドイツの神学者ディートリヒ・ボンヘッファーは「神はこの世においては無力で弱い。聖書は、人間に神の無力と苦難とを示す。苦しみ給う神のみが助けを与えることができるのだ」と喝破した。ケノーシス（無化）と呼ばれる神学理論では、全知にして全能な神がイエスにおいて無力な人間になったことに積極的な価値を見出す。現代の神学者ユルゲン・モルトマンは、苦しみを愛と結びつけた。愛することは相手の苦しみを一緒に苦しむことを必ず伴う。全能の神は苦しむことを選び、それゆえ人を愛する神であるとモルトマンは主張する。愛ゆえに人と一緒に苦しむ神に出会ったオスカーは、最期の日々にベッドの枕元の机に置いたカードにこう書いていた。「ぼくを起こしていいのは神様だけ」。

[加納和寛]

【キーワード】神義論、病、死、十字架、苦しみ、永遠のいのち、家族
【聖書箇所】ヨハ 19:30、マコ 5:41

淵に立つ

Harmonium

製作：2016年　フランス／日本
監督：深田晃司

Story

　寡黙な夫・利雄、教会に通う妻・章江、小学生の娘・蛍で構成される鈴岡家は町工場を営む。その家族のもとにある日、利雄の知り合いである八坂と名乗る男が訪れる、彼は鈴岡家に住み込みながら、鈴岡家の工場で働くことになる。蛍も章江も八坂と生活をする中で、徐々に八坂との関係を深めていく。しかし、ある事件をきっかけに八坂は鈴岡家を去り、鈴岡家の家族関係は一変してしまう。

罪と罰～応報の原理を巡って～

　「クモのお母さんは天国に行けるの？」
　このような親子の会話から映画は始まる。カバキコマチグモの子どもは、生まれた時、母親を食べて生き延びる。そのことを知った蛍は、食べられたクモの母親は天国に行けるかと両親に問う。そこで両親は異なる反応を示す。母・章江は、子どものために命を差し出したのだから天国に行けると答える。一方で父・利雄は、母グモを食べた子どもたちは地獄に行くのかと蛍に問い返すが、食べられた母グモも同じように親を食べて生き延びてきたことに利雄は気づき、母も子どもも行くとこは同じであるという結論を出す。
　クモの親子を巡る認識が家族の中ですれ違うように、登場人物たちの認識の違いが映画の中で度々示される。鈴岡家は、ごく平凡な家族だ。親子三人で食卓を囲み、利雄が町工場を営み生計を立て、章江は工場を手伝いつつ家事に勤しむ。しかし、ある事件をきっかけに、蛍は遷延性意識障害を負い、家族の生活は一変する。利雄はその事件を自分自身が犯した罪への罰だと因

果応報的に理解し、現状を受け入れる。しかし、章江はそのような理解に反発を示す。
　事件が起きる前、章江は教会に通っているが、教会の礼拝の場面で読まれる聖書個所では、まさに因果応報をめぐる問答がなされている。目の見えない人を前にしたイエスの弟子たちは、「ラビ、この人が生まれつき目が見えないのは、だれが罪を犯したからですか。本人ですか。それとも、両親ですか。」と問う。ヘブライ語聖書（旧約聖書）では、先祖や自分自身が善を行えば栄え、悪を行えば罰を受けるという応報の原理が度々示される（出20:5, 申28:15-68）。弟子たちが、ある人が生まれつき目が見えないのは誰かの罪ゆえだと考える背景にはこのような理解があるためだ。それに対し、イエスは「本人が罪を犯したからでも、両親が罪を犯したからでもない。神の業（わざ）がこの人に現れるためである。」と答え、目の見えない人の目を見えるようにするという奇跡を起こす（ヨハ9:1-7）。イエスは、応報の原理から障がいを理解することを否定する。
　自分たちの現状を応報の原理から理解する利雄に、章江が反発を示すのには、こ

のようなキリスト教的理解が章江にあったからだろう。ただし章江自身、反発を示しつつも自分たちが「普通」の生活が出来なくなったのは、自分への罰だと理解している。しかし章江は、娘の障がいを自分たちへの罰だと平気で発言する利雄が理解できない。夫である利雄は、物語の後半で章江にとって理解し得ない他者として立ち現れる。章江は、そのような利雄を拒絶する。

神の否定～猿型の信仰と猫型の信仰～

章江が否定するのは利雄の存在だけではない。神への信仰も章江は失ってしまう。物語の前半、住み込みで働く八坂は章江に、信仰は親に必死にしがみつくように神を信じる猿型の信仰と、親に咥えて運ばれるように信じる猫型の信仰という二つのタイプに分けられると語る。この二つのタイプの信仰理解を、日本ではキリスト教神学者である北森嘉蔵がバラモン教の理解を基に説明し、ドイツでは同じく神学者のドロテー・ゼレがヒンドゥー教の理解を基に説明してきた。ゼレは、猫型の信仰は神に対して一切受け身であり、救われることに対して何もせず、猿型の信仰のように神と共に働くことはないと説明する。章江は、八坂から猫型の信仰だと言われ否定する。しかし、物語の後半で確かに章江は、神にしがみつくことはせず、親猫に落とされた子猫のように神に対して何も働きかけない。それは章江にとって他者が理解できなくなったように、神もまた理解し得ない存在となったためであろう。

淵に立たされた時

物語の後半で、章江にとって他者や現実が理解し得ないものとして立ち現れてくる。その時、章江は他者と向き合うようなことをせず、むしろ彼らを拒絶する。

しかし、事件が起こる以前から登場人物たちは、本当の意味で他者や自分自身のことを受け入れてはいなかったのだろう。鈴岡家は、「普通」の家族のように見えるが、夫婦の間で会話はない。また過去に殺人を犯した八坂を迎え入れる中で、章江は彼こそ神の愛が必要な人だと力説するが、章江は自分自身の罪を直視しようとしない。結局、章江は利雄や八坂の存在を、「夫」、「神の救いが必要な人」という枠組みでしか捉えておらず、事件を通してその枠組みを超えた現実の姿に触れた時、拒絶という選択肢を取らざるを得なかったのだろう。

物語のラストシーンは、オープンエンドな展開となっている。ラストシーンの後、主人公たちが共に生きていくと解釈するのか、それとも、共に生きることが出来なくなると解釈するのか、見る者によって解釈は分かれるだろう。むしろこのどちらとも取れるエンディングは、私たちに対する問いとして機能していると言えよう。それでは、この映画を受け取った私たちはどのように他者と共に生きていくのかと。

私たちがこの映画を見て居心地が悪くなるのは、たとえ家族であったとしても、理解し難い他者であるということを私たち自身が実は知っているからだろう。登場人物たちは私たちの鏡となり、グロテスクな程に誰もが淵に立つ存在であることを突き付ける。

[大野至]

【キーワード】信仰、罪、苦しみ、ゆるし、家族
【聖書箇所】出 20:5、申 28:15-68、ヨハ 9:1-7

復活
Risen

製作：2016年　アメリカ
監督：ケヴィン・レイノルズ

Story

　ローマのユダヤ総督ピラト配下の軍司令官クラヴィウスは、イエスの墓を見張るようにとの命を受け、墓を固く塞いで見張りを置くが、イエスの遺体は消え去ってしまう。遺体捜索の過程でクラヴィウスは、イエスがその弟子たちの輪の中心に座っているのを目撃するが、イエスは再び消えてしまう。その後、弟子たちの後を追ってガリラヤに辿りついたクラヴィウスは、そこでイエスと対話する機会を得、イエスの昇天を見届けることとなる。

映画の内容と福音書

　本映画は、イエスの処刑から昇天までにあった出来事をローマ軍司令官クラヴィウスの視点から描いた作品である。しかし、その内容の多くは、細かい点で少し異なる部分もあるが、基本的には諸福音書にそったものとなっている。

　諸福音書の間には、互いに矛盾するように見える箇所もあるが、この点に関して興味深い場面は、復活後、弟子たちの輪に加わって対話していたイエスが突然消えてしまった後、弟子たちがどうすればイエスと再会できるのかについて話し合う場面である。そこではまずペトロが発言する。それは、エルサレムにとどまっていた弟子たちの前に復活したイエスが現れ、聖霊を受けるまでエルサレムにとどまっているよう語った箇所（ルカ24:49）に基づく内容の発言であった。しかし次にマグダラのマリアが、復活したイエスが彼女の前に現れ、「わたしの兄弟たちにガリラヤに行くように言いなさい。そこでわたしに会うことになる」と語ったと述べる。こちらは、マタ28:10

に依拠した発言である。

　本映画では、この場面の後、弟子たちがガリラヤにおいてイエスとの再会を果たしてその昇天を見届け、霊を受けるためにエルサレムに戻っていく様子が描かれている。このように描くことにより、福音書間の記述の違いに調和を与えるための一つの解釈を提供していると言える。

登場人物をめぐって

　英語作品である本映画の登場人物に関して目につくことの一つは、他の人物に関しては英語名が使用されている一方、イエスにだけはその英語名である「Jesus」ではなく、ヘブライ語名の「ヨシュア」が使用されている点である。その理由は不明であるが、「Jesus」という名前の響きが英語圏の人々に与える先入観を排してイエスを見ようとする姿勢が反映されているのかもしれない。

　本作品における重要な登場人物の一人は、マグダラのマリアである。本作品では、マリアは「A woman of the street」であるとされていることから、「娼婦」であっ

たとみなされていることがわかる。この点に関して一言触れておくと、フェミニスト神学の視点からなされた研究によれば、マグダラのマリアは中世近くまで重要な指導者の一人とみなされていたが、キリスト教の中で父権制が強まるにつれ、指導者としてのマリア像は次第に歴史から消されていく。その際に行われたのが、ルカ 7:36 以下に登場する「罪深い女」とルカ 8:1 以下に登場するマグダラのマリアを結び付け、マリアに「娼婦」のイメージを付与することであった。残念ながら本作品もこのイメージの再生産に加担してしまっていると言える。

本作品の主張

映画の最後の場面でクラヴィウスは、ユダヤの荒野にある小さな食堂で、復活したイエスに関する自らの経験を食堂の主人に語りながら、「私は決して前のようには戻れない」と述べる。復活したイエスとの出会いを通して変えられたとの告白である。彼の何が変えられたのであろうか。映画の前半部に彼とピラトとの会話場面が出てくる。会話の中でクラヴィウスは、望むものは地位と権力、富、そして永遠の命と平安であると述べる。地位や権力、富を得ることによって、永遠の命と平安に至ることができると考えていたのである。この考えに変化がもたらされるのであるが、この点について重要だと考えられる場面を二つ取り上げたい。

一つ目は、イエスの遺体捜索の過程でクラヴィウスがイエスの弟子バルトロマイを捕らえて尋問する場面である。イエスの復活が何を意味するのかと問われたバルトロマイは、信じる者に与えられる永遠の命であると答え、続けて自分たちの武器は愛だけであることや「カエサルのものはカエサルに」(マコ 12:17) とのイエスの教えを援用しつつイエスはローマ帝国を欲しているわけではないことなどを述べる。ここでのローマ帝国は、地位や権力、富の象徴であると言えよう。

もう一つの場面は、イエスの昇天後にその弟子の一人が教えを述べる短い場面である。はっきりとした形では述べられていないが、イエスに関わる何かについて語る中でその弟子は、「それは、永遠の命にのみ関わるものではない。剣によってか、愛によってか、命がどのように生きられるかなのである。それは、あなたの内面を変える」と述べる。もちろんそこでは、愛によって生きることが奨励されている。

これらのことを総合して考えた場合、本作品では、剣(暴力)あるいは地位、権力、富によってではなく、愛によって生きることでしか永遠の命や平安には到達することができないことが主張されていると考えられる。暴力や地位、権力、富については、ローマ軍司令官であることを示す指輪をクラヴィウスが食事の代金として食堂の主人に渡す場面を通して、それらを放棄したことが象徴的に描かれている。彼の生は、愛によって生きることへと転換されたのである。

[李相勲]

【キーワード】キリスト、復活、永遠のいのち、愛、十字架
【聖書箇所】マタ 27:45 以下、マコ 15:33 以下、ルカ 23:44 以下、ヨハ 19:28 以下

ブック・オブ・ライフ

The Book of Life

製作：1998年　アメリカ
監督：ハル・ハートリー

86

Story

　20世紀末、人々の間では「世の終わり」への予感が広がっていた。1999年12月31日、ニューヨークの空港に降り立ったのは青いスーツに赤いネクタイを締めたビジネスマン風のイエス・キリスト。傍らに立つパートナーは黒のジャケットとパンツ姿で首にチョーカーを付けたマグダラのマリア。父なる神と預言に従って、イエスは最後の審判へとステップを進めなければならないのだが、人類を滅ぼすことに対してイエスはナイーブに自問する。

20世紀末と黙示録

　本作の監督は「トラスト・ミー」（1990年）によってサンダンス映画祭で脚本賞を受賞したハル・ハートリーである。映像は、実験的と言うべきか、コマ落としやボカシによって独特の雰囲気を帯びている。音楽はヨ・ラ・テンゴ、ベン・ワット、そして登場人物の一人でもあるP・J・ハーヴェイ等、人気ミュージシャンらによって豪華に展開する。

　本作では、ヨハネの黙示録からの引用が繰り返される。この点はキリスト者ではない多くの視聴者にとっては、作品内容への接近を難しくしているが、あの時代に作られた本作の展開の上で、不可欠の要素であろう。例えば、次のような聖書の言葉がある。

　「このゆえに、もろもろの天と、その中に住む者たちよ、喜べ。地と海とは不幸である。悪魔は怒りに燃えて、お前たちのところへ降って行った。残された時間が少ないのを知ったからである」（黙12:12）

　当時、これに類する終末に関連する聖書の言葉は、20世紀末という時代状況の中で、キリストの再臨と審判との関連で、あるいはそれとは切り離された「世の終わり」の一般的なイメージとの関連で、様々に受け止められたに違いない。作中では、当時のキリスト教の伝道者が人類のうち144,000人だけが救われ、あとの者は滅びると語ったことが、登場人物によって語られている。そのような世紀末にあたる時代の独特のムードの中で、この映画は確かに生み出されたのである。

善人だけが救われるのか

　スーツ姿のイエスは、人類の救いと滅びについてナイーヴに葛藤を続けている。これは換言すれば、「善人だけが救われるのか」という問いに他ならない。

　作中において、イエスがアップル社のノートブックを開くと、データ上で「5つめの封印」を解くかどうかを問われる。Yesをクリックすれば、人類に大きな災いが降りかかり、終末へのステップが進むこ

とになる。逡巡の末、イエスはYesをクリックするが、そのすぐ後には、イエスはニューヨークの通り沿いのゴミ箱にそのノートブックを投げ捨てる。マリアがイエスの本心を代弁する。「彼は、本当は人間をゆるしたがっている」。場所を変えて、場面はバーに移り、「善人だけが救われてあとの者は地獄いき？」との問いに対して、マリアは含みをもたせて「預言ではね」と答え返した。

悪魔の誘惑とイエス

悪魔と酒を飲み交わしながら、イエス自身も語り始める。

「父は愛とゆるしの心を説いてきたはずだ。……最後の審判には反対だ。キリスト教は排他的すぎる」。

このように考えるイエスに対して、悪魔はささやきかける。

「人間の自由意志や無限の可能性に魅了されるうちに、連中のとりこになる。……人工知能や遺伝子工学の発展は目覚ましい。……お陰で新種の病気が生まれる可能性もでてきた。人間は自分の能力に酔っている。懲らしめるなら今のうちだ。時間が迫っている」。

この言葉に対してイエスは、「人間は立ち直れる」と答え返し、人間への信頼を示すが、それでもイエスは自問を続ける。「進歩していない。やはり人間を滅ぼすべき

か」。ちなみにこの時点で残る封印は2つ。第6の封印は地震である。

21世紀にも響く「最後の問い」

イエスのノートブックを奪い取った悪魔は、残る封印を解いて終末へのステップを進めようと試みる。年が明けようとしていた。人類の大半は本当に滅びるのだろうか。

作品終盤においては、1999年の際立った終末の予感や、そこで生じた主題である人類の滅び、世界の終わり、体外受精、デジタル知能、遺伝子操作、国境なき世界、リモートワーク、そして気候変動が取り上げられる。それらは、20世紀末とは違った仕方で今日受け止められるに違いないが、「世の終わり」の予感は、この21世紀の分断と混乱の時代の中で、世界の持続可能性という具体的な主題へと形を変えている。

本作の映像の趣向等については今日の視点からは古めかしさも感じられる。しかし、作中で投げかけられる、「人類は滅びる？」「幸せになれる？」「生命の神秘を人間は信じ続ける？」といった根本的な問いは今も色褪せていない。

［橋本祐樹］

【キーワード】キリスト、終末、裁き、救い、再臨、ゆるし、悪魔
【聖書箇所】黙7:4、黙12:12

プリンス・オブ・エジプト

The Prince of Egypt

製作：1998年　アメリカ
監督：ブレンダ・チャップマン／スティーヴ・ヒックナー／サイモン・ウェルズ

⑧⑦

Story

　古代エジプト。国内で虐待されていたヘブライ人の一人の男児が女王に拾われ、モーセと名付けられ育てられる。ある日モーセは自分の生い立ちを知り、ヘブライ人奴隷を庇ってエジプト人を死なせ、逃亡する。その日常のなかで神と出会い、ヘブライ人の解放という使命を受ける。エジプト王に交渉して解放が認められるが王の気が変わり、エジプトを出るモーセたちの背後に兵が迫る。目の前には広い海。モーセたちはどうなるのか。

モーセの出自とヘブライ人の歴史

　モーセは自らの出自を知ったとき、愕然とする。自分は王家の一員ではなく、奴隷だったからである。王子としての生活を失うことに恐怖を覚えながらも、ヘブライ人（イスラエル人とも呼ばれる）を迫害した王ファラオである父への反感も禁じえず、苦役を強いられている同胞を見過ごせなくなった。その一人を助けようとしたとき、誤ってエジプト人を死なせてしまう。そして宮殿から逃亡を図る。モーセのしたことを知った王がモーセを殺そうとしたからである。

　もはや王子ではなく、ヘブライ人から受け容れられる気配もない。父親だったはずの人からは命を狙われている。自分はどこで何者として生きればいいのか。「信じてたことはすべて嘘だった。僕は僕じゃない」というモーセの言葉は、彼が、自分という存在も自分を取り巻く世界もすべてが足元から崩れていく恐怖のなかに置かれていたことを意味するであろう。

　そもそも、なぜヘブライ人たちがエジプトで奴隷となっていたのか。それは、ヘブライ人ヨセフがエジプトを災害や飢饉から守り、家族とともにそこに住んだことに端を発する（創41-47章）。しかし、「ヨセフのことを知らない新しい王が出てエジプトを支配し」（出1:8）、強力なこの民を恐れて重労働によって虐待した。それでも増えていくため、生まれてくる男児を殺させたのである。

召命への応答

　逃亡したモーセは、現在のサウジアラビア北西部に位置するミディアンに到着する。そして、そこで出会った祭司の娘ツィポラと結婚し、羊飼いとなった。夜には皆で分け合って食事し、歌い、踊る。宮殿での生活のような豪華さはないものの、温かい人々とともに穏やかに生活していた。

　ある日、モーセは燃える柴を見つけ、神からの呼びかけを聞く。神はモーセに、虐げられ苦しんでいるヘブライ人を救い出し、豊かな土地に導くよう命じた。モーセは戸惑ったが、しるしとして与えられた杖とともに、「わたしはお前と共にいる」と

いう神のことばを受けて、その使命を引き受けることにする。聖書によると、最初に「わたしは必ずあなたとともにいる」という神のことばを受けてからモーセが承諾するまで、神との5回のやり取りが必要だったことがわかる（出 3:7-4:17）。その使命に大きな困難が伴うことが十分に予想されたからであろう。

モーセは与えられた杖を持つと家に帰り、一部始終を嬉しそうに揚々とツィポラに話して聞かせる。しかしツィポラは沈んでいた。二人の目の前には、穏やかな日常を過ごす家族たち。彼らは自由で未来があり、希望も夢もある。モーセは、そのような人間らしい日々を、自分の同胞、奴隷となっているヘブライ人たちにも実現したいのだと語る。ツィポラはそれを受け入れ、二人は家族に見送られながら旅立った。彼らが目指す地は「乳と密の流れる土地」（申 26:15）であり、地中海東岸の場所、カナンであった。

信仰と解放

ヘブライ人たちの解放を求めにモーセがエジプト王のところに行ったとき、かえった苦役を課され、悪化した状況のゆえにヘブライ人たちにいっそう恨まれることになった。モーセは彼らに言った。「ファラオの力は絶大で、家も食べ物も自由も、時には娘や息子、命さえ奪う。でも奪えないのはあなたたちの信仰だ。信じなさい、そして神の御業（みわざ）を見よう」。災いが街を覆う暗い夜を経て、やがて人々は一人ひとり、モーセのところに集まってきた。モーセを信じることにしたのである。苦難にあえぐ

人々が、モーセを信じ、神を信じて、これまでの人生を離れて新たな旅に出る。困難な旅が予想されるが、それでも人々の顔には希望があふれている。

しかし目の前に海が見えたとき、恐ろしい勢いで兵が追いかけてきた。王もいる。モーセは杖に思いを託す。神がそばにいる、力をくれるに違いない。そして神のことばどおり、杖を高く掲げ、海に突き刺す。水は引き、道が現われ、ヘブライ人たちはここを渡った。この場面は、「葦の海の奇跡」（出 14 章）とされる有名な箇所に基づいている。

この後、彼らは旅を続ける。映画の内容に続いて、モーセはカナン到着直前に亡くなり、代わりにヨシュアが使命を受け継ぎ（申 31:1-8、34:1-8）、カナンに定住する。のちにはここにイスラエル王国が成立するが、王国は分裂して滅び、バビロン捕囚に至る。彼らはこのときも信仰によって解放の時を待つ。解放された後も困難が伴ったが、その出来事そのものに神の約束の成就を見る。モーセたちヘブライ人ないしイスラエル人の信仰は、自分たちのような小さな民族を支え、守ってくださる神への信頼であり、それは抑圧から解放されるということ、そして約束の地に入る、という出来事と深く結びついていた。

この作品は、「出エジプト記」に登場するモーセについて、脚色はあるものの彼の出来事の本質を描いたものだと、最初の画面で提示されている。この作品を観る前に、ぜひ聖書を読んでおかれることをお勧めしたい。

［梶原直美］

【キーワード】聖書、苦しみ、信仰、希望、抑圧、解放
【聖書箇所】創 41-47 章、出 1-20 章、申 26:15

ペイ・フォワード

Pay It Forward

製作：2000年　アメリカ
監督：ミミ・レダー

Story

　記者クリスは、自身が経験した「ペイ・フォワード」（自分が受けた善意を返すのではなく他の3人に渡すことで善意を拡散させていく運動）の発生源を突き止めるべく取材を開始する。その運動を考案したのは、11歳の少年トレバーだった。彼自身は、周囲の人々に手を差し伸べようとするものの、結果は思うようにいかず、自分の計画は失敗に終わったと落胆していた。ところが、その運動は彼の知らないうちに世界を変え始めていた。

ペイ・フォワードは自分の利益を求めない愛か？

　キリスト教の説く愛は、しばしば「無償の愛」と表現される。パウロは、愛について「自分の利益を求めず」（Ⅰコリ13:5）と述べており、キリスト教が「無償の愛」を説く根拠の一つとされている。だが、聖書に記されている「無償の愛」は、必ずしも、全く自分の利益を求めない愛とは限らない。たとえば、旧約聖書の中には次のような言葉がある。「弱者を憐れむ人は主に貸す人。その行いは必ず報いられる。」（箴19:17）ここで「弱者」と訳されているヘブライ語「ダル」は、旧約聖書中、「箴言」で最も使用頻度の高い語なのであるが、ほとんどの箇所で、社会的弱者、被支配者、被搾取層の人間を指す言葉として使われている。そのような者に救いの手を差し伸べたときには、本人からではなく全ての行いを見ておられる神からの報いに期待せよ、というのが古代イスラエルにおける「正義」だったのである。本作の主人公トレバーが考案し実践した「ペイ・フォワード」は、親切にした相手からお返しをしてもらうことを期待するものではなかった。しかし同時に、その善意が別の人たちへ、また別の人たちへと波及していくことで、社会科の教師シモネットから出された「世界を変える方法を考え、それを行動に移そう！」という課題を達成することを目標としていたため、トレバー自身、自分の利益を完全に求めていないわけではなかったと言える。人に親切にしつつ、果報は寝て待つ。これぞ、「無償の愛」の実践者としてふさわしい生き方ではないだろうか。

トレバーの「公生涯」

　本作は、英雄的な主人公の死と"その後"という結末を描いている点で、福音書のイエス物語と似ている。イエスの死は、革命的ムーブメント（少なくとも弟子たちはそう捉えていたであろう）の最中に起こった無力で敗北的な最期であったが、彼の支持者たちはそれを「犠牲的・献身的な死」と再解釈した。トレバーの死もまた、「ペイ・フォワード」の考案者であることが公に知られるようになり、いよいよ有名人になろうかというタイミングで生じた悲劇であったの

だが、それは、同級生から暴行を受けている友人アダムを助けようとして起こった英雄的な死でもあった。彼の運命は、数字というギミックによっても暗示されている。トレバーの初登場シーンで、教師のシモネットが生徒たちに「7年生の授業へようこそ」と語りかける。「7」という完全数が、トレバーの「公生涯」とも言うべき運命的な一年の始まりを予感させる。トレバーが下校途上に自転車で「荒野」を走り抜けるシーンも象徴的である。「ペイ・フォワード」の影響が、ラスベガスの外れから今やロサンゼルスにまで広がりを見せる中、記者クリスは遂にその取り組みの考案者であるトレバーの家へと辿り着くのだが、その日はちょうどトレバーの「12歳」の誕生日であった。その直後の取材のシーンでは、作品全体の総括ともとれるメッセージが物語の主人公であるトレバー自身の口から語られ、また、その裏で母アーリーンと恋仲の社会科教師シモネットとの和解も果たされることになるのであるが、インタビュー終了後、トレバーは先述の通り悲しい最期を遂げることになる。このように、トレバーの「公生涯」は、「7」と「12」という二つの象徴的な数字によるインクルージオ（囲い込み）を構成している。しかし、物語は彼の死をもって終りを迎えるのではない。悲嘆に暮れるアーリーンたちのもとへ、大勢の人々が哀悼とトレバーの遺志への賛同を示すために集まってくるのである。挿入歌の幻想的な旋律と相まって、実に宗教的な雰囲気が漂うこのシーンは、物語の終焉というよりもむしろ、イエスの死後、彼の精神が弟子たちによって継承されていったように、「ペイ・フォワード」運動の支持者たちによる新たな時代の始まりを表しているように受け取れる。まさに、「愛は決して滅びない」（Ⅰコリ13:8）である。

ぜひ原作を読んでほしい

この映画は、キャサリン・ライアン・ハイドの小説を実写化した作品であり、原作にはあまり見られなかったキリスト教的な要素が散りばめられることとなった。小説版では、社会科の教師として、シモネットではなく、南北戦争で左目やその周辺の大部分の皮膚を失った黒人男性ルーベン・セントクレアが登場したり、また、父親や周囲の人々から差別と暴力を受けるゴーディという名の異性装者の同性愛者がキーパーソンであったりと、現代のアメリカ社会が抱える大きな問題がふんだんに盛り込まれており、映画版以上にメッセージ性が強い（映画版で同性愛者に対する差別用語が放置されたままだったのが残念である）。ぜひ本作をきっかけにして、原作である小説も手にとって読んでいただきたい。

［柳川真太朗］

【キーワード】キリスト、愛、自己犠牲、苦しみ、貧困、解放
【聖書箇所】箴19:17、イザ11:6、マコ1:12並行、ヨハ15:5、使20:35、Ⅰコリ13:1以下、Ⅱコリ9:6以下

ベン・イズ・バック

Ben Is Back

製作：2018年　アメリカ
監督：ピーター・ヘッジズ

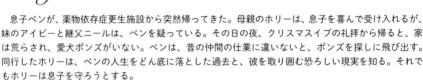

Story

　息子ベンが、薬物依存症更生施設から突然帰ってきた。母親のホリーは、息子を喜んで受け入れるが、妹のアイビーと継父ニールは、ベンを疑っている。その日の夜、クリスマスイブの礼拝から帰ると、家は荒らされ、愛犬ポンズがいない。ベンは、昔の仲間の仕業に違いないと、ポンズを探しに飛び出す。同行したホリーは、ベンの人生をどん底に落とした過去と、彼を取り囲む恐ろしい現実を知る。それでもホリーは息子を守ろうとする。

クリスマスの天使

　この映画は、全体を通して光と闇のコントラストを描いている。映画の冒頭、教会のステンドグラスに描かれた天使が象徴的に映される。その教会でホリーは、クリスマスイブの賛美や劇の練習をする子ども達を見ている。

　ホリーの家族のもとに、薬物依存症の息子ベンが帰って来た。しばらくは楽しい時を過ごすが、ベンが薬をもっていたことを知り、母と息子の関係は最悪の事態に。

　クリスマスイブ礼拝本番では、降誕劇の天使がクローズアップされる。天使は告げる。「今夜、ベツレヘムで救い主キリストがお生まれになった」。ここで、ベンとホリーが映り、まるで母と息子の間に、救い主が生まれたと告げられているかのよう。そこへ、ベンの妹アイビーが、ロウソクを持って入って来る。歌うのはクリスマスの賛美歌『Oh Holy Night』（さやかに星はきらめき）。「今夜、我らの救い主は生まれた。長い間、罪と偽りの元に置かれていた世の人々に、生きる価値があると知らしめる

ために。」この天使の歌声は、これから明らかになるベンの暗闇を包み込む、重要なメッセージを伝えている。

薬物依存症患者の暗闇

　次第に、ベンが薬物依存症になった原因が明らかになる。14歳の時、ベンはスノーボードで怪我をした。この時医者が処方した鎮痛剤が原因で中毒になった。米国では、オピオイド系鎮痛剤の処方によるオピオイドの過剰摂取で薬物依存症になった人が多い。このような米国の社会的問題が、映画の背景となっているのだろう。

　ベンは、ロシア正教会の教育会館を会場に行われる、薬物依存症者のミーティングに参加する。日本にも、教会その他の宗教施設を会場にしている自助グループがある。そこでベンは、自らの思いを吐露する。「僕はベン。依存症です。今日で77日クリーン。今までの最長記録です。支援者に電話した。『自分でクリスマスプレゼントを選んで買った。誠実な人間になれた気がする』。支援者は、『そう思うなら、鏡を見て言うんだ。僕は嘘つきだと。自分の嘘を

信じるな。ミーティングに行け』。だから
ここへ。でも、……なぜ今も生きているの
か。クリスマスをきちんと祝うためか、そ
れとも人生で最大の過ちとなるのか」。こ
れから先は光なのか、それとも闇なのか。
自分が過去にしてきたことの結果におびえ
る。

　クリスマスの夜、教会から帰宅して、家
が荒らされているのを見た時、ベンは家族
を危険に巻き込んでしまったと、自分を責
める。過去にベンは、恋人のマギーにも同
じ気分を味わって欲しくて、薬物を勧めた。
結局マギーは、依存症で亡くなってしまっ
た。ベンは、彼女を殺したのは自分だと責
めている。

　弱い自分を変えたくて、誰かの為に努力
する。しかし、結果はいつも悪い方向に行っ
てしまう悪循環。薬物依存症者のリアルな
姿を描いている。だからこそ、自分を、他
者を受け入れるとはどういうことか、深く
考えさせられる。

母と息子の関係

　そして、この映画の中で最も注目に値す
るのは、繊細に表現されている母と息子の
関係だ。ホリーは、息子が順調に回復して
いると信じたい。今はまだ施設にいるべき
ということも分かる。それでも、帰って来
た息子の思いを精一杯守りたい。だからこ
そ、この一日は息子に失敗を経験させない
よう、自分の支配下に置こうとする。所々
で、ホリーは息子のベンに自信をもたせる
言葉をかける。「頑張れば必ず立派な人間
になれる。それだけの力がある」と。その

母親の期待が、息子には重荷なのだ。

　一方、ベンとホリーの関係は、ある時点
で逆転する。ベンは、自らの真実を明らか
にする。支援者は施設からの帰宅を許した
訳ではなかったこと。帰宅して1時間で、
屋根裏にあった薬をポケットに入れたこ
と。そして「母さんの努力に僕は値しない。」
と言い放つ。しかし帰るようにいくら説得
しても帰ろうとしない母親。ベンは母親を
まいて一人で車を運転し、ポンズを取り返
しに向かう。母親を危険から守るために、
息子の方から突き放したのだ。

　それでもホリーは諦めずに、できる限
りのことを尽くす。まず、亡くなった恋人
マギーの母を頼る。そこで、薬物過剰摂取
の応急処置の為の器具と車を借りる。アイ
ビーにベンの携帯を追跡してもらうも、ゴ
ミの中からベンの携帯が見つかる。依存症
者が野宿する場所へ行っても、ベンは見つ
からない。ホリーは、最後の手段で警察へ
向かう。「息子を見つけて逮捕して！」。ど
こまでも諦めずに息子を探し続ける母親の
姿が、見失った羊を探す神のイメージと重
なる。

　廃墟の中で倒れているベンを見つけた
時、ホリーは「戻って来て」と叫ぶ。ベン
は目を覚ます。ベンは戻って来た。「ベン・
イズ・バック」それは、何を意味するのだ
ろう。解釈はそれぞれに託されている。

［家山華子］

【キーワード】キリスト、救い、愛、クリスマス、家族
【聖書箇所】ルカ 2:8-14、ルカ 15:1-32

ポー川のひかり

Cento Chiodi

製作：2006年　イタリア
監督：エルマンノ・オルミ

Story

　イタリア・ボローニャ大学の図書館に所蔵された古文書に太い釘が打ち込まれるという奇妙な事件が起こる。容疑者とされた大学の哲学教授はボローニャを去り、ポー川のほとりで車や身分証明書を捨て廃屋に住み着いていた。風変わりなよそ者はまわりから「キリストさん」と呼ばれ、村の人びとに受け入れられてゆく。ある日、ポー川の開発計画のために村の人びとの立ち退きと罰金を命じられる。「キリストさん」は請願書の作成を手伝ってほしいと頼まれるが……。

「100本の釘」事件

　ヨーロッパ最古の大学として知られるボローニャ大学の図書館には「人類の財産」と呼ばれる書物が数多く所蔵されている。夏休みの初日、図書館の床や机の上に散乱した大量の書物に一本一本太い釘が打ち付けられるという奇妙な事件が起こる。図書館に収められた書物を「私の書物たち」と愛してやまない司教は事件の知らせを聞いて卒倒し、これはゆるしがたい犯罪だと憤る。他方、事件を担当する検事は天才芸術家の作品かもしれないと漏らす。たしかに、希少な古文書に突き立てられた釘は「書物の死」を表現する現代アートのようにも見える。

　捜査が進む中、大学の若い哲学主任が容疑者として浮上する。かれの人物評はさまざまだ。ある学生はかれが図書館で学生とキスをしていたと証言する。司教はそのスキャンダルをただちに否定し、かれは自分の教え子であり司祭職にも興味を持っていたと語る。学部長はかれが研究者としてきわめて優秀であり、近々優れた論文が発表

される予定だったという。複数の証言を聞いても、かれがいったいどんな人物なのかよくわからない。

ポー川の「キリスト」

　ボローニャから郊外へと車を走らせる道中でかれは携帯電話を車外に放り投げ、さらに車じたいも沿道に乗り捨て、いくばくかの現金とクレジットカードを手元に残して、車のキーも身分証明書も上着も川に沈めてしまう。暖を取るために焚き火をしようとしたときの火種として燃やされたのは発表する予定の論文だった。かれはこの夏休みが終わってもボローニャ大学に戻るつもりはないのだろう。

　ポー川のほとりにある廃屋に住み着いたかれは、元煉瓦工の郵便配達員ダヴィデやパン屋の従業員ゼリンダと出会い、親交を深めていく。村の人びともこの正体不明の男を「キリストさん」と呼び、はじめは好奇心から、そして次第に親密に付き合うようになる。ある日、年配の村人のカルロが「キリストさん」を訪れ、かつて教会で聞いた聖書の物語 —— 息子が家を出てい

く話——をしてほしいという。カルロは、突然村にやってきた「キリストさん」に自分のもとを去った息子グイドの姿を重ねているようだった。「キリストさん」の語る「放蕩息子のたとえ」は特に目新しい哲学的解釈がなされているわけではない。息子に去られた父の悲しみ、父のもとを去った息子の苦しみ、そして再会のよろこびを平易に語るかれの言葉を、カルロはまるで自分じしんの物語かのようにじっと聞き入っている。

　水辺で、村の人びとの求めに応じて聖書の物語を平易な言葉で語るかれの姿は福音書に描かれる「キリスト」を彷彿とさせる。福音書に描かれるイエスは知的エリート層にのみ通じる学者の言葉ではなく、ガリラヤの人びとの生活経験に根ざした「地の言葉」で人びとに語り、律法学者たちと激しく対立した。このようなイエス像が、大学に背を向け、村の人びとと歓談するかれの姿と重ね合わされているように見える。エルマンノ・オルミが本作で描く「キリスト」は、図書館に引きこもり、書物の知識を振りかざす権威的な教師ではなく、村の人びとと共にいて、一緒にワインを飲み、歓談するそんな風変わりな「隣人」である。

「キリストさん」の不在

　ある日、ポー川中流に港の建設計画が持ち上がり、村の人びとの生活の場である川辺の家々は「違法建造物」とされ、撤去と立ち退き、さらに多額の罰金が科せられてしまう。村の人びとは請願書の作成のために「キリストさん」に助力を求め、かれも

それに応えようとする。罰金を肩代わりするために使用したクレジットカードの履歴からついに「100本の釘」事件の捜査網に引っかかり、パトカーで連行される時も、かれは残される村の人びとをせいいっぱい励まそうとする。

　村の人びとは「キリストさん」がもう一度この村へと戻ってくることを信じて待ち続けている。ある日、土手を歩いている「キリストさん」を見かけたという知らせが次々に村に届く。人びとは不在のままのかれの家を整え、パーティの準備をし、道々に明かりを灯して「キリストさん」を歓待する準備をはじめる。しかし、「キリストさん」はこの村に戻ることはなく、不在のまま夏が過ぎていく。「キリストさん」の複数の目撃証言とその不在の描写は、福音書に描かれるイエスの復活物語を想起させるものだ。

　美しいポー川の風景描写と、風変わりなよそ者を歓待する村の人びととの暖かな交流を描く本作のテーマは重厚である。「世の英知」と言われる書物は一部の人びとの占有物になっていないか。大学の所蔵／領有する書物と知識は人間を愛し解放するために役立っているのか。神の言葉は書物を通してしか示されないのか。現代において「キリスト」とはどのような存在なのか。ショッキングな「書物の死」から始まる本作は、現代の「キリスト教」のあり方にするどい問いを投げかけている。

[有住航]

【キーワード】キリスト、愛、救い、神の国、抑圧、正義
【聖書箇所】ルカ 15:11-32、ヨハ 2:1-12

191

僕たちのアナ・バナナ

Keeping the Faith

製作：2000年　アメリカ
監督：エドワード・ノートン

Story

　原題は「信仰を守る」(Keeping the Faith)である。アイルランド系のブライアンとユダヤ人のジェイク、そしてアナの3人は子どものころからの仲良しだった。アナはカリフォルニアに引っ越してしまったが、それでも3人の友情は続いていた。大人になってブライアンはカトリックの神父になり、ジェイクはユダヤ教のラビになった。そこにアナがバリバリのキャリアウーマンになってニューヨークに帰って来た。ブライアンもジェイクもアナに恋心を抱く。しかし、ブライアンは終生独身を誓った神父、ジェイクはユダヤ人女性としか結婚できない。

アメリカのカトリック

　作品はカトリック神父のブライアンがアイリッシュバーで、酒を片手にくだを巻くところから始まる。19世紀中ごろ、イギリス（プロテスタント）の地主に石だらけの土地を与えられたアイルランド人（カトリック）の小作農たちは、貧困と飢餓に苦しんだ。彼らは自分たちの土地を求めてアメリカへ渡った。彼らはニューヨークにつくと自分たちの土地を求めて中西部のフロンティアを目指すか、北部の産業都市に暮らす労働者となった。『遥かなる大地へ』(1992年、監督：ロン・ハワード）は、19世紀中ごろのアイルランド系移民を描いた名作である。

　アメリカで貧しい生活を送るアイルランド移民たちの間に強いカトリック信仰があったことは、『遥かなる大地へ』でも印象的に描かれている。また『ゴッドファーザー』(1972年、監督：フランシス・フォード・コッポラ）には、ニューヨークのイタリア人コミュニティの中心にカトリック教会があったことが描かれている。1850年の時点で、カトリックがアメリカの全人口に占める割合は5%であった。しかし、その後、アイルランドやイタリア、ドイツといったヨーロッパのカトリック移民が増えた。1906年の国勢調査ではカトリックがアメリカの全人口に占める割合は17%——総人口8200万人のうち1400万人——にまで増加した。

　ちなみにこの作品のなかでブライアンがスペイン語で告解を聞いたり、子どもと触れ合ったりするのは、現在急増しているヒスパニックがカトリックだからである。

ニューヨークのユダヤ教

　ニューヨークのユダヤ人移民の歴史は、1654年、23人のユダヤ人が、信仰の自由を求めて、ポルトガルが支配するようになったブラジルから宗教に寛容なオランダ人のニューアムステルダムに逃げてきたことに始まる。とは言っても、その数はごく少数。ユダヤ人の移民が急増したのは19世紀後半である。まず1840-80年代にドイツから多くのユダヤ人がやって来た。ドイツから来たユダヤ人の多くはもともと商

人で、アメリカのビジネス界で成功を収める者も多かった。このドイツから来たユダヤ人たちは、啓蒙主義を受け入れた。その結果、ユダヤ教の実践の中心は内面的信仰にあると考えた。彼らの礼拝は、オルガンや聖歌隊といったプロテスタント・キリスト教の要素を取り入れたもので、生活様式——食物規定や安息日——も柔軟に考えた。彼らを「改革派ユダヤ教」と呼ぶ。

1880年代になるとロシアやポーランドからポグロムを逃れたユダヤ人たちがアメリカにやって来た。後に映画にもなったミュージカル『屋根の上のバイオリン弾き』では、ウクライナに住むユダヤ人一家がニューヨークを目指す。1920年までにアメリカのユダヤ人は300万人に達した。そしてニューヨークは世界で最も多くのユダヤ人が暮らす都市になり、ニューヨークの人口の約4分の1をユダヤ人が占めていると言われた時期もあった。

このロシアや東欧から来たユダヤ人たちは、伝統的な礼拝や生活様式をアメリカでも遵守する「正統派」を形成した。20世紀になると改革派と正統派の中間の立場をとる保守派ユダヤ教が誕生する。例えばシナゴーグでの礼拝はヘブライ語でたっぷりと時間をとって行うが、礼拝での男女同席を認める。ジェイク自身はおそらく保守派のシナゴーグに属している。しかし、彼は伝統的なカンター（朗詠）にアフリカン・アメリカン教会の聖歌隊を招いたり、ジョークも交えた説教をしたり改革を進めている。この作品に描かれているのは、変わりつつあるユダヤ教の姿である。

なお、映画の中でジェイクが子どものころから集めていた野球選手カードのように見えて、実は有名なラビの写真が載っているカードはゲドリムカード (Gedolim cards) と言い、ユダヤ人の子どもたちの遊びである。

ニューヨークという《コンタクトゾーン》

この映画にはポーランド人の神父、ベトナム人の電気屋、そして複雑な事情を抱えたアイリッシュバーのマスターが登場する。この登場人物たちは、ニューヨークの町全体が、さまざまな民族、文化、そして宗教が交錯する「博物館」であることを表している。「博物館」とは、「地理的に歴史的に分断された人々が互いに触れ合い、持続的な関係を築く」《コンタクトゾーン》である（ジェームズ・クリフォード）。そしてこの《コンタクトゾーン》には大抵、抑圧、徹底した不平等、解決が困難な対立が含まれている。映画の中ではブライアンとジェイクは子どものころからお互いの宗教を理解し、「解決が困難な対立」——アナとの恋？——もユーモアと対話で乗り越えている。「宗教間コミュニティセンター」で違う信仰を持つ者たちが共に歌い踊るシーンは、ニューヨークというコンタクトゾーンを表現した圧巻のシーンである。

善いサマリア人が信仰の違いを越えて弱っているユダヤ人を助けたことにならって、弱い人、苦しんでいる人に手を差し伸べる時に、様々な宗教は互いに良き隣人になれるのではないだろうか。

[大宮有博]

【キーワード】カトリック、プロテスタント、宗教間対話、和解、信仰
【聖書箇所】ロマ 3:28-30、ルカ 10:25-37

ぼくの神さま

Edges of the Lord

製作：2000年　アメリカ
監督：ユレク・ボガエヴィッチ

Story

　ポーランドでナチスによるユダヤ人迫害と強制連行が行われていたころ、あるユダヤ人教授夫妻の計らいで、息子のロメックは、小さな村の家族に引き取られる。ロメックはその村で苦しみながら、その家の次男トロ、恋心を抱く一人の少女、そしてユダヤ人であることを知りつつ彼を受け入れるカトリックの司祭に救われる。決してハッピーエンドとは言えない結末を経て、ロメックが村の教会で聖体拝領を受ける場面で映画は閉じられている。

Edges of the Lord

　この映画の原作名は "Edges of the Lord" である。直訳するならば「主の切端し、縁、辺境」ということになるであろうか。もちろんは「Lord：主」とは、イエス・キリストのことである。その切端しとは、カトリックのミサで使われるキリストのからだなるパン：ホスチエに由来する。この映画の中では、神父が薄い板状の小麦粉の生地を丸く型抜きをしてホスチエを作る場面が描かれている。そこで、その丸く切り取られた残りの部分が Edge と呼ばれている。素材としては同じものであるが、丸く切り取られたものはミサの中で聖なるキリストの体として尊重されるが、その切端しは作業工程の中で捨てられてしまう。その作業を見ていたロメックにその切端し (Edge of the Lord) を与えるシーンは印象的である。「子供たちのパンを取って、小犬にやってはいけない」と語り、外国人への癒しを拒否したイエスに対して、「食卓の下の小犬も、子供のパン屑はいただきます」とイエスを説得したギリシア人の母親

のことばを思い起こさせる場面である（マタ 15:21-28、マコ 7:24-30）。

　ただ、この題は "Edges" と複数形になっており、複数の「切端し、半端、辺境にあるもの」の存在を表している。

　ナチスによって迫害されるユダヤ人がそうである。また、いのちを守るためとはいえ両親から切り離されたロメック、ユダヤ人でありながらカトリック信徒を装ったり、ドイツ人に気に入られるためにユダヤ人を辱めることでしか生き残れないロメック、豚のいのちと同等に扱われるポーランド人の村人たち、戦争の犠牲になった子どもたち、映画の中で名前すらなくドイツ人から屈辱的な仕打ちを受ける神父。おそらくこの映画に出てくるナチス以外のすべての人物が「切端し」ではないだろうか。ロメックがホスチエの切端しをいくつにも分けながら「僕たちは端っこ？」と語る場面もある。しかも、それが社会の切端しではなく、主の、つまり神の切端しであるといわれている。つまり、神の恵みからもれたもの、神から見捨てられたものと言える。

　しかし、特別に何か活躍をしたわけでは

ない人々を切端しとして描くことで、歴史の中で名もなき人々に光をあてているところにこの映画の意味があるように思える。それが暗示的に示されている場面がある。まず、神父がイエス・キリストの誕生地を尋ねたのに対して「バチカン」と答えたこどもたちに、「イエス・キリストはユダヤ人である」と教える。それを知ったこどもたちは愕然とする。つまり、イエス・キリスト自身が切端しそのものであるということである。ペトロがユダヤ教の指導者たちに、イエス・キリストこそ「あなたがた家を建てる者に捨てられたが、隅の親石となった石」（使4:11）と語る場面を思い出させる。そして、それを決定的に表すのが最後の場面である。村のこどもたちが堅信を受けて、はじめて聖体を拝領する。最後にロメックが跪いているのであるが、彼には丸いホスチエではなく、切端しが与えられる。それはユダヤ人の信仰を尊重した神父の配慮であるとも言えるが、その切端しが十字架の形をしており、「キリストの体」といいつつロメックの舌に置くのは、まさに切端しとしてのイエス・キリストそのものを象徴的に表している。

ぼくの神さま

「ぼくの神さま」という日本語のタイトルは、この映画の主要なストーリーを表現している。神父の提案で始まった「使徒ごっこ」をきっかけにして、幼いトロが自分とイエス・キリストと同一視しはじめる。そして、トロは自分自身がキリストになるために、手に釘を打とうとしたり、棘のある

枝で編んだ冠をかぶったりする。トロはいたって真面目であり、自分がイエス・キリストになることによって、この世界に平和をもたらし、悲しむ人々に救いを与えることが出来る、また救わなければならないと真剣に考える。最終的には、このトロはナチスにユダヤ人と間違えられて捕まえられる。それを見たロメックや兄のヴラデックは必死にユダヤ人ではなく、自分の弟であると主張するが、トロはそれを否定し、自ら強制収容所へと向かう列車に乗り込んでいく。もちろんそこに奇跡が起こるわけではないが、「屠り場に引かれる小羊」（イザ53:7）のように十字架を背負いゴルゴダの道を歩むイエス・キリストと重なる。

第2次世界大戦は、これまでのキリスト教が主張してきた進歩主義的な神の国の拡張を徹底的に否定する出来事であった。キリスト教が世界に広まる先に経験したのが、戦争であり、アウシュビッツであった。トロの存在は、イエス・キリストがもはやヨーロッパ・キリスト教社会の頂点に立つものではなく、その社会の罪を担い、切端しとされ、捨て去られる人々と共にあることを象徴的に表している。

［中道基夫］

【キーワード】キリスト、愛、カトリック、聖職者、自己犠牲、戦争
【聖書箇所】詩118:22、使4:11

195

僕はイエス様が嫌い

製作：2018年　日本
監督：奥山大史

Story

　親の都合で引っ越すことになった主人公由来は、ミッションスクールに通うこととなる。転校したばかりの由来はなかなか学校生活になじめない。そんなある日、休み時間に礼拝堂に行き、一人でお祈りをする由来。「今度の学校でも友達ができますように」と。その時、由来は小さなイエス様を見る。それ以来、イエス様は由来の祈りを聞いてくださるように。友達ができた由来。次第に親友といえるまでその関係は深まっていく。しかし、大きな転機が訪れる。それは親友となった和馬が交通事故に遭うのだ。少しずつ神様を信じるようになっていった由来は、和馬のけがが治るようお祈りするのだが……。

祈り

　この映画の大きなテーマの一つは「祈り」といえるだろう。主人公由来の初めての祈り「友達ができますように」に始まり、何度かお祈りのシーンが描かれる。「お金が欲しい」との祈りでは、死んだおじいちゃんのへそくりが見つかり、おばあちゃんからお小遣いをもらうことになる。しかし、由来が「たいしたことないなぁ」と祈りが叶えられたにもかかわらず小さな叶えられ方だとつぶやくあたりには共感を覚える。当初の由来の祈りは、「自分に友達ができますように」、「自分にお金がもらえますように……」とあるように、いわば「御利益」を求める祈り、自分中心の祈りとも言える。しかし、親友の和馬が交通事故にあった時の祈りは趣を異にする。自分のためというよりは、友のため、他者に目を向ける祈りとなる。由来の祈りが大きな出来事により変化するのだ。それは、由来が最後に祈る場面にあらわれる。

　「あなたがたの父は、願う前から、あなたがたに必要なものをご存じなのだ」（マ

タ 6:8）、「わたしの名によって願うことは、何でもかなえてあげよう」（ヨハ 14:13）と聖書にあるように、祈りとは何でも祈ることができるものであり、なおかつ、祈る前から神は必要なものを知っておられるとされている。礼拝堂での由来の最後に祈るシーンでは、祈る言葉が出てこない様子が描かれるが、言葉にできない思いや怒りを感じさせる描かれ方に、祈りとは何か？ということを考えさせられる。沈黙、怒りという表し方も祈りの一つの形と言えるのではないか。

イエスの描かれ方

　本作にはイエスが登場する。その描かれ方は「小さなイエス」としてあらわれる。最初は違和感があるが、次第に慣れ、どこで登場するのか？　と楽しみに探すようにもなる。この「小さなイエス」が一番最初に登場するのは、由来が「友達が欲しい」と祈る場面においてである。由来が祈り終わると、聖書の上に小さなイエスがあらわれる。その後、様々な場面でこのイエスが登場する。お風呂場、部屋、友達の別荘、

賽銭箱の上、食卓、ゲーム盤の上、病室の前などなど。私たちの身の回り、どこにでもいてくださるイエスの姿が描かれている。そして、その姿は親しみやすくどこかコミカルである。

なぜ、イエスが「小さなイエス」として描かれるのか、その答えは映画中には語られない。監督のインタビュー記事の中に「いざプロットを書いてみると、めちゃくちゃ重いものになってしまって。じゃあ、小さいイエス様を出そうかな」（https://ginzamag.com/interview/okuyamahiroshi/、2021年4月6日閲覧）と語っている。しかし、イエスが共におられるという感覚は日常の小さな場面に目立たないような、気づかないような形でおられると言えるのではないか。私たちが気づいたときにはじめてそこにおられると気づくような形で。重いテーマの中、コミカルな、親しみあるイエスを描き、ユーモラスな雰囲気をだそうとしたのかもしれないが、私たちが感じているイエスの姿が可視化されたと考えると、映画における新しいイエスの描かれ方ともいえる。

不条理さ

ご飯の時にお祈りをする姿からクリスチャンホームと思われる和馬の家。毎日祈っているのに、どうして和馬は……。由良や和馬の母もまたそのように感じているのではないか。だからこそ、学校での記念会における和馬の母の顔は鬼気迫るものがあるし、また、由良の祈りの場面での「あの」行動も頷ける。神様は何をしておられるの

か？　具体的な答えは描かれない。しかし、最後のシーン、空へと上っていくシーンにその答えが暗示されている。不条理さに遭遇したとき、私たちは私たち自身の中に答えを見いださなければならない。なぜなら、他者から何を言われても納得できないからだ。天へと昇っていく、その中に、私は不条理さから解放される一筋の希望を見た。

まとめ

「キリスト教は祈りの宗教である」とよく言われる。礼拝の中でも、私たちの生活の中でも行われている。

長くキリスト者として生活していると、祈りがあまりにも当たり前となってしまうことがある。しかし、この映画を見ると、改めて祈りとは何かと考える、深めるきっかけとなるのではないか。

映画を見終わったあと、例えば、
1. あなたにとっての祈りとは？
2. あなたが祈る時とは、どのような時か？
3. 入院している友に、どのように祈るのか？
4. 祈りが叶えられなかった時、どのように祈るのか？
など映画を見た者と分かちあってもよいのではないだろうか。

［井上智］

【キーワード】キリスト、祈り、苦しみ、死、家族
【聖書箇所】マタ 6:8、ヨハ 14:13

ポネット

Ponette

製作：1996 年　フランス
監督：ジャック・ドワイヨン

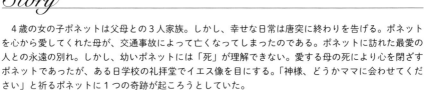

Story

　4 歳の女の子ポネットは父母との 3 人家族。しかし、幸せな日常は唐突に終わりを告げる。ポネットを心から愛してくれた母が、交通事故によって亡くなってしまったのである。ポネットに訪れた最愛の人との永遠の別れ。しかし、幼いポネットには「死」が理解できない。愛する母の死により心を閉ざすポネットであったが、ある日学校の礼拝堂でイエス像を目にする。「神様、どうかママに会わせてください」と祈るポネットに 1 つの奇跡が起ころうとしていた。

「死」とは何か

　「死」について私たちは何を語ることが出来るだろうか。本作は、ポネットという幼い子どもが死とどのように向き合っていくかをメインテーマにしつつも、彼女の周囲の人間が死をどのように説明するかというサブテーマも併せ持っている。愛する母親との突然の別れを迎えたポネットは、母の葬儀の後、伯母のもとに身を寄せる。仕事のため遠方に赴く父によって預けられたのである。その家には、デルフィーヌとマチアスという二人の子どもたち、つまりポネットにとっていとこにあたる姉弟がいる。二人のいとこはポネットとそう年齢は離れていないが、何となく死を理解している様子である。毎夜、夢でもいいから会いたいと願いながら眠りにつくも、叶わず落胆する日々を送るポネット。こんなにも求めているのになぜ母は帰って来ないのだろうか、ポネットの幼い心は傷つき悲嘆にくれる。そんなポネットを見かねた伯母は、神様との関係の中で死を語ろうとする。「ママは天国に行ったのよ。いつか復活して私

たちはまた会える日がくるわ。けど今はまだ会えないのよ」と。だが、ポネットの幼い心は疑問と戸惑いを抱いてしまう。「イエス様はすぐに復活したのに、なぜ自分の母はまだ蘇らないのか」。そんな疑問を抱き、納得することのできない様子のポネット。しばらくの間、伯母の家で過ごしたポネットは、いとこたちと共に寄宿学校へ入ることになる。寄宿学校では、子どもたちも先生も、ポネットを母親を失った可哀想な子として、どこかよそよそしく扱う。母に会いたいと泣いてばかりいるポネットに対し彼らの反応は様々である。

　神様の試験に合格すれば神の子として再び母親に会えると言うユダヤ人の女の子アダ、母が死んだのはポネットが悪い子だったからだと彼女を虐めるクラスメイトの男の子、そして学校の礼拝堂で神様に祈るように教えたチャプレンの先生。人によってバラバラな意見にポネットは戸惑い混乱していく。彼らの言動に影響されるポネットに鑑賞者はハラハラとさせられるだろう。

天国とは……？

「天国」と聞くと、生前親しかった人々と死後に再会する場所として想起されることがほとんどではないだろうか。しかし、聖書を紐解けば、より多様で複雑な場所として天国は立ち現われてくる。実は聖書の中では、死後の世界について具体的な記述があるわけではない。統一された天国の概念を、聖書上で見出すのは困難である。それ故、キリスト教神学の中では様々な解釈が生まれていった。そのイメージは個々人によって異なっていると言える。それはポネットを取り巻く人々の言うことが個々で違っていることにもよく表れている。彼らは、おそらくはキリスト教的価値観を根底に置きつつも、自分なりの考えや思い付きを織り交ぜてポネットに話しかけるのである。しかし、共通しているのは、みな本当のことは分からないということである。なぜポネットの母が不慮の事故で若くして亡くなってしまったのか、人は死ぬとどこへ行くのか。いつ、どこで、どんな姿で再会することが出来るのか。本当のことは誰も知らないのである。あるのは一人ひとりが、固有の体験を通して得た自分なりの考えだけなのかもしれない。

自らの体験を通して

母親を求めふさぎ込むポネットに、寄宿学校の友達は「願いの叶うキャンディ」を与える。キャンディを口にしたポネットは、愛する母親の眠る墓地へと向かう。そのま

ま、彼女の願いは叶えられないという現実の残酷さとともに終わるかに見えた物語が、母親の登場という劇的な転換によって思わぬ展開を迎える。生前と寸分違わぬ姿で現れた母親が、幽霊なのかポネットの願望が生み出した幻なのかは分からない。だが、母との再会によってポネットは確かに変えられていく。ずっとママと一緒にいたいとすがるポネットに、死んだ人間とは一緒にいられない、今という時間を楽しく生きるのだと諭す母。母に背を向けおそるおそる歩き出すポネット。そこには、彼女なりの母との決別と、自らに与えられた生と向かい合っていく姿が表れている。

ジャック・ドワイヨン監督が「人から教え込まれるのではなく、自分の経験を通してポネットは目覚める」と語っているように、「死」という理解しがたい別れを前にして、理屈や言葉でもって理解する、あるいは誰かを納得させることなど難しいのかもしれない。

私たちが、どのような過程を経て死を受容するようになったのか、大人になった私たちには思い起こすことが難しいことかもしれないが、それはきっと何か理屈のようなものを通してではなく、自分自身の経験を通じてではなかっただろうか。本作は、そんな私たちの子どもの頃の切ない記憶を呼び覚ます作品とも言える。

［赤松真希］

【キーワード】キリスト、奇跡、天国、死、死生観、復活
【聖書箇所】ルカ 24:1-12、ルカ 24:36-49、Ⅱコリ 5:1-2、フィリ 3:20

マイケル

Michael

製作：1996年　アメリカ
監督：ノーラ・エフロン

95

Story

　タブロイド紙の記者フランクは「うちに天使がいるので見に来てほしい」と書いた手紙を受け取る。同僚ヒューイ、新人社員ドロシー、会社の看板犬スパーキーと共に差出人のもとへ向ったフランクを待ち受けていたのは、羽の生えた中年男マイケル。この型破りな天使を、会社のあるシカゴまで連れていくことにした３人であったが、次第に明らかになっていくのは、それぞれが抱えた葛藤である。不器用な人々に「天使」は奇跡を起こしてくれるのだろうか。

気さくな大天使

　聖書に登場する天使の中で具体的な名前や役割が付されている天使は実はそう多くはない。今日私たちが知る多くの天使の名は、外典や聖書ではない書物から持ち込まれたものである。本作のキーパーソンであり、タイトルにもなっているマイケルはというと、聖書に名前の記されている数少ない天使の１人である。ミカエルという名で馴染み深い天使がまさにマイケルなのだ。

　ミカエルはキリスト教のみならずユダヤ教、イスラーム教においても重要な役割を持った天使として崇敬の対象となってきた。とりわけキリスト教では、イスラエルのためにペルシアの軍隊と戦ったこと（ダニ10:13以下）や、世の終わりに竜と戦うという記述（黙12:7）から、神の民の守護者として悪と戦う存在であると信じられてきた。こうした戦いの描写に基づいてミカエルは、優美な相貌を持ちつつも剣と盾を持った雄々しい戦士の姿として絵画に表現されてきた。

　しかし、本作のミカエルもといマイケルはというと、先人たちの培ってきた近寄りがたい神の遣いというイメージからは程遠い人物として描かれる。画面に初めて現れる彼は、ぼさぼさの頭にパンツ１枚というだらしのない寝起き姿。人間と同じように食事もするし、酒もたばこもたしなむ。そして喧嘩っ早くて少々暴力的でもある。そんな俗人と変わらないようなマイケルであるが、どこか憎めないあどけなさと可愛らしさがある。そんな愛すべき不思議な人物と共に、物語は進んでいく。

最初の奇跡

　天使マイケルを連れてシカゴへ向かうフランクら３人と看板犬スパーキー。マイケルのわがままに振り回され寄り道ばかりの道のりは、時に喧嘩をしつつ、時にトラブルに巻き込まれつつも、和気あいあいとしている。ちぐはぐなグループの中和に一役買っているのが、看板犬スパーキーである。元々はヒューイの飼い犬であったところを会社のマスコットとして、なかば取り上げられる形で看板犬へと収まったス

パーキー。いたずら好きながらも可愛らしい相棒に癒されながら進む道のりは突然の展開を見せる。スパーキーが事故に遭い死んでしまうのである。愛すべき仲間の死に言葉を失うフランクたち。そんな人々を前にマイケルは最初の奇跡を起こす。マイケルに抱きかかえられたスパーキーは再び息を吹き返すのである。

聖書の中で死んだ者を生き返らせることができるのは神だけである。生物の命は全て神の手の中にあるからである。そんな神にのみなしうる業（わざ）を行ったマイケルに、この天使は俗人のふりをした大天使であることを確信させられる。しかし一方で彼はこんな大それたことをしてこのまま地上にいることができるのだろうかという一抹の不安を感じさせる場面でもある。

恋のキューピット

最初は互いに反発しあっていたフランクとドロシーであったが、次第に惹かれあい、物語の終盤には無事に恋人となる。いわゆるありがちな展開ではあるが、本作の注目すべき点はやはり仲介者が天使であることだろう。

一般に広く浸透している天使のイメージといえば、ハート型の矢を持った裸の赤ん坊の姿が知られている。ハートの矢で恋心を芽生えさせる「恋の仲介者」である。だが、「恋のキューピッド」として知られるこの赤ん坊は、実はユダヤ教、キリスト教でいうところの天使ではない。キューピッドは元来、ローマ神話の愛の神クピド（ギリシア神話のエロースとも同一視される）で

あったが、時代の変遷に伴い、いつしかキリスト教の天使のイメージと重ねられるようになった。かつて人間離れした姿で描かれてきた天使たちは、こうした影響を受け、いつしか愛らしい子どもや赤ん坊の姿で描かれることが多くなっていった。神と人間の間に位置しつつも、人間とは全くことなった聖性を持った存在と考えられてきた天使は、より人間に近く捉えられるようになったと言える。神との間を取り持つ伝令として、人間の身近にいてほしいという願望の表れなのかもしれない。

本作も、そうした恋の仲介者として、また より人間に近く親しみやすい存在として天使が描かれている。だが、本当にマイケルが起こした奇跡は、いがみ合う2人を恋仲にしたことではない。社会や自分自身への腹立ちや情けなさで、他人を思いやる心を置き忘れてしまったフランクとドロシー。そんな2人に再び他人と向き合い、愛し合う心を起こさせたことこそ、マイケルの起こした奇跡なのだろう。

イエスは、弟子たちに互いに愛し合いなさいと言った。（ヨハ 13:34）それは人間が愛を知らない者ではなく、愛し合える存在であるからこそ神から託された期待と言える。しかし、時に人は愛をどこかに忘れてしまう時がある。そんな愛を取り戻させてくれるのがキリスト教の天使の役割なのかもしれない。

［赤松真希］

【キーワード】天使、愛、奇跡
【聖書箇所】ダニ 10:13、黙 12:7、ヨハ 13:34

ヤコブへの手紙
Postta Pappi Jaakobille

製作：2009年　フィンランド
監督：クラウス・ハロ

Story

　　レイラは12年間の服役を終え、高齢で盲目の牧師ヤコブのもとで働くことになった。手紙の朗読、返事の代筆が彼女の仕事である。レイラはその働きや生活に意味や喜びを見出せず、ヤコブにもぞんざいに振る舞う。しかし彼とあいだの出来事をとおして、固まっていた心が徐々に解けていく。彼女はやがて、減り始めた彼への手紙を憂慮し、彼女自身が手紙を待つようになる。手紙が来なくなったとき、彼女はある行動に出る。

絶望と無意味さをかかえて

　恩赦によって刑期を終えたレイラが、牧師館にたどり着くところから、この映画は始まる。絶望とともに、何も期待しまいと固く決心しているかのような表情である。レイラはここで、依頼された手紙の朗読と代筆をしながら暮らすことになった。ヤコブが待つ郵便を、時に捨てながら。

　ある日、ヤコブは牧師として結婚式を挙げようと教会に出向くが、客人は来ず、彼は祈りのことばを思い出すこともできなかった。彼がそんな自分を悲しみ、その気持ちをレイラに打ち明けたとき、レイラは、「それなら祈らなければいい。私の恩赦も自分を満足させるためだ。わたしがいつあなたに頼んだか。」と答え、落胆するヤコブに怒りをぶつけた。そして彼を放って帰宅する。教会に残されたヤコブは準備した聖餐に一人で与り、教会の冷たい床に横たわる。使命を終えた自分に神の迎えが来るのを待つかのように。けれども、雨のしずくに促され、牧師館に戻る。

　レイラは帰宅後に牧師館を去ろうとす

るが、行く当てもなく、自らいのちを断とうとしていた。落胆する高齢の牧師に乱暴な言葉を掛けて見捨てることしかできない自分を見限るかのようである。しかし、自力で戻ってきたヤコブに気付き、思い留まった。

ゆるしと救い――絶望の向こう側へ

　やがてレイラはヤコブを放っておけなくなり、来なくなった手紙を読むふりをする。そのなかで、ヤコブに自分自身を告白する。彼女は、姉の夫を殺めたことにずっと責めを負っていた。夫の暴力から姉を救おうとしたのである。ヤコブは、その手紙がレイラ自身の告白だとすぐに気づいた。

　彼女は、「わたしはゆるされますか？教えてください」と尋ねる。ヤコブは答える。「それは人間にできることではないが、神は何でもできる」（マタ19:26）。レイラの顔が少し緩む。

　ヤコブは、レイラの姉からの手紙の束を渡す。彼女はヤコブがほんとうに姉のために祈り、自分への恩赦を求め、自分を見守ってくれていたことを知った。手紙には、

「妹のことが頭から離れません。」と書かれてあった。涙が堰を切って流れる。姉は自分を探し求めてくれていた。自分は一人ではなかった。レイラにとって、その愛に満ちた言葉はゆるしの宣言のようである。ヤコブはレイラの姉の祈りが実ろうとしていることを感じ、そこにヤコブの祈りもまた実った。牧師ヤコブを神のもとへと静かに見送ったレイラは、姉の手紙を手に、生きる歩みに踏み出す。

手紙とそこに込められた思い

牧師ヤコブには、毎日様々な手紙が寄せられていた。その一人ひとりのために祈り返信することがヤコブの日課であった。手紙が来なくなったとき、「毎日手紙が来ると思い込んでいてはいけないね」と寂しそうに語るヤコブの言葉は、彼自身もまた手紙に支えられていたことを示している。手紙が届かなくなった日々は、ヤコブを急速に弱らせた。自分はもう必要ないのかもしれない——。ヤコブから表情が消えていく。レイラは彼の淋しさや悲しみに気付き、届かない手紙を読むことでヤコブを支えようとする。

この作品の名前は「ヤコブへの手紙」である。聖書には似た名称の「ヤコブの手紙」が収められ、信仰と行いによって救いに至ると理解する。映画「ヤコブへの手紙」は、自らの行為に失望し、あるいは後悔しながらも、人生は奪われないと教える。どちらの手紙も、自らが解決できないことを抱えながらも生きるなかに神の恵みが注がれ、神の愛が働くことを気づかせてくれる。

いのちに満ちた出会いの場

この作品の場は、1970年代のフィンランドである。映像内の牧師館は同国のコケマキ内に位置し、教会はサスタマラのラウタヴェシ湖畔に建てられた中世石造りの聖オラフ教会のようである。

この映画は、牧師館とその庭を中心に展開する。ここは様々ないのちの気配に満ちている。水が沸騰するやかんの音と控えめに聞こえるラジオからの音楽、そして靴音。これらはきわめて簡素な生活を想像させる。必要なもの以外、そこにはない。自分を守るためのもの、自分を証明するためのもの、そして、自分の心を紛らわせるものが一切存在しない。また戸外では、鳥の声、雨が当たる音、草が風に吹かれる音。最小限に整えられた道、豊かに茂る葉っぱや木々。これらの風景のなかの、繊細な音や光が、心の持つ繊細さと同調する。人は繊細で弱い。けれども、そこにいのちがあり、誰一人例外なく、与えられたそれぞれの状況のなかで痛みを抱えて生きている。ここは、その痛みと直面するにふさわしい場である。

ここでふたりが出会った。カバン一つだけ持ち、メモの住所を頼りに、レイラが牧師館の前に立つまでに、ヤコブは指先で時計の針を確かめながら、彼女の到着を待っていた。ふたりのあいだに流れる静かな時間。彼らの心は必要な葛藤を経ながら変化し、それぞれの世界が展開する。静かな優しさを終始感じさせるこの場所は、神の愛の表れのようであり、終始ふたりを包んでいる。

[梶原直美]

【キーワード】罪、ゆるし、祈り、救い、希望、聖職者、プロテスタント
【聖書箇所】マタ 19:26、フィリ 4:6-7、Ⅰコリ 13:3-7

夜明けの祈り
Les Innocentes

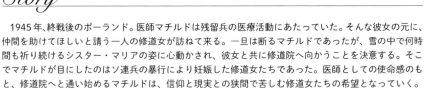

製作：2016 年　フランス／ポーランド
監督：アンヌ・フォンテーヌ

Story

　1945 年、終戦後のポーランド。医師マチルドは残留兵の医療活動にあたっていた。そんな彼女の元に、仲間を助けてほしいと請う一人の修道女が訪ねて来る。一旦は断るマチルドであったが、雪の中で何時間も祈り続けるシスター・マリアの姿に心動かされ、彼女と共に修道院へ向かうことを決意する。そこでマチルドが目にしたのはソ連兵の暴行により妊娠した修道女たちであった。医師としての使命感のもと、修道院へと通い始めるマチルドは、信仰と現実との狭間で苦しむ修道女たちの希望となっていく。

現実の痛み（信仰と現実との葛藤）

　本作は、実在したフランス人医師マドレーヌ・ポーリアック（1912-1946）の手記を基にしたものである。修道女たちの妊娠という衝撃的な題材を描いた本作は、単に史実を映像化した作品に留まらない。むしろ、神を信ずるがゆえの苦しみや葛藤といった信仰的な問題に正面から向き合ったものとなっている。

　修道女たちが妊娠していることを知ったマチルドは、ポーランド赤十字へ行くように勧める。しかし、修道女たちは、修道院で起こった出来事を外に知られることを恐れ、マチルドの勧めを拒否するのであった。マチルドは、日中はフランス赤十字の仕事に従事する傍ら、誰にも見られることのない朝の祈りの時間や夜明け頃に修道院へと通う。他人に肌を見せてはいけないという戒律を基に、診察を拒む修道女たちの頑なさに、当初は困難を覚えるマチルドであったが、次第に彼女たちの抱える心の痛みに気づいていくようになる。彼女たちが性暴力の悲惨な記憶に苛まれているだけで

なく、信仰的な痛みにも直面していることを、修道女たちとの交流を通して実感するのであった。彼女たちは、苦しみの中から問うのである。「この苦難の中で神は一体何をしておられるのか」と。

　キリスト教の神は、善であり全能であると考えられている。善い存在であり、出来ないことなどないはずの神は、なぜ修道院を守ってはくれなかったのか。なぜ修道女たちを抗いようのない暴力から救い出してくれなかったのか。

　信仰者たちは、自らの人生に起こる様々な苦しみの意味を神に問いながら生きていく。神を信じることは、希望や確信に満ちたことばかりでなく「なぜ？」「どうして？」という疑問と葛藤でもある。本作は、修道女たちの葛藤、そして見る者の中に生じる疑問に安易な解答や慰めを与えることはしない。マチルドの良き協力者となるシスター・マリアは、ただこう語るのである。「信仰とは、24 時間の疑問と 1 分の希望である」と。

神の思いを問う

　物語には、展開の鍵を握るキーパーソンが付きものであるが、本作においては修道院長もまたその1人である。身籠っていた修道女たちは、やがて次々と出産の時を迎える。修道院長の提案により、産まれた赤ん坊は、修道女たちの親族に事情を説明し養育してもらうことになる。しかし、修道院で起こった出来事が外に露見し、院が閉鎖されることを恐れた院長は、預かった赤ん坊を密かに雪の中に置き去りにしていたのであった。結果的に、命を奪うことになる院長の行動は、修道院内に知られ、仲間の修道女から「人殺し」と罵られることになる。

　キリスト教において、命を奪うことは最大の禁忌である。どんな命であっても、どのような状況であっても、殺人という行為は否定される。キリスト者の信じる神とは、人間に命の始まりの息を与え、そして終末において再び新しい生を与える存在である。まさに命の源とも言える神を信頼し、神に倣う生き方を求めることこそキリスト者の生き方だからである。

　私たちが人間である以上、世俗的な価値観を抜きにして生きていくことは難しいだろう。しかし、キリスト者はイエス・キリストの教えた生き方を求め、時に社会の規律や風潮と対立してきた。修道院長もまたキリスト者として、院の体面ではなく命を優先する選択が求められていた。彼女は言う。「十字架を背負っていきてゆく」と。十字架は単なる罪の象徴ではなく、罪なき

神の子であるイエス・キリストが人の罪を贖われた証である。本当の意味で十字架を背負う、つまりイエス・キリストが味合われた痛みと重さを共に背負うことは、どのように生きることかが問われているのではないだろうか。

絶望の中の希望は

　産まれてきた赤ん坊たちは、街の戦争孤児たちと共に、修道院で育てられることになる。誰の子どもでもなく修道院の子どもたちとして養育されることになったのである。身籠り、子どもを生んだことを知られることを恐れていた修道女たちに、マチルドからもたらされた提案である。悲惨な記憶が命の誕生という喜びに変えられたのであった。映画の序盤では、冷たい冬に閉ざされた場所であった修道院が、雪解けの場面へと変わってゆく。子どもたちの訪れによって春がもたらされた瞬間であった。

　それは、さながらイエス・キリストの誕生を思い起こさせる。キリスト教の救い主であるイエスは、ヨセフとマリアという2人の人間を親として育った。決して裕福ではない夫婦のもとに、そして馬小屋という決して綺麗ではない場所に生まれた赤ん坊がやがて多くの人の希望となっていくのである。マチルドの視点を通して描かれる世界は、私たちに語りかける。この世の善悪を、そして信仰を持って生きることの喜びと苦難を。

[赤松真希]

【キーワード】修道院、愛、苦しみ、信仰、神義論、戦争、暴力
【聖書箇所】ロマ 12:12、Ⅰテサ 1:3

ヨセフ物語 〜夢の力〜

Joseph: King of Dreams

製作：2000年　アメリカ
監督：ロバート・ラミレス

Story

　創世記後半に登場する、ヤコブとラケルの息子ヨセフの物語を描いたアニメーション作品。10人の兄たちに嫌われ、エジプトへ奴隷として売られたヨセフはファラオの信頼を得て宮廷の頂点に上り詰める。信仰によって善政を行い、飢饉を察知してエジプトで食料備蓄を指揮したヨセフは、イスラエルの家族をも救うことになるが、そこには兄たちとの和解という課題が待っていた。

本作品について

　1998年、ドリームワークスは、モーセの出生からイスラエルの民を率いてエジプトを脱出するまでを描いた劇場用映画『プリンス・オブ・エジプト』を製作し、成功を収めた。これが、イスラエルの民がエジプトにいる理由を明らかにする『ヨセフ物語』製作のきっかけとなった。本作品はオリジナルビデオとして製作されたこともあり、背景画や名も無い脇役の描写は簡素である。しかし主な登場人物たちは全体的に活き活きと描かれていると言える。またヨセフの見た二つの夢はゴッホの絵を思わせるような表現方法が採られているほか、また、ファラオの牛と穀物についての二つの夢は角張ったコンピューターグラフィック調で描写されているなど、随所に監督の感性が感じられる。本作品のメッセージを強調するため、多くの挿入歌は耳に残るポップソングが用いられている。

神への信仰

　兄たちの機嫌を損ねてエジプトへ奴隷として売られたヨセフであったが、そこで成功を収め、他者の信頼を得ることができたのは信仰のためであるとする。ただしヨセフを奴隷として買った主人ポティファルの妻ズレイカ（旧約では名前は伝えられていないが、クルアーン第12章では「ズライカ」とされる。日本語版字幕では英語読みで「ズレイカ」となっている）の誘惑を断って投獄された際は、神に見捨てられたと怒りをあらわにするシーンもある。そこでは「神は私よりもよくご存じだ」という歌が歌われる。これはイエスの受難物語が想起されよう。なお作品中では、ポティファルはヨセフをすぐに死刑にしようとするが、ヨセフは慈悲を乞い、ズレイカはヨセフを執り成す。その際にポティファルが自分の妻を見る表情は、本当は何が起こったのかをポティファルが知っていることを暗示しているようで面白い。いずれのシーンも創世記の記述にはないものだが、本作品におけるヨセフ解釈の一端を表わしている。

家族への信頼

　ヨセフの母ラケルは本作品で重要な登

場人物の一人として描かれている。ラケルはヨセフを大切に育て、「奇跡の子」と呼ぶ。ヨセフはエジプトで、両親から受けた愛情を思い出す。それが飢饉の際にエジプトへ父を初めとする家族を受け入れることへとつながったと映画は語る。本作品ではズレイカはヨセフを誘惑する際にヨセフの家族について質問し、ヨセフは母ラケルの愛情や兄たちの仕打ちを思い出して心が揺らぐ。その心の隙をついてズレイカはヨセフを慰める素振りを見せて抱こうとした。ちなみに創世記39章に書かれている誘惑の言葉は「私の床に入りなさい」だが、本作品ではこの言葉は使われていない。

新しい愛と慈しみ

　ファラオに認められたヨセフはアセナトと結婚する。本作品においてアセナトはズレイカの姪として登場するが、創世記41:45では「ファラオは……オン（古代エジプトにおける太陽神信仰の中心地）の祭司ポティ・フェラの娘アセナトを妻として与えた」とあるのみで、ズレイカとの関係は明らかではなく、以前からヨセフとアセナトが知り合いであったか否かも不明である。本作品でアセナトとヨセフが初めて出会うのはポティファルの家である。そこで、ヨセフがアセナトの猫を手懐けたことがきっかけとなり、ヨセフが投獄されている間もアセナトはヨセフに食事を差し入れていたことになっている。ヨセフの釈放後、二人は手を取り合ってナイル川の岸辺を歩き、二人で種をまき、収穫し、大量の穀物のための倉庫を建設するが、その際に二人が「も

らった分より少し多めに与えよう」と歌ったり、飢饉開始後に食料を求める子どもたちに寛大さを示したりする様子は感動的であるが、こうした場面は聖書にはなく、この映画における創作である。他方で2000年に作成されたこの作品が、このシーンを初めとする多くの創作場面において、依然としてヨセフを伝統的な性別分業パターンにおける経営管理者として描いているのは注意が必要である。

兄たちとの和解

　食料を求めてエジプトにやってきた兄たちを迎え、ヨセフへの仕打ちを反省しているか否かを試した上で、兄たちと和解する過程でのヨセフの表情は複雑そのものである。怒り、疑い、陰湿な思い、そして喜びの交錯が巧みに表現されている。この描写は本作品のならではの物語の読み込みの深さを感じさせる。最後に父ヤコブとその大家族はヨセフの計らいで皆エジプトに避難し、定住するようになる。

［クリスチャン・モリモト・ヘアマンセン］

【キーワード】聖書、信仰、ゆるし、正義、家族、解放
【聖書箇所】創30章、創37-47章

歓びを歌にのせて

Så som i himmelen (As It Is in Heaven)

製作：2004年　スェーデン
監督：ケイ・ポラック

Story

　世界的に有名な指揮者ダニエル・ダレウスはコンサート中に倒れ、心臓病であると診断される。ダニエルは、7歳まで住んでいた町の古い小学校を買って移り住む。教会聖歌隊の指揮者となったダニエルは、次第にメンバーに受け入れられ、理解されるようになる。一方、これがゆるせない牧師との葛藤も描かれる。オーストリアでのコンクールに合唱団は参加するが、ダニエルは心臓発作を起こし、それがもとでケガをしてしまう。メンバーたちはダニエルなしに歌い始めたが、会場にいた人全員がこれに和し、会場全体が大きなハーモニーに包まれる。

小学校

　ダニエルは小学生の頃、ヴァイオリンを弾いているということで同級生のコニーから暴力を受ける。暴力から逃れるために町を出、名前を変えるのだが、病を得て帰って来て住むのは、旧い小学校である。この場所の象徴性は重要だと思われる。

　ピアノがおかれた部屋に描かれている天使の絵はダニエルが恋心を寄せるレナの祖父によるもので、レナの入学時に小さな天使が描き加えられたという。レナは、新たな天使を描いてもらうよう祖父に頼むと言う。その天使とは、ダニエルのことだ。その部屋でダニエルは、自分がこの町の出身であることをメンバーに明らかにする。

　小学生の時代に分断され対立するようになった人々は、小学校として使われていた建物で、再び結び合わされる。音楽をしていたゆえに暴力を受けたダニエルは、音楽のゆえに受け入れられる。

音楽

　ダニエルの音楽哲学は、指揮者としての最初の練習の際に語られる。「何よりも大切なのはよく聴くことだ」「すべての音楽はすでに存在している。常に我々の周囲を満たし、息づいている。後は我々がそれを聴き取って、つかみ取ればいいのだ」「人は皆、自分の"声"を持っている。その固有の"声"を探すんだ」。

　その実践のために体と心のエクササイズから始めるが、メンバーたちははじめの頃、音楽に集中できない。ダニエルはいらだつが、メンバーのことを段々と理解しはじめ、メンバーもハーモニーを作り出すようになっていく。ダニエルがピアノの上にメンバーの写真を置いて、一人一人の声を思い起こしながら並び方を考えている様子は、メンバーとの結びつきを感じさせる。

人々の変化とそれに対する反応

　精神的な発達に障がいのあるトーレが加わりたいと言う。聖歌隊を成功させたいアーンは反対するが、トーレの発する深いバスの声にみんなが加わってハーモニーを作り出し、トーレはメンバーとして受け入れられる。

夫のコニーからDVを受けているガブリエラのためにダニエルは歌を作曲する。ガブリエラは、聖歌隊で歌うことを快く思っていない夫を恐れて、歌えないと言うのだが、長年の怒りをアーンにぶつけるホルムフリッドの姿を見て歌うことを決意する。

前半のクライマックスである『ガブリエラの歌』は、エンドロールでも流される。「私の人生は私のものだ」「『自分の人生を生きた』と感じたい」と歌い、DV被害者のガブリエラをエンパワーする。

牧師スティグは、メンバーに起きた変化、ことに、妻インゲが自分の感情・感覚に素直になることを受け入れられず、理事会に働きかけて聖歌隊指揮者から解任させる。この決定に怒ったインゲは家を出、ダニエルの元に匿われる。

ガブリエラもコニーの元から、子どもを連れて逃げてくる。コニーは練習に乗り込んでくるが、メンバーたちは全員でガブリエラを守り、メンバーは避難所を提供する。こうして、自分の人生を取り戻したガブリエラは、ダニエルに対する傷害で逮捕されたコニーに対して、適切な治療を受けるように勧める。

「天に行われるとおり」

元々は聖歌隊なので、『Amazing Grace』や黒人霊歌『Down by the Riverside』なども、それぞれの場面に効果的に使われている。一方、スウェーデンの民謡と思われる歌や、ハーモニーとリズムを組み合わせただけの音楽も演奏される。

舞台となる町の名 Ljusåker(「光の野」)は、コンクールに向かうメンバーの乗るバスに掲げられた幕に書かれてあるだけだが、これも象徴的だろう。いろいろな聖書箇所を思い起こさせる。ヨハ1:1-14、3:19-21、11:9-10、エフェ5:8、1テサ5:5、1ヨハ2:8-10……。

原題の "Så som i himmelen"「天に行われるとおり」は、「主の祈り」の一部である(「みこころが天に行われるとおり、地でも行われますように」)。では、何が「天に行われるとおり」なのだろうか。

まず、音楽、ことに、人間の声によって奏でられる合唱そのものが考えられる。音楽は、ハーモニーという「天にあるもの」を地上に再現する。

次に、音楽を作り出す仲間、共同体が考えられる。はじめはお互いに受け入れ合えず、心のどこかで避けていたお互いが、音楽を通して一つになり、弱い者(トーレ／ガブリエラ)を受け入れ、守り、エンパワーするようになる。『ガブリエラの歌』では、「天国は近くにある」と歌われる。

「天で行われるとおり」の例として、コンクールの場面を上げておきたい。会場にいた人すべてがハーモニーに加わることになるのだが、その最初の音は、トーレが不安なときに出す声であった。最も小さく弱い者の、不安の声を聴き、それに和するところに「天国」が実現すると、この映画は語りかけているようである。

[水野隆一]

【キーワード】愛、賛美、教会、苦しみ、解放
【聖書箇所】マタ 6:9-13、ルカ 11:2-4、マコ 10:13-16、マコ 9:33-37

楽園からの旅人

Il villaggio di cartone (The Cardboard village)

製作：2011年　イタリア
監督：エルマンノ・オルミ

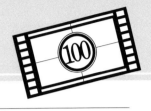

Story

　イタリアのとある教会が閉鎖されようとしていた。長年この教会で働いてきた司祭は教会閉鎖の現実を受け入れられずにいるが、抵抗もむなしく、礼拝堂から十字架、絵画、彫像が運び出されてゆく。ある夜、失意の中にいた司祭のところに、怪我を負った男性とそれを支える女性、まだ小さい子どもが訪ねてくる。「不法移民」の家族を仕方なく司祭館の中に招き入れているその頃、別の「不法移民」ががらんどうの教会に住み着いていた。翌日、「不法移民」の捜索のために警官隊が教会にやってくるが……。

「教会のおわり」

　現在、「難民」――政治的迫害、武力紛争、人権侵害などにより生命を脅かされ、故郷を離れて他国へ逃れなければならない人びと――は全世界で2,600万人存在すると言われる。また、よりよい生活を求めて自国を離れて移動する「移民」の人びと、さらに難民認定を受けていない「庇護希望者」や「国内避難民」を合わせると2億人を超える人びとが、故郷から別の場所へ移動をつづけ、不安定な生活を余儀なくされている。現在の移民・難民をめぐる問題と、絶えざる移動のなかに生きる人びとの姿が活写される本作において、この移民たちの物語の舞台は「教会」である。

　ある教会が長年の役目を終え、閉鎖されようとしていた。礼拝堂では工事業者が粛々と撤去作業を進めている。作業スペースを確保するために整然と並んだ礼拝堂の長椅子は押しやられ、礼拝堂の正面に吊り下げられていた十字架は荒っぽく引き降ろされる。礼拝堂を彩っていた絵画や彫像は売り出されるためか、丁寧に梱包されて次々に運び出されてゆく。教会閉鎖の現実を受け入れられない年老いた司祭が「キリエ・エレイソン」（主よ、憐れみたまえ）と嘆きの声をあげるとき、イエスの受難物語における真っ二つに裂けた神殿の垂れ幕のように、礼拝堂のカーテンが一斉に落下する。ここに描かれているのは「教会のおわり」である。撤去作業が済んだあとの礼拝堂にはもう何も残っていない。それはまるで作中に何度もカットインされる海岸に打ち捨てられ朽ち果てたボートのようだ。

「不法移民」と／の教会

　撤去作業中に割られた窓からこっそりと、あるいは司祭館のドアを激しく叩いて、こどもから老人までおおぜいの人びとが、閉鎖したばかりの教会へやってくる。これらの人びとは粗末なボートに乗り、命がけで海を渡ってきた移民たちだった。一夜にして、閉鎖した教会は仮宿となった。雨漏りのする天井から落ちる水滴が飲料水に、聖歌隊のガウンが寝具に、たくさんのキャンドルが常夜灯に、そして長椅子がベッドに生成変化する。金にならず持ち出されな

かった教会の備品が移民たちの「ダンボール村」（Il villaggio di cartone）を形作ってゆく。

移民たちは複数のグループに分かれていた。子どもに必要な医療を受けさせるためにヨーロッパを目指す家族、かつて奴隷貿易の拠点として知られたゴレ島から友人と共にボートに乗り込んだ青年、ダイナマイトを抱いて闘争の中に活路を見出そうとする急進的なグループ、すでにこの国に滞在し同胞たちの手引きをする人、そして乗り込んだボートの中でただ一人生き残った少女。この少女は妊娠しており、居合わせた「娼婦」と名乗る女性の助けによって、教会の小部屋で出産することになる。その出産を知った司祭は「神の御子は今宵しも……来たりて拝め……」と、クリスマスによく歌われる賛美歌の一節を口ずさんでいる。少女が旅の途中で出産する描写は、未婚のまま妊娠し、旅先で出産したイエスの母マリアの物語を想起させる。ナザレからベツレヘムへの旅の道中で出産することになり、さらに出産後もヘロデの手を逃れてエジプトへ旅立たなければならなかったマリアもまた、同じ「移民／難民」の一人だった。

突然の「お客」に驚きつつ、歓待とは言えないまでも、移民たちが教会に留まることを許し、受け入れようとする司祭に内外から厳しい批判が投げかけられる。「なぜ連中を入れたのです？　私たちの教会に」「全く別の人種。私らとは違う」という声に、司祭はただ「（ここが）教会だからだよ」とだけ答える。取り締まりにやってきた警官は「不法移民」を匿うと罪に問われると脅迫するが、司祭は「悪いがこの家に不法移民はいない。いるとすれば客だ」「すべての人のためにこの教会は建てられた。信者もそうでない者も」と、「不法移民」の取り締まりに非協力的な態度を貫く。武装した警官が教会に押し入ってきた時も、「君らの敵が神の家にいるというのかね」と怒り、警官隊を追い返そうとする。

おわりからはじまる物語

「不法移民」と呼ばれるこの国の「招かれざる客」は、教会閉鎖という事態に直面し、挫折と絶望を味わう司祭にとって大切な「お客」にほかならなかった。礼拝が差し止められ、誰も来なくなったはずの教会は、いまおおぜいの人であふれている。礼拝の場としての教会は閉鎖されたが、「すべての人のために建てられた」教会の使命と役割は失われていなかった。浜辺で打ち捨てられたボートのように思われた教会は、「不法移民」が身を寄せ、「ダンボール村」を形成するという思いもよらなかったかたちでその使命を全うしているように見える。

「教会のおわり」が同時に新しい「教会のはじまり」であることを逆説的に描く本作は、「移民／難民」の時代における教会のあり方を鋭く問うている。それだけに、『楽園からの旅人』という邦題は「不法移民」たちの過酷な現実を軽んじているようで違和感があるが（この人々は「楽園」から来たのだろうか？）、この時代に観るべき「キリスト教映画」のひとつであることは間違いない。

[有住航]

【キーワード】教会、カトリック、宣教、聖職者、差別、抑圧
【聖書箇所】レビ 19:33-34、ルカ 2:1-7

リトル・ボーイ 小さなボクと戦争

Little Boy

製作：2014年　アメリカ
監督：アレハンドロ・モンテヴェルデ

Story

　第二次世界大戦下、アメリカ西海岸の小さな漁村で暮らすバズビー一家を中心とした物語。長男が扁平足のために入隊できず、代わりに父親が入隊し戦地に出征することになる。主人公は次男のペッパー少年、8歳である。彼は身長が低いために成長障がいを疑われ、同級生に「リトル・ボーイ」と呼ばれ、いじめられていた。良き理解者であり大好きな父親を戦地から呼び戻すためのペッパー少年のひたむきな行動が、周りの人々を変え愛を教える。

信じるということ

　父親が小さな体の息子を励ますために一緒に行っていたのは、空想の世界で楽しむことと、奇術師ベン・イーグルの映画や雑誌鑑賞であった。戦争のために父親と離れて意気消沈するペッパー少年は、ひょんなことからベン・イーグルの奇術ショーに出演する。奇術師から念力を授かったペッパー少年は、空の瓶を移動させることができた。後日、少年は教会で聖書の話しを聞く。「もし、からし種一粒ほどの信仰があれば、この山に向かって、『ここから、あそこに移れ』と命じても、そのとおりになる。あなたがたにできないことは何もない。」（マタ17:20）。ペッパー少年は、自分が授かったベン・イーグルの念力と辛子種を所持することで、父親を呼び戻すことができると信じ、戦地の方角に向かって毎日念力を送り続ける。少年のひたむきな姿は、町の大人の人々に励ましを与える。ある日、ついに戦争が終わったことを少年は町の人から聞く。原子爆弾の投下が行われ、戦争は終わりを告げた。爆弾の名前は「リトル・ボーイ」、町の人は少年の念力だと褒め、少年もこれで父親が戻ると喜ぶ。しかし、爆弾の威力を知ると恐ろしくなり少年の心は傷む。母親は「一発の爆弾で一つの町が滅びたのは、とても悲惨なことよ」と話し、戦争が終わっても捕虜となった父親が戻ることは難しいと聞かされ、少年はますます心を痛める。自分の願いは正しかったのか、悩み苦しむ少年に寄り添い励ますのは、司祭から渡されたリストの協力者、敵国の日系アメリカ人ハシモトだった。

愛の実践を伴う信仰

　ペッパー少年は教会の礼拝で辛子種の説教を聞いた後に、どうすれば念力で父親を取り戻すことができるかを教会の司祭に相談する。すると、司祭は教会に古くから伝わるリストを彼に渡し、行動することを勧める。リストの内容は①飢えた人に食べ物を与える。②家のない人に屋根のある部屋を。③囚人を励ます。④裸の者に衣服を与える。⑤病人を見舞う。⑥死者を埋葬する。リストの他に、司祭はもう一つの事柄をリストに加えた。町に住む日系人「ハシ

モトに親切を」。少年は「アーユークレイジー？」といぶかしがる。町の住人や少年の兄は、敵である日系人を憎み、兄はハシモトを殺そうとまで口にする。しかし少年は、父を取り戻したい一心で、司祭のリストを実行すべくハシモトに近づく。最初、ハシモトは少年を警戒し拒否するが、少年の父親への思いを知り、リストの実行への手助けを行う。少年の周りの大人は日系人を憎しみ、差別し、排除するが、ペッパー少年の柔らかい心と勇気ある行動は周りに影響を与える。イエスの言葉「子供のように神の国を受け入れる人でなければ、決してそこに入ることはできない。」（マコ10:15）を思い出させる。少年とハシモトは、リストの内容を実行することで絆が深まっていき、互いに相手を愛しみ大切に思うようになる。

愛がすべて

この物語は戦時中の人間の姿を、ペッパー少年をとおして描いている。戦争は自国が正義で、敵国が悪である。そんな風潮が漂う中、町の人は教会に行って司祭の話しを聞く。「戦地で戦っている家族のために。あなたは何をしますか？あなたに何ができますか？」多くの大人は、敵を憎み、町に住む日系人に冷たくあたる。しかし少年は、司祭にもらったリストに書かれたことを実行するうちに、愛を学んでいく。同じくハシモトも、最初は少年に対して心を開かず、少年の行為を拒否し続けるが、少年のひたむきな思いに愛を学ぶ。少年の母親、兄も、少年のリストの実行をしようと

する勇気と気持ちの強さに触れ、少年とハシモトの交流に感化され、愛を学び変えられていく。戦争で引き起こされる憎しみは、人をゆがめ変えてしまう。しかし、愛は人の心を豊かにし平安を与える。人は、人と人とのつながりのなかで愛を学ぶ。愛を伴いつつ人生を歩むことこそ、人生の豊かさであることをこの映画は教えている。物語の後半、父親の戦死の知らせが届いたため、葬儀が行われ、リストにある死者の埋葬が実行された。しかし、父親が生きていたことがわかり家族は喜び包まれる。少年は念力が通じたと喜ぶが、帰還した父親はまったく変わり果てた姿で、心も身体も傷ついていた。少年と家族は、願ったことが形をかえて与えられたことを知るが、愛を学んだ家族は希望を失わない。映画の最後には、父は戻ったがここから家族が改めて愛を学んでいくことになるであろうと結ばれている。

［橋本かおり］

【キーワード】愛、神の国、カトリック、信仰、希望、戦争、家族
【聖書箇所】Ⅰコリ 13:2、13:13、ヤコ 2:14、ルカ 6:27、箴 10:12

リトル・ランナー

Saint Ralph

製作：2004年　カナダ
監督：マイケル・マッゴーワン

Story

　舞台は1953年のカナダ。カトリック学校に通う14歳の少年ラルフは学校生活に適応できず孤立していた。ある日、唯一の肉親である入院中の母親が昏睡状態に陥る。「奇跡でも起きない限り、お母さんは目覚めない」という看護師の言葉と「ボストンマラソンで優勝したらそれは奇跡だ」という神父の言葉を聞く。ラルフは自分が奇跡を起こせば母親は目覚めると信じ、ボストンマラソンに挑戦する。母親に奇跡は起こるのか？

"Saint"（聖なる）という主題

　この映画は実話に基づいた作品ではない。しかし、頼りない主人公はどこにでもいそうな少年であり、彼の世俗的でぐうたらで失敗を繰り返す思春期の姿も滑稽に描かれていて、現実味が溢れている。そのような主人公が大きな目標を抱き、たくましく成長する姿には、単なる頼もしさを超えて、「聖なる」何かが感じられるのである。

　この映画の邦題は『リトル・ランナー』である。とてもわかりやすいタイトルではあるが、原題の "Saint Ralph"（聖ラルフ）が示している主題が失せてしまっているのは残念である。主人公は「小さな走者」ではあるが、"Saint"（聖なる）という主題が全編にわたっての問いでもあり、答えでもあることがタイトルによって提示され、だからこそ「ビッグ・ランナー」となっていくのである。

　この映画の各章には「聖人暦」が提示され、それが目次のようになっている。「大天使ミカエルの祝日」の章に始まり、「聖ユダ」「聖ブルーノ」「カッシアの聖リタ」

「聖アントニオ大修道院長」「聖トマス・アクィナス」「聖クリスチーナ」「シエナの聖カタリナ」「聖ハルヴァート」、一カ月単位で変わるそれぞれの祝日とその聖人の働きが挙げられている。その意図は何なのだろうか。ユダ（タダイ）やリタは絶望的な状況、虐待されている人の守護聖人であるということから、それをラルフの人生に重ねているのかもしれない。あるいはただ単にその祝日の日付に起こった出来事だったと時系列で示しているとも推測できるが、恐らくどちらもそうではないだろう。原題の "Saint Ralph" が示すように、ラルフが聖人と同様の「奇跡」を起こしたのだというメッセージを補強する演出ではないだろうか。ちなみにカトリック教会では福者や聖人に認定（列聖）されるには「奇跡」を起こすことが必須条件である。

　マラソン大会が近づくにつれ、ラルフは「聖人」の姿と重ねられていく。ある時、回心し急に人生が変わり、いわゆる「清く正しい」生き方を実践する少年になったのではない。何も変わっていないように見えて、ラルフは大きく成長し、彼だけではな

く、彼を取り巻く周囲の人間が徐々に変わっていくところを描いているのがこの映画の織りなす魔法でもある。

愛する誰かのための「祈り」

ラルフはマラソンに挑戦する当日まで、自分には「祈り」ができないとヒバート神父に告白する。彼にとって「祈り」とは習得する技法のようなものであったのだろう。ところが、「32キロを過ぎるとどんな選手もワラをもすがる思いで祈り始めるから安心しなさい」との神父のアドヴァイスにラルフはスタート直前に突然、祈り始める。

ラルフにとっては走るという行為そのものが愛する者への祈りであった。そして、彼を取り巻く人々は遠く離れた地から、単身ボストンへ向かい挑戦するラルフの姿を思い浮かべ、祈り始める。自分のためではなく、誰かのためにみんなが祈り始める。祈りは連鎖的に新たな力を生み出していく。

「奇跡」とは何か

学校の中でも、修道会の中でも絶対的権威であったフィッツパトリック校長は、「奇跡」は神が起こすものであり、人間が起こすと考えることは冒涜であるとラルフを戒める。それに対して、ヒバート神父はラルフに「奇跡」を起こすために必要なものは三つあると教える。「信仰」と「純潔」と「祈り」、この三つの課題を求めて、ラルフの新しい歩みが始まるが、なかなかその課題を達成することはできない。

途中、ニーチェを授業で取り上げるヒバート神父と、それを禁止するフィッツパトリック校長とのやり取りがある。しかし、

ラルフとのかかわりが深くなるにつれ、神父が校長に、「無政府主義者という点では、ニーチェはキリストにかなわない」と捨てゼリフを吐く場面は爽快ささえ感じる。

とうとうマラソンが始まり、後半にさしかかり体力的に厳しい状況の時、突然、沿道にサンタクロースの格好をした「神様」が並走し、ラルフを応援する。思わず微笑んでしまう場面であるが、その「神様」からの励ましをストレートに力とすることができるラルフの姿に「信仰」「純潔」「祈り」の課題を体感した彼の強さを見せられ、「奇跡」が起きる予兆を感じさせられる。

ラルフは優勝という「奇跡」ではなく、誰かのために「走り抜くこと」つまり、「生きていくこと」こそが「奇跡」であることがわかったのだろう。そして、彼を取り巻く多くの人も誰かのために「生きていくこと」の喜びを見出していった出来事の中に「奇跡」が示されているのではないだろうか。

ラルフは新たな目標をビバート神父に告げる。翌年のオリンピックでの優勝をめざすことだと。それに対し、笑顔で「奇跡を追わなきゃ生きている意味がないものな!」と励ますビバート神父の言葉は希望に満ちている。そして、映画のラストシーンで、まるで付けた足しかのようにある「奇跡」が起こる。

挿入歌は30歳で亡くなったアメリカのシンガーソングライターのジェフ・バックリィの『ハレルヤ』。実に効果的に映像とフィットして美しい場面を創り出している。

[福島旭]

【キーワード】聖なるもの、奇跡、祈り、希望、カトリック、聖職者、家族
【聖書箇所】マタ 7:7、ヨハ 15:11-17

リバー・ランズ・スルー・イット

A River Runs Through It

製作：1992年　アメリカ
監督：ロバート・レッドフォード

103

Story

　1910年代のアメリカ・モンタナ州、牧師家庭に育った兄弟の物語である。兄ノーマンは真面目で落ち着いた性格であったが、弟ポールは自由奔放で陽気な性格、二人は対照的な人生を歩んでいく。
　厳格な牧師である父は、息子たちにフライフィッシングは神聖なものであり、信仰同様、人生において大切なものだと子どもの頃から教え続ける。対照的な兄弟ゆえの確執、しかし父から教わったフライフィッシングが兄弟の絆を再び深めていく。

キリスト教信仰とフライフィッシング

　この物語は、長老派教会の牧師家庭で育ち、その後シカゴ大学で教鞭をとったノーマン・マクリーンの自伝的小説「マクリーンの川」が原作である。ストーリーは、晩年のノーマン・マクリーンが自身の人生を回想するかたちで進められていく。

　牧師家庭にとって、キリスト教信仰は何よりも大切なものであった。二人の息子たちは、厳格な父から厳しく信仰教育を受け、同時にフライフィッシング（毛バリ釣り）の技術を叩き込まれる。父はイエスの弟子たちが漁師であったことをしばしば礼拝説教で語り、それを聴いた息子たちはガリラヤ湖の漁師たちは皆、フライフィッシングの名人だったと思い込むほどだった。

　父は「神の作られた創造の世界にはリズムがあり、それに厳密に従わなければならないフライフィッシングは神の御心にかなう行為なのだ」と語り、メトロノームを使ってフライフィッシングの技術を子どもたちに教える。「うちでは信仰と釣りの間に区別がなかった」と回想するノーマンの気持

ちがよく分かる。

「川」が意味するもの

　父は息子たちがまだ幼い頃、川に連れていき、岩を見せながら次のように言い聞かせた。「雨が地を固め、やがて岩になった。5億年も前のことだ。だがその前から岩の下には神の言葉があった。聞け（川の音を聞かせる）。そのまま耳を澄まし続けていたら、神の声が聞こえるかも……」。ノーマンとポールは川の中から聞こえてくるかもしれない神の声に一生懸命に耳を傾ける。父は息子たちに、「川」には永遠なる神の言葉があり、この「川」でこそ真実なる神と出会うことができるのだと伝えようとしたのだ。

　ある日、父は成長した息子たちと釣りに出かけ、魚を釣り上げた息子たちに次のように語る。「今日は神の恵みがみんなにあった」。父と息子たちにとって魚を釣り上げること、それは、神の恵みであり祝福なのだ。「川」で釣りをする時、釣り人は日常を忘れ、様々な思い煩いから解放され、ただただ自然の中に身をゆだねていく。自然

216

の美しさに感動し、川のせせらぎ、鳥たちのさえずりや木々を揺らす風の音に耳を傾けながら、ただ一人、魚を釣ることに釣り人は集中するのだ。

「川」に身を委ね、魚を釣り上げるということは、まさに神の前に祈りと賛美をささげ、聖書の言葉と説教を通して神の恵みと祝福をいただくことと同じことなのだ。自然にとけ込み、静かに神の言葉に耳を傾けて、神の恵みに出会える場所、それがこの物語における「川」なのである。

「It」とは何か

この物語のタイトル「A River Runs Through It」の「It」とは何を表しているのだろうか。物語の中では、明確な答えは与えられていない。

兄ノーマンは、小さな頃から父親に期待され、シカゴ大学の英文学の教授になるのだが、真面目で融通がきかない性格である。一方、弟のポールは地元で新聞記者として働くようになるが、自由奔放な性格で、やがて酒とギャンブルに溺れ、トラブルに巻き込まれて死んでいく。

この対照的な兄弟の生き方は、イエスが語った「放蕩息子」のたとえ（ルカ 15:11-32）を連想させる。イエスのたとえでは、弟は父親から自分の相続すべき財産を前もってもらい、その財産を放蕩の限りを尽くして、使い果たしてしまう。ポールもまた、父と母に深く愛されていたが、兄とは違い、自由奔放に生きようとする。しかし、父親の思いとはかけ離れていく息子を、父は静かに受け止めようとする。父は決して息子ポールを見捨てることはせず、最後ま

で愛し続けるのだ。

ポールがトラブルに巻き込まれて死んだ後、父は礼拝説教の中で、次のように語っている。

「人は皆、一生に一度は似た経験があります。愛するものが苦しんでいるのを見て、神に問う。愛するものを助けたいのです。何をすれば？　本当に助けになることは難しい。自分の何を差し出すべきか。あるいは差し出しても相手が拒否してしまう。身近にいながら間をすり抜けてしまう。できるのは愛すること。人は理屈を離れ、心から人を愛する事ができる」。

「放蕩息子」の父親のように、父が深い苦悩の中にあったことが分かる。しかし父は愛する我が子をありのままに受け止め、「愛」を注ぎ続けたのである。ポールは、「放蕩息子」のたとえのように、悔い改めて父のもとに帰ってくることはない。しかし、モンタナの豊かな自然の中、神の言葉が宿る「川」でフライフィッシングをする姿の中に、神にありのままに受け止められ、神の恵みを与えられて生きるポールの姿が表現されているように思う。神と家族に愛され、ゆるされてポールは生き、そして死んでいくのである。

「It」とは人生の歩みのことではないだろうか。人の一生には喜びや希望だけでなく、苦しみや悲しみ、そして絶望さえ与えられる。しかし、川の流れは途絶えることなく、流れ続けていくのだ。そしてその人生の流れは、常に神の恵みと祝福の中にあるという聖書のメッセージが伝わってくる。「神の恵み」「神の豊かさ」は人生のあらゆる部分に注がれるのだ。　　　［福万広信］

【キーワード】愛、恵み、プロテスタント、聖職者、苦しみ、家族
【聖書箇所】ルカ 15:11-32

ルルドの泉で

Lourdes

製作：2009年　オーストリア／フランス／ドイツ
監督：ジェシカ・ハウスナー

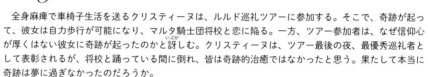

Story

　全身麻痺で車椅子生活を送るクリスティーヌは、ルルド巡礼ツアーに参加する。そこで、奇跡が起って、彼女は自力歩行が可能になり、マルタ騎士団将校と恋に陥る。一方、ツアー参加者は、なぜ信仰心が厚くはない彼女に奇跡が起ったのかと訝しむ。クリスティーヌは、ツアー最後の夜、最優秀巡礼者として表彰されるが、将校と踊っている間に倒れ、皆は奇跡的治癒ではなかったと思う。果たして本当に奇跡は夢に過ぎなかったのだろうか。

聖女ベルナデットとルルド巡礼

　映画の舞台となっているのは、フランス南西部の町ルルドである。そこは、カトリックの巡礼地となっており、世界中から数多くの巡礼者が日々訪れている。ルルドが巡礼地となるきっかけは、1858年2月11日に遡る。その日、14歳の少女、ベルナデット・スビルーが、洞窟のなかで、若い女性と出会う。女性はベルナデットに、神に祈りを捧げ、また湧き水を飲み、体を清めよと指示する。そして、16回目の出会いで、女性はみずからが「無原罪の宿り」であるとその身を明かす。ベルナデットは、復活祭で恍惚状態に陥り、ろうそくの熱さが感じ取れないほどであったが、同席していた医師は、火傷の跡は見られなかったと証言した。

　以来、ルルドには多くの巡礼者が集まり、「奇跡的治癒」が起こる場所として知られるようになる。歩行困難者などが、ルルドに来て、水浴や毎日行われている聖体行列に参加するなどした結果、歩けるようになったという医学的には説明できない症例を、カトリック教会が奇跡的な治癒として認定する。聖書には、イエスによる治癒が多く記述されており、例えば、イエスが「タリタ、クム」と呼びかけると、もはや息絶えたかに思われていた寝たきりの少女は起き上がるというエピソードがある。

奇跡をめぐる問い

　クリスティーヌは、11世紀、十字軍遠征時に生まれた聖ヨハネ騎士団に端を発するマルタ騎士団が組織するルルド巡礼ツアーに参加する。それは、日常の孤独からいっときでも解放されるためで、奇跡を願ってルルドまで来たわけではない。ルルドの町自体、宿泊施設や土産物屋が林立し、観光地の様相を呈している。とはいえ、クリスティーヌと共にツアーに参加している人々のなかでは、奇跡的治癒に関する話題が出ており、奇跡が起こりうるかという問いが、ルルドという巡礼空間を成り立たせていることが示される。ただ、ルルドが、本当に奇跡を生む場所であるのかについては、巡礼者たちのあいだでも疑念が完全に払拭されることはない。

巡礼ツアーは淡々と進むが、クリスティーヌは、聖母マリアが現れ、体の麻痺は消えていくと告げる夢を見る。そして、本当にクリスティーヌは、体を動かし、歩けるようになる。巡礼ツアーの参加者やマルタ騎士団のスタッフ、同行している司祭は、奇跡的治癒に立ち会えたことに驚き、喜ぶ。奇跡的治癒として認定されるためには、医学委員会で、審査されなければならない。そこで、クリスティーヌは、司祭の付き添いで、診察を受ける。そこでは治癒は一時的なものに過ぎない可能性があることも示唆され、経過を観察していくことになる。ただ、クリスティーヌは、早く仕事に就きたいといい、あたかもすでに奇跡的治癒が認定されたかのように振る舞うようになる。

しかし、ツアー最終夜のパーティで、治癒したと思われたクリスティーヌがダンスの最中に倒れたとき、そこに居合わせた人々は、結局治癒は一時的なものに過ぎなかったと判断する。それでは、クリスティーヌの治癒は一時的なものに過ぎなかったのか。ラストシーンは、別の解釈もありうると思わせるものである。というのも、パーティ会場の端にたたずんでいたクリスティーヌは、宿泊施設で同室の女性アルティ夫人が運んできた車椅子にみずから座るからである。つまり、クリスティーヌは、車椅子生活に戻ることを主体的に選択したようにも解釈できるのである。

神の自由、解釈の自由

映画は、奇跡をめぐる、人々の両義的な意識と行動を描く。ツアー参加者は、奇跡を期待しながらも、同時に果たして奇跡が本当に起こりうるのかという疑念を抱いている。また、いざクリスティーヌが歩けるようになると、なぜクリスティーヌにだけ奇跡が起こり、他の参加者には起こらないのかという疑問を持ち始める。この点について、司祭は、神は自由であり、どのように神の意志が働くかは謎だと語る。奇跡は論理的には説明できない。映画自体、登場人物の行動をはっきりと説明するのではなく、常に解釈の余地を持たせている。そこで、興味深いのは、アルティ夫人の存在である。アルティ夫人は、ツアーの参加者のなかで最も信仰心が厚い人物で、クリスティーヌを積極的に介助し、彼女が歩けるようになったことを喜ぶ。しかし、山上でクリスティーヌが騎士団の将校と二人きりになろうとすると、なぜかそれを必死に追いかける。そして、パーティでクリスティーヌが倒れると即座に車椅子を用意して、彼女に付き添う。アルティ夫人は、歩けるようになると、神への感謝を忘れて、恋に陥るクリスティーヌの行動を問題視したのか。それとも、奇跡は、麻痺状態が治癒するかどうかとは別の次元に存在すると考えているのか。映画の最後で、再び車椅子に座ったクリスティーヌに、アルティ夫人は何か語りかける。「felicità」（幸せ）の歌に合わせて人々は踊り、アルティ夫人の声は映画を鑑賞している者には聞こえない。聞くことができない声が発せられるところで終わるラストは非常に印象的である。

［荻野昌弘］

【キーワード】奇跡、聖母、カトリック、信仰、摂理
【聖書箇所】マコ 5:21-43

ルワンダの涙
Shooting Dogs

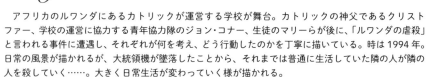

製作：2005年　イギリス／アメリカ
監督：マイケル・ケイトン＝ジョーンズ

Story

　アフリカのルワンダにあるカトリックが運営する学校が舞台。カトリックの神父であるクリストファー、学校の運営に協力する青年協力隊のジョン・コナー、生徒のマリーらが後に、「ルワンダの虐殺」と言われる事件に遭遇し、それぞれが何を考え、どう行動したのかを丁寧に描いている。時は1994年。日常の風景が描かれるが、大統領機が墜落したことから、それまでは普通に生活していた隣の人が隣の人を殺していく……。大きく日常生活が変わっていく様が描かれる。

ルワンダの虐殺

　この映画の背景には、20世紀最大の虐殺事件と言われている「ルワンダの虐殺」がある。「ルワンダの虐殺」は1994年に勃発。約100日間で80万人から100万人のツチ族、フツ族穏健派が虐殺されたと言われている。ルワンダは第一次世界大戦前まではドイツ領だったが、その後、ベルギーの統治下に置かれた。それまでは、フツ族、ツチ族共に農業を中心に対立することなく暮らしていたと言われているが、ベルギーの統治政策により、人種的差別観が持ち込まれ両者が対立する原因となったと考えられている。その後、1962年に独立するが、両者の対立は解消することなくルワンダの虐殺が起こってしまう。

登場人物

クリストファー神父「苦しむ人々と共にいる神」

　学校運営の責任を負う。事件勃発後、学校は白人たち、ツチ族の人々の避難先となる。学校はフェンスで囲まれているため、フツ族の人々が斧などを持ってきて取り囲むようになる。虐殺の情報を聞く神父。このような時にこそ神は必要だとの思いから、いつものようにミサを実施する。避難所での出産。生まれたばかりの赤ん坊が病気になる。薬を探すために町へでかける神父。薬局の店員の言葉。「フツ族のための薬か？　ツチ族のための薬か？」店先での遺体。いままでとは違う世界になったと実感する神父。薪などの不足によって聖書を燃やす。希望が消えそうだとの思い。しかし、そのような中、子どもの祝福を行い、ミサを実施する。どのような状況でも神に信頼を寄せる神父の姿勢。フツ族の人々が学校に突入する前に子どもだけは逃がそうとトラックの荷台へ。子どもを乗せたトラックを運転する神父。検問を受け、子どもたちをなんとか逃がそうとするが、銃で撃たれてしまう。その間にマリーが子どもたちを逃がす。苦しむ人々と共にいてくださると最後まで信じた神父の姿が描かれている。

ジョン・コナー「神はいるのか？」

海外青年協力隊の一人として英語教師をしていたコナー。生徒の安否確認をしにいくが家では見つけることができなかった。学校に戻ろうとするが、フツ族の民兵の検問に出くわし、なんとか学校へと戻る。こんなときにこそ、神は必要との神父の言葉に反発する。神はいるのか？　なんとか、この状況から脱するために奮闘するコナー。TV中継を行えないか、国連軍を呼べないか……。どれもうまくいかない。そのような中、外国人救出のためにフランス軍が到着する。学校に残ることを決断するコナー。学校は民兵に取り囲まれている。学校から離れた修道院へと向かおうとする神父に対して、このような状況の中でミサをする必要があるのかとの思いから引き留める。学校から外へと逃げようとする避難者たち。待ち構えている民兵。殺されていくだけの避難者を見ていることしかできない。「神は何をしているのか？」と神父に問う。外国人だけ避難させる命令を受けた国連軍が到着する。コナーは国連軍と共に脱出するのだ。

マリー「今を生きる」

ツチ族の少女マリー。事件勃発後、なんとか学校へと避難する。日に日に多くなる学校を取り囲む民兵たち。神父へと問うマリー「外にいる人も神は愛するの？」。神父の言葉「人は罪を犯す」。虐殺される避難者たち。マリーの言葉「私たちを見捨てないよね」。国連軍の撤退。混乱する学校。

子どもたちを逃がすために奮闘する神父。逃がされる一人になったマリー。トラックの荷台、検問で止まるトラック、怪しい雰囲気を感じ、子どもたちを外へ逃がす。銃で撃たれる神父、子どもたちを逃がしたマリー。道を一人で走るマリー。その5年後、コナーの勤務する学校へとやってくるマリー。「どうして逃げたの？」。コナー「死ぬのが怖かったから」。このやりとりから、マリーは「与えられた時間をムダにしない」という決意を持つ。

三者の視点から

主な登場人物3名の歩みを見てきたが、神父は神の存在を信じる生き方、コナーは神の存在を信じることができない歩み、マリーは与えられた歩みを生き抜こうとする人物として描かれていると言えよう。虐殺されるという危機の中、神の存在を信じ、この場を離れると神の愛を二度と見つけられないだろうと語り、命を捨てる覚悟をした神父。そして、その場から逃げ出したコナーとの歩みが対比され、私たち自身の価値観との対話が迫られる。一方のマリーは、自分自身の今の歩みを精一杯生き抜こうとする姿が描かれ、神の存在、神の不在、そして、そのような中での「今」を生きる歩みが丁寧に描かれることにより、この世の不条理の中にあっても神が存在するのだということを示しているように思われる。

[井上智]

【キーワード】カトリック、聖職者、神義論、自己犠牲、罪、戦争、暴力
【聖書箇所】マタ 25:40、詩 46:2

レディ・バード

Lady Bird

製作：2017年　アメリカ
監督：グレタ・ガーウィグ

Story

　舞台は2002年、カルフォルニア州サクラメント。地元のカトリック系高校に通う、自称「レディ・バード」のクリスティンは高校卒業後、ニューヨークの大学へ進学し、地元を離れることを夢見ている。しかし、母マリオンからは大学進学を反対され、親子喧嘩の真っ最中。時に、わがままに振る舞い、時に、友達や恋人、家族、自分の将来について思い悩みながら、クリスティンは最後の高校生活を満喫していく。

こんなのあたしじゃない！

　主人公のクリスティンは、「レディ・バード」を名乗り、本名で呼ばれることを嫌う。名はその人の本質を表すという。クリスティンが本名で呼ばれることを拒否するのは、本当の自分を否定し、受け入れられていないことの現れにも思える。

　クリスティンは思春期真っ只中である。彼女は「何かを成し遂げたい」といった、思春期特有の問題を抱えている。特に、クリスティンは自分にないものへの憧れが強い。豪邸に住んでみたい。ステキな彼氏が欲しい。学校の人気者と仲良くなりたい。クリスティンは湧き上がる欲求に素直に従い、無茶な行動を繰り返す。その結果、家族や友人はおろか、自分自身をも傷つけてしまう。それでも、クリスティンは理想の自分「レディ・バード」になろうとする。

　クリスティンの行動の数々はどれも自分勝手である。作中、クリスティンは学校の人気者ジェナと仲良くなるために、親友のジュリと距離を置く。このような行動を続けるクリスティンは自分の今の状態を全く受け入れられずにいる。そして、クリス

ティンは今の状況を一新すべく、退屈な田舎町サクラメントを出て、大都会ニューヨークの大学に進学することを夢見ている。

母と娘の物語

　映画の冒頭、この親子の関係に暗雲が立ちこめる。大学見学へ向かう車中、クリスティンはサクラメントを出て大都会ニューヨークの大学に進学したいことを母マリオンに伝える。これにマリオンは猛反対。クリスティンに地元の大学に行くように言い、ケンカになる（母に反対されたクリスティンのささやかな抵抗には度肝を抜かされる！）。この一件で、クリスティンとマリオンは口論が絶えなくなり、親子関係は悪化する。

　しかし、この親子関係は冷え切っているわけではない。リサイクルショップでプロムのためのドレスを買いに行った際、クリスティンはマリオンに「ママに愛されたい」と素直な思いを打ち明ける。

　母に心を開きかけたと思われるクリスティンが母の思いを尊重したかといえばそうではない。クリスティンは秘密裏に願書を出していたニューヨークの大学への入学

が決まり、サクラメントを出ていくことになる。

クリスティンの姿は、「放蕩息子」のたとえ（ルカ 15:11-32）に登場する放蕩息子を彷彿とさせる。たとえ話は以下のようである。二人の息子を持つ父親が、下の息子から財産を生前に分けてほしいと頼まれ、財産を息子２人に分ける。下の息子は財産を全て金に換え、遠くの町へ旅たちそこで放蕩の限りを尽くし、財産を使い果たしてしまう。クリスティンも、放蕩の限りを尽くす金はないが、身勝手で、自分のことばかりである。そして、一刻も早く親元から離れたがっている

離れて気づく愛

たとえ話の結末はこうである。財産を使い果たした下の息子は食べるものに困り、限界に追い込まれ、回心し、ついに父親のところへ帰ることを決断する。父は帰って来た下の息子を見るなり、抱きしめ、彼を盛大に、また暖かく迎える。この話は、下の息子のように罪や間違いを犯した者であろうと、その罪をゆるし、その人を受け入れる神の愛を表している。

映画の終盤、クリスティンは憧れのニューヨークでの暮らしを始める。新生活早々、夜中にクリスティンは酒の飲みすぎで倒れ、救急車で病院に搬送される。病室で意識を取り戻したクリスティンは手首に巻かれたテープに記されている本名「クリスティン .M」をじっと見つめる。そして、ベッドから起き上がったクリスティンは、隣のベッドに座っている少年を介抱する母親の姿を目にする。

ここで、クリスティンはようやく本当の自分と向き合うことになる。彼女は理想の「レディ・バード」ではなく、中流階級の冴えない家族と冴えない友人を持つ、ごく平凡な「クリスティン」なのだ。しかし、彼女は、自分を大切に思ってくれる家族と親友がいる幸せな「クリスティン」であることにも気づいたのである。クリスティンの回心の瞬間である。

夜が明け、病院を出たクリスティンは今日が日曜日だと知る。そして、彼女は何気なく教会へと足を踏み入れる。教会を出た直後、クリスティンは父の電話に母へ向けてメッセージを残す。それは「愛してる。感謝してる。感謝してる」、と素直な気持ちを伝えるメッセージだった。クリスティンはようやく、母マリオンの愛に気づいたのである。

クリスティンは神と人の関係を、親子関係と同じように考えている発言をしている。クリスティンは「皆、親がつけた名前は受け入れるのに――神は受け入れない」と言う。親が子に名前をつけ、互いを名前で呼びあうことで両者は親密な親子関係を築く。同様に、神は放蕩息子を迎えた父のように、すべての人が自身と愛の関係を築くことを望んでいる。神の愛の前で、人はかけがえのない存在である。クリスティンが受け入れることのできなかった「クリスティン」は両親と神にとって、かけがえのない「クリスティン」なのだ。

[山内慎平]

【キーワード】愛、カトリック、ゆるし、和解、悔い改め、家族
【聖書箇所】ルカ 15:11-32

レフト・ビハインド

Left Behind

製作：2014　アメリカ
監督：ヴィク・アームストロング

Story

　レイは国際線旅客機のパイロットである。誕生日に娘のクローイが帰省してきたにも関わらず、CAのハティーに気があるレイは仕事を選んでしまう。熱心なキリスト教徒の母アイリーンと口論になったクローイが、気晴らしに弟と買い物に行ったとき、突然世界中から多数の人間が消え、大パニックになる。レイの飛行機でも副操縦士等が消えてしまう。果たして飛行機を無事に着陸させられるのか、レイとクローイの絆は取り戻せるのか。

神の裁きと選び

　DVDパッケージには「フライト・パニック・アクション」と記されているのだが、本作の焦点はそこにはない。確かにフライト中パニックが起こるのだが、起こる原因が予想外のことなのである。この原因自体がネタバレ要素であるが、ここで扱うためには書かざるをえない。「その日突然、数百万を超す人間が姿を消した」とDVDパッケージにはある。この数百万の人々は、神の国に召されたのである。

　神の裁きによって、神の国、天国に入れるものと入れないものとに分けられるという考え方がキリスト教にはある。この文章の著者は、神の国に召されるのがどういうことなのか、我々にはまだわからないと考えている。本作のような考え方があってもよいとも思うが、本作が聖書の記述通りに描写しているとは思わない。服も荷物も持たず（本作では服や荷物は「現世」に残る）神の国に入る、と聖書に書いてあるわけではない。

　本作では、「神の国に入る」と、「急にこの世界、現世からいなくなる、消える」ように描写されている。服や荷物や眼鏡を残して消えてしまうのである。運転手が消え、自動車が暴走する。ものすごく危険な事態である。レイの飛行機でも副操縦士が消えてしまうので、「フライト・パニック」が起こるのである。

　しかし、筆者個人としては神様にはもう少し配慮がおありなのではないか（あってほしい）、と思っている。世界がいつ終わるのか、我々は知らない。古代から、キリスト教徒たちは、終末がいつ来るかということを問題にしてきた。中世までは、いまが終末の直前だ（終末は近い）、とする考え方が強かったが、段々世界の終りということのリアリティーが失われ、現代ではどちらかというと個人の終り、すなわち死と終末とを結びつけて考えるようになってきているのではないだろうか。

神の国に入れるのは……

　飛行機に乗っているのはカリカチュアされた人物ばかりである。やりすぎなくらいである。そのなかで、ある人は「神の国」

側であり、ある人はそうではない。その描写も興味深いところである。極めて純粋であるとか誠実であるとか、そういうことでなくとも、普通程度に善良そうな人は「神の国」側になっているように見える。我々も励まされるところである。一方で、残された側の人間も、中にはこれ幸いと商品を盗んだりひったくりをしたりする悪人もいるのだが、概して協力して事態に向き合っているように見える。助け合うことを神は望んでおられるということだろうか？ジャーナリストのウィリアムズと協力し乗客たちを落ち着かせようとするムスリムの青年は、明らかに親切で誠実な人物として描かれている。神の国に入る側でないのは、信仰が異なるからなのであろうか。

神の国に入ったとされる「熱心なキリスト教徒」たちについて、この世であまり好かれていない、という描き方がされているところも興味深い。最大の皮肉は、クローイの母アイリーンが通っていた教会の牧師が、この世に残っていることである。彼はクローイに事態を解釈し説明したうえで、そう信徒に教えながら自分は信じていなかったため残された、と告白するのである。

冒頭、神はなぜこの世界で災害を放置しているのか、という問いに、この世界は堕落しているからだ、と答える人が出てくる。アイリーンも、地震のニュースを見て「よいことだ」と言った、とクローイは言う。牧師は、神が終末的苦難から正しい人々を守るため、この世から取り去られたのだと説明する。では神様は、この世界に見切りをつけたということになるだろうか？　キ

リスト教徒が皆そう考えるのか、といえば、決してそうではないように思う。一方ウィリアムズはクローイに、「人は自分が見たいものしか見ようとしない」と言う。神のわざだと見たい人には、それが神のわざに見える、ということであろう。「宗教を信じる」人間を「宗教を信じない」人間が評するときのよくある物言いであるように思われる。

絆と分断

筆者は真剣に神の国を求める人々を、批判しよう、軽んじようとは思わない。しかし、神の国に入れない人々を「地上に残された気の毒な人たち」と扱うことは、少なくとも日本でキリスト教を宣教するため、あるいはキリスト教について理解を深めてもらおうとするために、よい効果をもたらさないように思う。日本においては、多くのキリスト教徒が、他宗教の信徒や無宗教の方々とともに協力し平和に暮らしているからである。神の国に入るということが、親しい人と分断されるということになりかねないのである。もちろん、だからこそ、キリスト教を宣教しなければならない、という動機にもなる。フランシスコ・ザビエルは、キリスト教を知らないで死んだ先祖は神の国に入れない、と聞いた日本の人々が悲しんで号泣したことを記している。ザビエルも彼らとともに泣いたというのである。そこは、神様の愛を信じたいように思う。

［岩野祐介］

【キーワード】信仰、罪、福音派、救い、終末、裁き、家族
【聖書箇所】マタ 24:3-14、Ⅰテサ 4:13-18、黙 3:10

レ・ミゼラブル
Les Misérables

製作：2012年　イギリス
監督：トゥ・フーパー

108

Story

パン一つを盗んだ罪で19年間を服役に費やし、ようやく仮釈放となったジャン・バルジャン。誰もが冷遇するなか、司教は彼を食事に招き、彼の盗みさえかばった。この出来事によりジャンは生き方を変え、名前も変え、8年後には工場を持ち市長となった。彼は自分の工場で働いていた亡き女性の娘コゼットを大切に育て、様々な人々のために力を尽くす。しかし仮釈放の彼の目の前に何度も警部ジャベールが現われ、彼を捕えようとする。

ゆるしと希望

仮釈放されたジャンが誰からも拒絶されて惨めに彷徨っていたとき、一人の司教が客として家の中に招き、食卓をともにした。ジャンはそこでなお盗みを働いてしまう。しかし司教はそのジャンを友と呼んでさらに受け入れ、ジャンに神のゆるしの宣言をした。ジャンの驚きは、彼の告白に表れている。「なぜ彼はわたしを受け容れた？彼はわたしを人間扱いし、兄弟と呼んだ。こんな俺のために。」「彼は告げ口せず、地獄に送り返さなかった。代わりに自由をくれた。恥ずかしさで胸が張り裂けそうだ。」司教の愛に、自分を恥じるジャン。そして、司教の言葉によって、自分も変われるかもしれないという希望を持った。彼は、仮釈放の立場の者に必携の身分証を破り捨て、違う人生を歩む決心をする。

人は変われるのか—愛と回心

ジャンは、罪ではなく神の愛のなかを生きようと決心するが、キリスト教ではこれを「改心」ではなく「回心」と表す。新約聖書に登場するパウロのように、これまでの生き方の向きを変え、神の方を向くことである。

市長にまでなったジャンは、誰かが自分の身代わりに捕まったことを知ったとき、名乗り出ずにはいられなかった。そして再び追われる身となるが、そのなかでコゼットを育てることに希望を得る。司教からの愛が種となって、ジャンは自らの愛を育て、様々な人に注いでいく。彼の目は、馬車の下敷きになった人、娘を思う瀕死のファンテーヌ、母を失ったコゼット、コゼットが思いを寄せるマリウス、自由を夢見て命を散らせた学生たち、その一人ひとりに注がれていた。ジャベールの命を手中に収めたときにさえ、それを奪うことをしなかった。

ジャンは、最後まで追われる身のままであった。そのような彼の姿は、罪を負う人間を象徴しているかのようである。人間は完全ではありえず、責めを負う。そのような意味で、キリスト教では人間を「罪びと」と考える。だからこそ、自分の抱えるその限界のなかでなお愛に生きたいと思えることに尊さがあるのではないか。

正義と裁き

ジャンが切り拓こうとする自分の人生には、つねにジャベールの存在が影を落としていた。ジャベールは刑場で生まれた。そのことに対する嫌悪感が彼を厳格な法の番人とし、悪は罪人が苦しむ刑場で裁かれるべきという認識を生じさせたのかもしれない。法を破りながらも幸せに暮らすジャンは、ジャベールには許容し難く間違った存在であった。

けれども、悪のはずのジャンが自分の命を助けた。ジャベールはこのことの理解に苦しむ。悪が正義を生めるのか―そのような矛盾を抱える問いに直面したジャベールは、軍への反逆で命を落とした少年の胸に、自分の服から勲章を取って付ける。また彼は、マリウスを抱えて下水道から上がってくるジャンにピストルを突きつけるが、結局それを捨て、目の前のジャンをあえて見逃す。反逆者に勲章を付けることも、逃亡者を見逃すことも、いわば不正のはずである。

ジャベールは、自分が裁いて切り落としてきたことのなかに自分の求めていた愛の証しがあったということ、その愛によってこそ人の生は支えられるのだということに気付いたのかもしれない。自分以外のことのために命まで掛けるジャンの「愚か」な生き方。ジャンは妹の子どものためのパンを盗み、だれかのために罪を犯し、罰を受ける人生を歩んできたのである。けれども、そこに真実があるように思えてくる。

悪であるジャンを裁けないという、ジャベールのなかに生じた矛盾。彼は橋から川へ自らの身を投じた。「俺の信じていた世界は闇に消えた。奴は天使なのか悪魔なのか。奴は知らないだろう。俺に命を与えて、奴は殺した。この俺を。」

自由を求めて―貧しさと飢えのなかで

この作品は、フランスの作家ヴィクトル・ユゴー (1802-1885) が 1862 年に発表した小説が原作であり、世界各国でミュージカルとして上演され、2012 年に映画化に至った。ここで描かれている暴動は「6月暴動」と呼ばれるもので、青年たちは希望を胸に、自由を求めて闘うが、実際には住民たちは予想されたほど集まらなかった様子が描かれている。1789 年から始まったフランス革命後、不安定な情勢が続き、当時の民衆には貧困と飢えと病が蔓延していたのである。

聖書には、自由を尊重することばが多く見られるが（たとえばヨハ 8:32、ガラ 5:1）、当時の抑圧された社会のなかでは、闘わなければ得られない自由があった。ユゴーは、権力によって抑圧される人々の解放を求める運動に共感し、長い年月をかけてこの原作を著している。

映画冒頭の服役中の囚人たちへの暴力的な処遇には、人の持つべき自由のかけらも見られない。様々な抑圧がただ人を苦しめる。未来に光も見えず、悪意と苦しみの世界で立ち往生していたジャン。しかし愛の温かさへと目を転じさせたあの招きの夜の出来事。そして自分を信頼するコゼットとの出会い。ジャンは自らの生のなかで、これらへの返答を探していたのかもしれない。

[梶原直美]

【キーワード】ゆるし、希望、回心、愛、罪、正義、裁き、自由、抑圧、貧困、解放
【聖書箇所】ヨブ 1:21、エフェ 1:7、ヨハ 8:32、ガラ 5,1

ローマ法王になる日まで

Chiamatemi Francesco - Il Papa della gente

製作：2015年　イタリア
監督：ダニエーレ・ルケッティ

Story

　イエズス会士となったベルゴリオ（現ローマ法王）は、1973年に軍事独裁政権下のアルゼンチン管区長に任命される。狂気に満ちた暴力と死によって支配される社会のなかで苦悩し、自問する。神学研究に赴いたドイツでの日々を経て、再びアルゼンチンに戻った彼は、ブエノスアイレスの補佐司教を務める。ここでは貧しい住民の側に立って闘い、人々に希望を与える。2013年、バチカン。多くの人々の歓声が夜空のバチカン広場、そして世界に上がった。

コンクラーヴェ

　映像の最初の場面は、2013年の教皇選挙、コンクラーベを控えたホルヘ・ベルゴリオ（Jorge Mario Bergoglio,1936-）である。その背後には、夜の闇に浮かび上がる聖ペトロ大聖堂。教皇選挙はここのシスティーナ礼拝堂で行われる。

　「コンクラーベ」(conclave)という名称は、ラテン語の "cum"（ともに）と "clavis"（鍵、錠）から成っており、ローマ時代には錠のかかった秘密の場所を指していたようである。教皇選挙も、長らくシスティーナ礼拝堂のみに限定されていたが、2005年以降はバチカン市の別の館内で宿泊可能となった。ただし、選挙期間中の外部との接触は禁じられている。

　選挙は、前教皇の不在期間が15日から20日に収まる日程で行われる。ベネディクト16世の場合は2月28日午後8時に辞任し、以後の教皇が不在となった。これにより、同年3月12日のコンクラーベのために、世界中から枢機卿たちが集うこととなった。この年には、選挙権を持つ80歳未満の枢機卿が115名集まり、5回目の投票で鐘と共に煙突から白煙が上がった。選ばれたのは76歳のベルゴリオ枢機卿で、教皇選出に必要な3分の2を上回る90以上の票を獲得していた。こうして、2013年3月13日、第266代教皇フランシスコが誕生した。

イエズス会と日本

　ベルゴリオには日本への宣教を望んだ時期があった。「日本はわれわれを必要としている。」「1598年に50万人いた信徒がいまは10万人以下だ。」と述べていたが、彼の希望は健康上の問題により却下されている。

　日本にはじめてキリスト教を伝えたのは、フランシスコ・サビエルとされる。ベルゴリオは「イエズス会」という修道会に属していたが、ザビエルは、1540年に教皇によって認可されたこのイエズス会の創設メンバーの一人であった。宗教改革の時代、カトリック教会に属するイエズス会は、改革に努めるなかで内的な「霊操」を提唱した。これはイエズス会創設の中心的人物、

イグナティウス・デ・ロヨラが重視した、生活のなかに位置づけられ得る霊的な訓練で、祈りや黙想などを通して行われる。イエズス会はまた、外的には世界宣教に乗り出し、そこで教育に尽力した。それは宗教教育と一般的な教育にわたって広く影響を及ぼし、高等教育への貢献も多大である。

ベルゴリオは、このような修道会の司教であった。教皇フランシスコはイエズス会士として初めての教皇であるが、ベルゴリオの活動は、イエズス会で培われた深い霊性と高い知性によって支えられていたと言える。それについて次の項で辿ってみる。

解放の神学とベルゴリオ

解放の神学は20世紀後半に、G. グティエレスら中南米のカトリック司祭らによって生じた神学である。貧困や搾取や抑圧に苦しむ人々を産出し続ける社会構造に目を向け、その社会に対するキリスト教のあり方自体にも問いを投げかけるこの神学は、20世紀半ばの中南米でのいくつかの会議で共有された意識が、第二バチカン公会議（1962-1965）を経て、メデジン会議（1968）での声明において言語化された。ここでは、そのような社会構造の持つ暴力に対して教会がどのように対峙するかが課題として強く認識され、貧しい人に対する教会の具体的な実践が問われた。

ベルゴリオが生涯の多くを過ごし司祭としての働きを重ねたのは南米であった。ここは、他者を排除する独裁的な、また、あらゆる暴力によって民衆を抑圧する軍事的な社会であり、人間に尊厳を踏みにじり、人々を恐怖と不安に陥れるような理不尽さに満ちた世界として描かれていた。そしてその社会を作るのは人間である。

映像では、神学院の食堂で、ベルゴリオが軍人から、解放の神学が教義に反するのではないかと問われる場面があった。それは、教会の教育方針に対する警戒からの言葉であった。これに対して彼は不当な批判だと異議を唱える。その後間もなく、神学院に厳しい調査が入ることとなった。このさいにも、逃がした学生たち、匿った判事、そして同僚や恩など、ベルゴリオは、いわば命がけで、抑圧され虐げられている人を守ろうとした。

同時に、恩師エステルを亡くした回想のあと、聖ペトロ大聖堂を見ながら、「これでよかったのか。ペトロも罪人だったけれど、主は彼を教会の頭に選ばれた。わたしは沈黙するしかなかった。」と、自身の行動に対して自問する姿も描かれている。独裁政権が終焉を迎えて渡ったドイツで、一枚の絵の前で見知らぬ同郷の女性に教えられて祈り涙を流す場面には、矛盾と苦しみに満ちた世界を人々とともに生きてきた自分のあり方への責めと苦悩、慰めと平安が表れているであろう。

教皇となったベルゴリオは、フランシスコを名乗るが、この名前は、弱く貧しい人たちとともに生きたアッシジのフランチェスコに由来する。「キリストに最も近い人」と称されたフランチェスコ。この名を冠した教皇は、どのような時代を牽引されるのだろうか。「わたしのために祈ってほしい」と言われた教皇のお言葉を胸に留めたい。

[梶原直美]

【キーワード】教会、カトリック、聖職者、宣教、国家、抑圧、正義、暴力、解放
【聖書箇所】マタ 9:9-13、マタ 23:12、ヤコ 4:7

ローマ法王の休日

Habemus Papam

製作：2011年 イタリア/フランス
監督：ナンニ・モレッティ

Story

　現代のバチカンを舞台とするコメディ映画。

　教皇が崩御した。新たなカトリック教会の指導者を選ばなければならない。世界の注目が集まる中、メルヴィルが選ばれた。しかしそれは多くの予想に反するものだった。Habemus Papam（「我々は教皇を得た」）の宣言に続き登壇するはず……と、思いきや、新教皇は大混乱を起こし、なんと逃げてしまうのだった。 精神科医、枢機卿団、ヴァチカン職員を巻き込んだ逃走劇の結末は？

根比べのコンクラーベ

　かつて教皇の座は権力闘争の的とされてきた。特に悪名高いルネサンス教皇たちにまつわる教皇選出の黒い噂は未だに尽きない。長らく教皇領という世俗領土を持つ君主でもあっただけに、この座を誰が占めるかについて世界は無関心ではいられなかった。

　そのためにその選挙は様々な歴史的変遷を経る中で、コンクラーベと称されてきた。語源であるラテン語 cum clavi を「鍵と共に」と直訳すれば穏やかであるが、実際には「まだ決まらないなら鍵をかけてやる」という事情から来ていたらしい。

　時代は流れて現代のコンクラーベは、さほど根比べでもなくなってきている。映画の中では、枢機卿たちは誰も選ばれたくないと思っている。世界のカトリック教会全てを指導するのは重荷なのである。このあたりはダン・ブラウンの『天使と悪魔』とは好対照ですらある。根比べはメルヴィルを新教皇に選出してから始まった。彼がバルコニーに立たない、自室にこもって出て

こない（と報道官は説明したが、実は逃げていた）。これではコンクラーベは終わらない。

　ここで、いくつかのコメディ要素を紹介しておこう。

　まずは枢機卿団の行進が描かれる。彼らは連祷を歌いつつ会場へと進んでいく。ora pro nobis（「我らのために祈りたまえ」）と歩を進めながら歌うが、途中つまる。システィーナ礼拝堂入室まではテレビ中継されているので、これはありえない珍事、事件の発生を予感させる。

　また選出後、三人の枢機卿がローマ市内に繰り出そうとする。彼らがカラヴァッジョ展を楽しみにしているのもおかしいが、コンクラーベ状態（監禁状態）である事を指摘されて、がっかりしているのは笑いをさそう。

　いずれもあり得ない事ではあるが、笑える場面である。

束縛と自由と

　ローマに出たメルヴィルは、精神科医の元妻との面談によって若い頃の自分を思い出す。それは役者志望の記憶であった。こ

の告白は面白い。若い頃にポーランドで演劇指導をしていた教皇ヨハネ・パウロ2世を指しているのか、との思いさえ沸いてくる。そして逃走中のメルヴィルが関わる劇団が、チェーホフの「かもめ」を演目としている点もコメディ要素を感じさせる。この映画全体が「かもめ」のようである。「かもめ」の中の役者志望の登場人物、劇中劇の要素、「私はかもめ」「私は女優」のやりとり、そして「何が自分の使命なのかわからずにいる」のセリフなどなど、類推できる部分が多数である。

精神科医が終わらないコンクラーベに巻き込まれていくところも悲喜劇となっている。携帯電話は没収され、教皇庁からは出られなくなってしまう。それでもめげない精神科医は、枢機卿たちの健康状態を気遣いながら、無謀にも彼らによるバレーボール大会を提案する。このブロック対抗戦の様子はコメディ要素満載である。聖職衣の上にゼッケンを着けている枢機卿たち。「監獄ドッジボール」にすればと提案する者もいる。19世紀末に時の教皇ピウス9世が教皇領問題から、「バチカンの囚人」と称していた事も彷彿とさせられる。この高齢者集団による球技大会は盛り上がり、彼らは自室から出てこれないメルヴィルが閉ざされた自室のカーテン越しに見ているものと勘ちがいして喜ぶ。

物語終幕はメルヴィルの帰還となるが、その前にこのバレーボール大会の一場面がこの作品における見逃せないキリスト教的特色を示しているので、その場面を紹介して解説を閉じよう。

この異常事態に終始冷静に振る舞っているグレゴリー枢機卿は、バレーボール大会の最中、審判役の精神科医と対話を続ける。進化論などが話題にのぼるが、折り合うはずがない。その中で精神科医は「人生に安らぎはない」という。これに対して枢機卿は「幸いあなたは地獄にはいかない。他の誰も。地獄は無人です」と答える。バレーボールの試合が展開していく中でのこの何気ないやりとりは淡々と演じられている。

教皇の重圧は誰にだって耐えられるわけがない、でも「地獄は無人」と思ってみたら……。温かないたわりを余韻としながら、終幕は予想外の展開となっていく。

［大島一利］

【キーワード】教会、カトリック、聖職者、天国、地獄、自由
【聖書箇所】マタ 16:13-20、ヨハ 21:15-19

聖句索引 Scripture index （数字は映画No.）

創世記（創）

1-3 章	18
1:1–2:1	62
1:1-3	68
1:3	33
2:4-3:24	27
2:7	24
2:21-22	75
3 章	35
3:17-19	33
3:24	64
4 章	78
6-9 章	65, 78
6:14	11
6:19-20	11
9:1-17	62
9:4-5	19
11:27-22:19	55
12:1-4	69
22 章	35
25:7-11	55
30 章	98
32:23-31	34
35:22	64
37-47 章	98
41-47 章	87

出エジプト記（出）

1-20 章	87
3:1-22	10
3:14	15, 34
7:19	50
10:1-20	57
14:1-31	10
15:26	19
20:1-21	10
20:3	31
20:5	84
20:14	82
20:15	39

レビ記（レビ）

19:11	39
19:19	9
19:33-34	100

申命記（申）

7:6-8	5
26:15	87
28:15–68	84
34:4	39

ヨシュア記（ヨシュ）

10:12	68

サムエル記上（サム上）

17 章	9
28:8-15	42

列王記上（王上）

19:11-13	15

ヨブ記（ヨブ）

全般	67
1:21	108
38:4,7	64

詩編（詩）

8 編	30
22 編	54, 67
23 編	33
34:9	17
42 編	57
46:2	105
51:7-8	45
82:6-7	16
118:22	92
118:23	29

箴言（箴）

1:7	11
10:12	101
16:9	17
19:17	88
23:4	72

コヘレトの言葉（コヘ）

3:1	9

イザヤ書（イザ）

11:6	88
40:6-8	67
40:27-28	67
40:31	12
42:16	33
43:1-3	66
45:15	29
53:3-5	81

エレミヤ書（エレ）

12:1-5	67
20:7	15
23:9-40	35
29:11	17
29:13-14a	15

エゼキエル書（エゼ）

36:26	15, 44

ダニエル書（ダニ）

3 章	4
3:17-18	67
10:13	95

ゼファニヤ書（ゼファ）

3:12   19

マタイによる福音書（マタ）

1:23   63
2:1-12   74
4:1-11   39
4:4   21
4:21-22   36
5:3-10   22
5:4   56
5:22   7
5:39   39
5:43-45   14
5:44   9, 26, 81
5:45   19
6:8   93
6:9-13   6, 13, 99
6:24   39
7:1-6   37
7:7   11, 33, 102
7:12   7
9:9-13   109
9:36   57
10:29-31   71
10:32-33   20
10:34   53
11:28   36
13:10-17   60
16:13-20   38, 110
16:17-19   80

16:21-28   38
18:3-6   57
18:6   59
18:22   66
19:26   96
22:32-40   57
23:12   109
24:3-14   107
25:31   74
25:40   49, 105
26:26-30   16, 76
27:45 以下   85
27:46   2
28:20   63, 67

マルコによる福音書（マコ）

1:12   88
2:27   45
5:21-43   104
5:41   83
6:56   19
9:33-37   99
9:43   7
10:13-16   99
10:14-15   77
10:25   39
14:22   6, 51
14:22-26   61
15:33-41   24
15:33 以下   85
15:34   75

16:9-11	61

ルカによる福音書（ルカ）

1:42	48
2:1-7	100
2:1-21	25
2:8-14	89
4:18-19	57
6:27	101
9:23	16, 36
10:25-37	91, 23
11:2-4	13, 99
12:47	57
14:33	15
15:1-32	89
15:11-32	28, 90, 103, 106
16:19-31	27
17:20-21	67, 77
17:21	48
23:24	24
23:32-43	35
23:34	54, 70, 81
23:43	66
23:44 以下	85
24:1-12	94
24:36-49	94

ヨハネによる福音書（ヨハ）

2:1-11	61
2:1–12	90
3:16	2
4:14	5
8:32	69, 108
8:46	21
9:1-3	32
9:1-7	84
10:10	62
11:1-12:11	27
12:24	46
13:34	40, 95
14:6	9, 81
14:13	93
15:5	88
15:9-17	41
15:11-17	102
15:13	23, 27, 19, 46, 47, 58
16:33	54
18:33-37	22
19:28 以下	85
19:30	83
21:15-19	110

使徒言行録（使）

3:19	23
4:11	92
12:1-3	36
20:35	88
26:20	3

ローマの信徒への手紙（ロマ）

1:29-31	52
3:7	21
3:9-20	8
3:28-30	91
5:6-11	79
5:8	21
6:3-11	50
6:4	9
8:19-22	62
8:28	2, 32
12:12	97
12:14	79
12:18	47

コリントの信徒への手紙一（Ⅰコリ）

4:7	15
11:23-26	76
13:1 以下	88
13:1-13	58
13:2	101
13:3-7	96
13:7-12	65
13:13	44, 63, 73, 76, 101
13:13-14:1	82

コリントの信徒への手紙二（Ⅱコリ）

2:7	21
4:6	34
4:6-15	54
4:7	51
4:18	17
5:1-2	94
5:18-20	23
9:6 以下	88
10:17	43
12:9	1

ガラテヤの信徒への手紙（ガラ）

1:13	79
3:28	4, 57
5:1	108
5:19-21	52

エフェソの信徒への手紙（エフェ）

1:7	108
2:14-16	8

フィリピの信徒への手紙（フィリ）

2:16	21
3:14	9
3:20	94
4:6-7	96

コロサイの信徒への手紙（コロ）

1:20	23
3:11	57

テサロニケの信徒への手紙一（Ｉテサ）

1:3   97
4:13-18   107
5:16-18   41

テモテへの手紙一（Ｉテモ）

2:8-12   4

テモテへの手紙二（Ⅱテモ）

4:7   33

ヘブライ人への手紙（ヘブ）

9:11-14   50

ヤコブの手紙（ヤコ）

2:14   101
4:7   109

ペトロの手紙二（Ⅱペト）

1:3-4   68
3:14   16

ヨハネの手紙一（Ｉヨハ）

3:1   75
3:4   19
4:8   2

ユダの手紙（ユダ）

1:22   59

ヨハネの黙示録（黙）

3:10   107
7:4   86
12:7   95
12:12   86
13:18   39
21:1   18
22:2   27

キーワード keyword （数字は映画 No.）

あ

愛
1, 2, 7, 12, 23, 25, 27, 34, 36, 41, 46, 54, 58, 65, 72, 74, 76, 79, 81, 82, 85, 88, 89, 90, 92, 95, 97, 99, 101, 103, 106, 108

贖い
21, 23, 24, 38, 44, 50, 81

悪魔
29, 33, 35, 39, 75, 81, 86

い

祈り
6, 11, 15, 42, 46, 65, 70, 71, 73, 93, 96, 102

え

永遠のいのち
76, 83, 85

か

回心
9, 20, 28, 79, 108

解放
1, 9, 10, 18, 26, 27, 28, 41, 42, 44, 45, 69, 70, 71, 87, 88, 98, 99, 108, 109

科学
4, 10, 17, 20, 30, 58, 65, 68

家族
11, 17, 18, 25, 28, 31, 43, 67, 83, 84, 89, 93, 98, 101, 102, 103, 106, 107

カトリック
14, 15, 16, 17, 29, 31, 34, 40, 41, 43, 45, 48, 49, 51, 59, 61, 63, 68, 69, 80, 82, 91, 92, 100, 101, 102, 105, 106, 109, 110

神の国
13, 22, 26, 47, 56, 90, 101

き

奇跡
10, 30, 32, 48, 54, 61, 67, 72, 74, 94, 95, 102, 104

希望
10, 12, 26, 43, 44, 57, 74, 82, 87, 96, 101, 102, 108

教会
4, 12, 34, 35, 37, 39, 43, 45, 51, 59, 61, 68, 73, 99, 100, 109, 110

キリスト
2, 27, 38, 44, 54, 58, 61, 81, 85, 86, 88, 89, 90, 92, 93, 94

く

悔い改め
8, 21, 45, 51, 55, 66, 72, 106

クリスマス
16, 53, 74, 89

苦しみ
3, 6, 12, 23, 32, 34, 36, 37, 38, 40, 41, 56, 60, 63, 67, 76, 82, 83, 84, 87, 88, 93, 97, 99, 103

け

経済
39, 50, 60, 62, 72, 73

こ

国家
1, 5, 12, 14, 26, 46, 47, 53, 56, 63, 109

さ

再臨
13, 86

裁き
2, 7, 19, 20, 24, 55, 66, 67, 78, 86, 107, 108

差別
3, 4, 8, 9, 23, 26, 28, 31, 40, 45, 54, 56, 57, 71, 74, 75, 79, 100

賛美
1, 15, 28, 53, 70, 71, 73, 99

し

死
6, 16, 21, 42, 63, 64, 66, 77, 83, 93, 94

自己犠牲
2, 16, 23, 26, 27, 46, 58, 63, 88, 92, 105

地獄
7, 29, 60, 110

死生観
76, 94

自由
1, 3, 4, 18, 26, 28, 49, 69, 71, 108, 110

宗教間対話
4, 16, 22, 25, 31, 36, 47, 77, 91

十字架
24, 38, 48, 81, 83, 85

修道院
5, 15, 16, 41, 69, 70, 71, 97

終末
33, 65, 86, 107

神義論
2, 18, 19, 64, 67, 83, 97, 105

信仰
6, 9, 11, 12, 13, 17, 19, 20, 30, 32, 33, 34, 35, 39, 45, 47, 50, 53, 56, 57, 59, 61, 63, 65, 67, 68, 69, 73, 79, 80, 82, 84, 87, 91, 97, 98, 101, 104, 107

す

救い
7, 13, 22, 25, 29, 33, 35, 36, 37, 43, 50, 52, 58, 60, 65, 77, 78, 86, 89, 90, 96, 107

せ

正義
7, 19, 21, 24, 26, 44, 46, 51, 52, 57, 62, 66, 68, 78, 90, 98, 108, 109

聖公会
1, 32

聖書
10, 11, 19, 33, 38, 48, 55, 64, 75, 78, 79, 81, 87, 98

聖職者
15, 17, 21, 26, 34, 35, 40, 47, 49, 51, 59, 62, 63, 73, 80, 92, 96, 100, 102, 103, 105, 109, 110

聖なるもの
5, 6, 36, 42, 48, 51, 102
聖母
104
摂理
32, 104
宣教
4, 31, 37, 39, 63, 77, 79, 100, 109
戦争
5, 14, 16, 22, 33, 47, 53, 54, 58, 62, 92,
97, 101, 105

そ

創造
11, 18, 30, 78

つ

罪
1, 2, 3, 6, 8, 13, 19, 21, 22, 23, 24, 29,
32, 37, 40, 49, 50, 51, 52, 55, 57, 59, 60,
62, 64, 66, 67, 70, 75, 76, 80, 84, 96,
105, 107, 108

て

天国
13, 35, 56, 75, 76, 77, 94, 110
天使   29, 60, 72, 73, 75,
78, 95

ひ

貧困
60, 74, 88, 108

ふ

福音派
3, 9, 28, 35, 62, 107
復活
27, 85, 94
プロテスタント
14, 21, 91, 96, 103

へ

平和
22, 47, 53, 54

ほ

暴力
7, 8, 16, 26, 37, 46, 59, 70, 82, 97, 105,
109

め

恵み
39, 43, 103

や

病
3, 77, 83

ゆ

ゆるし
2, 8, 16, 21, 24, 37, 40, 51, 52, 54, 66,
70, 72, 75, 80, 84, 86, 96, 98, 106, 108

よ

抑圧
1, 3, 10, 27, 46, 49, 56, 63, 79, 87, 90, 100, 108, 109

わ

和解
8, 53, 72, 80, 91, 106

執筆者一覧 List of Authors （50 音順）

監修者・執筆者

打樋啓史
関西学院大学大学院神学研究科博士課程後期課程満期退学。関西学院大学社会学部宗教主事・教授。著書『現代文化とキリスト教』（共著、キリスト新聞社、2016 年）ほか。

加納和寛
同志社大学大学院神学研究科博士課程後期課程修了。関西学院大学神学部教授。著書『アドルフ・フォン・ハルナックにおける「信条」と「教義」』（教文館、2019 年）ほか。

橋本祐樹
関西学院大学大学院神学研究科博士課程後期課程修了。関西学院大学神学部准教授。著書『イースターへの旅路』（共著、キリスト新聞社、2021 年）ほか。

執筆者

赤松真希
関西学院大学大学院神学研究科博士課程前期課程修了。日本基督教団塚口教会伝道師。著書『宣教とパンデミック：関西学院大学神学部ブックレット 14』（共著、キリスト新聞社、2022 年）。

東よしみ
エモリー大学大学院宗教学研究科博士課程修了。関西学院大学神学部准教授。論文 "Reading John 11:1-12:11 through the Lens of the Resurrection in 1 Enoch," (Ph.D. Dissertation, Emory University, 2015).

有住航
関西学院大学大学院神学研究科博士課程前期課程修了。日本基督教団下落合教会牧師。著書『現代のバベルの塔 ― 反オリンピック・反万博』（共著、新教出版社、2020 年）。

家山華子
関西学院大学大学院神学研究科博士課程後期課程修了。日本基督教団箕面教会牧師。著書『聖書と現代：関西学院大学神学部ブックレット 12』（共著、キリスト新聞社、2020 年）ほか。

李相勲
延世大学大学院神学科博士課程修了。関西学院宣教師・同大学経済学部専任講師。

井上智
関西学院大学大学院神学研究科博士課程満期退学。関西学院宗教センター宗教主事・同大学神学部教員。

上田直宏
関西学院大学大学院神学研究科博士課程前期課程修了。日本基督教団主恩教会牧師。

大島一利
関西学院大学大学院神学研究科博士課程前期課程修了。福岡女学院大学宗教主事・人文学部言語芸術学科准教授。著書『テーマ・シンキング叢書012「家」』（共著、ミッションプレス、2022年）ほか。

大野至
関西学院大学大学院神学研究科博士課程前期課程修了。日本基督教団西神戸教会副牧師。

大宮有博
ロンドン・バイブル・カレッジ学術博士号取得。関西学院大学法学部宗教主事・教授。著書『アメリカ・キリスト教入門』（キリスト新聞社、2022年）ほか。

荻野昌弘
パリ第七大学大学院社会科学研究科博士課程修了。関西学院大学社会学部教授。著書 Sociology of World Heritage (Routledge, 2021) ほか。

梶原直美
関西学院大学大学院神学研究科博士課程後期課程満期退学。関西学院大学教育学部宗教主事・教授。著書『オリゲネスの祈祷論＜祈りについて＞を中心に』（教文館、2017年）。

神山美奈子
関西学院大学大学院神学研究科博士課程後期課程修了。名古屋学院大学商学部准教授。著書『女たちの日韓キリスト教史』（関西学院大学出版会、2021年）ほか。

木原桂二
関西学院大学大学院神学研究科博士課程後期課程修了。関西学院大学商学部宗教主事・助教。著書『ルカの救済思想　断絶から和解へ』（日本キリスト教団出版局、2012年）ほか。

小田部進一
ミュンヘン大学プロテスタント神学部博士課程修了。関西学院大学神学部教授。著書『ルターから今を考える ― 宗教改革500年の記憶と想起』（日本キリスト教団出版局、2016年）ほか。

クリスティアン・トリーベル
キングス・カレッジ・ロンドン人文学部神学・宗教学科博士課程修了。関西学院宣教師・同大学学長直属助教。

中道基夫
ハイデルベルク大学神学部神学博士号取得。関西学院院長・同大学神学部教授。著書『天国での再会　日本におけるキリスト教葬儀式文のインカルチュレーション』（日本キリスト教団出版局、2015年）ほか。

朴賢淑
関西学院大学大学院神学研究科博士課程後
期課程修了。大阪女学院大学・短期大学准
教授。論文「咸錫憲におけるシアル思想の
成立と展開」(2012 年) ほか。

橋本かおり
関西学院大学神学部卒業。日本基督教団夙
川東教会牧師。著書『宣教とパンデミック
:関西学院大学神学部ブックレット 14』(共
著、キリスト新聞社、2022 年)。

平林孝裕
筑波大学大学院哲学・思想研究科博士課程
満期退学。関西学院大学国際学部宗教主事・
教授。

福島旭
関西学院大学大学院神学研究科博士課程前
期課程修了。関西学院中学部宗教主事。著
書『GOODNEWS －新約聖書』(新教出版
社、2007 年) ほか。

福万広信
関西学院大学大学院神学研究科博士課程
前期課程修了。関西学院初等部宗教主事。
著書『聖書』(日本キリスト教団出版局、
2013 年) ほか。

**クリスチャン・モリモト・
ヘアマンセン**
コペンハーゲン大学日本学科博士後期課程
修了。関西学宣教師・同大学法学部教授。

ティモシー・ベネディクト
プリンストン大学大学院宗教学科博士課
程修了。関西学院宣教師・同大学社会学部
助教。著書 Spiritual Ends: Religion and
the Heart of Dying in Japan (University
of California Press, 2022).

前田美和子
関西学院大学大学院神学研究科博士課程前
期課程修了。広島女学院大学・准教授。著
書『奪われる子どもたち: 貧困から考える
子どもの権利の話』(共著、教文館、2020
年)。

水野隆一
関西学院大学神学部教授。関西学院大学博
士 (神学)。著書『アブラハム物語を読む
─文芸批評的アプローチ』(関西学院大学
研究叢書 115 編、新教出版社、2006 年)
ほか。

嶺重淑
スイス・ベルン大学神学博士号取得。関西
学院大学人間福祉学部宗教主事・教授。著
書『キリスト教入門』(日本キリスト教団
出版局、2011 年) ほか。

美濃部信
関西学院大学大学院神学研究科博士課程前
期課程修了。日本基督教団甲子園二葉教会
牧師。著書『13 歳にもわかるキリスト教
(キリスト教スタディーブック・シリーズ)』
(新教出版社、2016 年)。

村瀬義史

関西学院大学大学院神学研究科博士課程後
期課程中途退学。関西学院大学総合政策学
部准教授・宗教主事。建築学部宗教主事
兼任。著書『東アジアの平和と和解 キリ
スト教・ＮＧＯ・市民社会の役割』（共著、
関西学院大学出版会、2017 年）ほか。

柳川真太朗

関西学院大学大学院神学研究科博士課程前
期課程修了。名古屋学院大学キリスト教セ
ンター職員・チャプレン。

山内慎平

関西学院大学大学院神学研究科博士課程前
期課程修了。日本基督教団神戸栄光教会牧
師。

山本俊正

バークレー太平洋神学校神学修士課程修
了。元関西学院大学商学部宗教主事・教授。
著書『アジア・エキュメニカル運動史』（新
教出版社、2008 年）ほか。

編集後記
Editor's Note

　関西学院大学キリスト教と文化研究センター（以下 RCC）は 2019年度に「映画とキリスト教」研究プロジェクトを開始しました。それまでの別の研究プロジェクトによる、キリスト教関連映画のリストや DVD 等の蓄積がありましたので、これらをもとにまず映画作品の絞り込み作業を行いました。1990 年以降に製作されたもの、できるだけキリスト教モチーフの明確なものなどを基準としてひとまず 160本程度に絞り込み、さらにこれを研究員が手分けして一つ一つ内容を検証しながらランク付けを行い、採用・不採用を話し合いました。

　ここで困ったのが「それはこれからも容易に視聴可能か」という問題です。20 世紀に製作された映画のほとんどは、映画館で上映後にDVD やブルーレイ（かつてはビデオテープ）などの物理メディアが販売がされています。このため新品が在庫切れでも中古ならば入手可能なものがほとんどです。ところが 2010 年前後から物理メディアの販売をせず、配信のみとするものが出始めました。さらには映画館での上映もせずに配信のみで公開される作品も当たり前になりました。配信は便利ですが、ある日突然その作品の配信が終了することがよくあります。プロジェクト内で議論を重ねましたが、今回は配信のみの作品は基本的に採用しませんでした。

　この作業と並行して、関西学院内外のキリスト教関係者 30 人ほどを執筆者候補とし、内諾を得ました。この時点で 127 作品まで絞られた映画リストを執筆者に送付し、執筆希望作品を選んでもらいました。学校教員をしている執筆者の中には、すでに授業で教材として「キリスト教映画」を多数用いているため、そうした映画の解説を快く何本も引き受けてくれる方も少なくありませんでした。

　執筆割り当てが決まり、DVD 送付を終えたしばらく後、2020 年初頭より新型コロナウイルス感染症（COVID-19）のパンデミックが世界を覆いました。2020 年度上半期、学校はオンライン授業となり、教会の礼拝も中止かオンライン礼拝になりました。外出も制限され、一日の大半を自宅で過ごすしかない期間もありました。映画の視聴や解説文執筆には好都合だったと思われるかもしれませんが、実際には執筆者のほとんど全員が学校勤務もしくは教会の牧師であり、自宅から行う慣れないオンライン授業やオンライン礼拝に四苦八苦していました。それにもかかわらず同年夏の締切日には大半の方々が原稿を提出

してくださり、感謝に堪えませんでした。特に全執筆者の中で最も多い8作品を担当してくださった梶原直美先生にこの場を借りてお礼を申し上げます。

他方で、およそ1年間の執筆期間中に何人かの執筆者から「割り当てられた映画を視聴したが、本書の趣旨に沿わない」あるいは「キリスト教的観点が希薄な作品であると思う」との意見があり、改めて「キリスト教映画」とは何かということの難しさを実感しました。そこでいくつかの作品を除外しつつ、新たに数作品を追加し、また執筆者についても数人の方に加わっていただいたりしながら、最終的に執筆者は36名、収録作品は110本に落ち着きました。

また執筆期間中、『『映画とキリスト教』(仮題) 短信」と称したメールマガジンを計8回、執筆者全員にお送りしました。毎回、プロジェクトの進捗状況と、早くも提出された原稿とその執筆者へのインタビュー (映画の感想、執筆の際のポイント等) を掲載しました。ご協力いただいた方々 (赤松真希子さん、家山華子さん、柳川真太朗さん、神山美奈子さん、大野至さん、山内慎平さん) に心より感謝申し上げます。

またプロジェクトの経過報告として『RCC ニューズレター 37 号』(2020.7) に執筆者の家山さん、柳川さん、加納 (司会) による座談会を掲載しました。お二人には重ねてお礼申し上げます。2022年現在、同『ニューズレター』は RCC の Web サイトで閲覧可能です。

最初の原稿が出揃ったあたりから出版社との打ち合わせを開始しました。ところがここで字数が多すぎるという問題が浮上しました。プロジェクトでは一作品の解説文を見開き2ページに収めたいと考え、一つあたり 2,500-3,000 字程度が適当と判断していました。しかしさまざまな出版上の事情を考慮するならば、もっと字数を減らして「読みやすい」体裁にした方がよいとのことでした。慌てて執筆者全員に字数圧縮の依頼をしました。今思えばプロジェクトを開始した段階で出版社からアドバイスをもらうべきであったと反省しています。

2022年春、すべての修正原稿が揃いました。監修者として驚いたのは、執筆者の皆さんのキリスト教的観点の鋭さ、鑑賞力・洞察力の深さ、文章力の高さです。用語統一や誤記の修正はもちろん必要でしたが、内容的に大幅な修正が必要と思われる原稿はほとんどありませんでした。改めて執筆者の皆さまに深く感謝いたします。

最後に、本書の刊行にあたってはキリスト新聞社の金子和人様、桑島大志様にたいへんお世話になりました。ありがとうございました。また煩雑な事務作業を担ってくださった関西学院宗教センターの職員の方々にもこの場を借りてお礼申し上げます。　　　　［加納和寛］

キリスト教で読み解く世界の映画——作品解説 110

2023年1月6日　第1版第1刷発行　　　　　　　　　　　　　　　　　　©RCC2023

編者　関西学院大学キリスト教と文化研究センター
発行所　株式会社 キリスト新聞社
〒162-0814　東京都新宿区新小川町9-1
電話 03-5579-2432
URL. http://www.kirishin.com
E-Mail. support@kirishin.com
印刷所　光陽メディア

ISBN978-4-87395-806-4　C0074（日キ販）　　　　　　　　　　　　Printed in Japan